DIE 100 BEDEUTENDSTEN ENTDECKER

Fernando Magellan
1480–1521

Antonio Pigafetta

MIT MAGELLAN UM DIE ERDE

Ein Augenzeugenbericht der ersten Weltumsegelung

Herausgegeben von Robert Grün

Mit einer Einführung von Lars Hoffmann und einem Vorwort von Dieter Lohmann

EDITION ERDMANN

Inhalt

Einführung 7

Die Erde ist rund! –
Magellan und die Folgen 15

Vorwort des Herausgebers 31

Antonio Pigafetta – Die erste Reise um die Erde 71

Von der Abfahrt bis zur Entdeckung
der Magellanstraße 75

Vom Abschied von der Meerenge bis zum Tode
des Generalkapitäns 110

Vom Abschied von Zubu bis zum Abschied von
den Molukken 176

Vom Abschied von den Molukken bis zur Ankunft
in Spanien 236

Nachwort des Herausgebers 265

Editorische Notiz 281

Weiterführende Literatur 283

Einführung

Der auf Antonio Pigafetta, eines aus Vicenza in Venetien stammenden Gelehrten und Reisenden zurückgehende Bericht über die Weltumsegelung von Ferdinand Magellan wurde bereits wiederholt in der Sammlung Erdmann vorgelegt und gehört zu den Klassikern dieser Reihe: Die Tatsache, dass nach nur relativ kurzer Zeit wiederum eine Neuauflage gerade dieses Bandes erforderlich wurde, spricht für die große Verbreitung, aber auch für die enorme Bedeutung des Textes selbst heute. In der Zeit, in der er entstand, war man sich im Allgemeinen noch nicht so ganz sicher, ob die Erde tatsächlich eine Kugel sei – oder ob ein Weltumsegler irgendwann nicht doch an ihrem Rand hinunterfiele. Gleichwohl gingen nach dem Ende des Mittelalters und zu Beginn der Neuzeit, die auch im Europa des 15. Jahrhunderts zu tiefgreifenden kulturellen und politischen Umwälzungen geführt hatte, die sich neu formierenden Großmächte daran, ihr Einflussgebiet so weit wie möglich auszudehnen. Ein besonderes Interesse galt natürlich den neu entdeckten, vielleicht auch noch neu zu entdeckenden und große Reichtümer verheißenden Weltgegenden, die insbesondere die nach mittelalterlichem Verständnis am westlichen Ende der bekannten Erde lebenden Völker Spaniens und Portugals nunmehr für ihre eigenen Interessen zu sichern versuchten und deren Bereisung man anderen Völkern nach Möglichkeit vorenthalten wollte.

Die beiden westeuropäischen Seemächte einigten sich infolgedessen im Jahr 1494, d.h. rasch nach der Rückkehr des Kolumbus aus Amerika, darauf, die bekannte Welt in zwei gleich große Interessensphären aufzuteilen, eine spanische und eine portugiesische, zwischen denen man eine hypothetische Demarkationslinie zog. Diese Übereinkunft war nicht zuletzt durch die Vermittlung Papst Alexanders VI. zustande gekommen und von eben diesem Papst im Vertrag von Tordesillas bestätigt worden. Ein Bestandteil dieses Vertrags, der später insbesondere für Magellan von tragischer Bedeutung werden sollte, war auch die Missionierung der neu entdeckten Gebiete im Sinne der katholischen Kirche.

Umstritten zwischen den beiden Kontrahenten blieb bis zum Jahr 1529 nur ein einziges Territorium, das seinem Besitzer unendlichen Reichtum zu versprechen schien, die Molukken oder die Gewürzinseln. Denn wer die Möglichkeit dazu besaß, dorthin zu segeln und Gewürze auf dem Seeweg nach Europa zu importieren, konnte das osmanisch-arabische bzw. venezianische Handelsmonopol für diese Waren brechen und die aus diesen Geschäften zu erwartenden satten Gewinne selbst einstreichen. Den Seeweg in Richtung Osten entlang der afrikanischen Küsten beherrschten aufgrund des Vertrags von Tordesillas die Portugiesen, die erfolgreich jedwede spanische Unternehmung verhinderten, die dieselben Ziele zu erreichen versuchte. So blieb denn nur der Seeweg in Richtung Westen – vorausgesetzt freilich, dass die Erde tatsächlich rund sei und man jenseits des amerikanischen Kontinents nicht doch auf das Ende der Welt stieße.

Der aus Nordportugal stammende Fernão de Magalhães, der zu Beginn des 15. Jahrhunderts wiederholt in diplomatischen Angelegenheiten der Portugiesen unterwegs war und auf diese Weise auch in die südostasiatische Inselwelt gelangte, besaß die erforderlichen nautischen Kenntnisse und Erfahrungen, um eine solche Expedition zu leiten. Vieles spricht dafür, dass Magellan in der Lissabonner Admiralität auch Kenntnis von Aufzeichnungen portugiesischer Seefahrer bekommen hatte, die einen Seeweg durch den amerikanischen Kontinent hindurch immer weiter nach Westen vermuten ließen. In den Jahren 1513/14 fiel er jedoch bei seinem Dienstherrn in Lissabon, dem portugiesischen König Johann II. in Ungnade, da er Sklavenhandel auf eigene Rechnung betrieb. Magellan wurde folgerichtig aus dem Dienst der Krone entlassen, doch sollte es nicht lange dauern, bis ein Mann mit seinen Kenntnissen mit neuen Aufgaben versehen wurde. Er trat nämlich in die Dienste des spanischen Königs Karls I., dem er die Einrichtung einer Seehandelsroute zu den Gewürzinseln in Richtung Westen versprach. Magellan fand am spanischen Hof eine ganze Reihe von Fürsprechern für dieses Unternehmen, sodass im Frühjahr 1518 eine Vereinbarung mit Karl I. getroffen wurde: Kastilien erklärte sich dazu bereit, einen Verband aus fünf Schiffen unter der Leitung Magellans auszurüsten und einen großen Teil der Kosten dafür zu tragen, an deren Gegenfinanzierung sich wiederum das Augsburger Handelshaus der Fugger beteiligte. Magellan und seinen Erben wurde der fünfte Teil der zu erwartenden Einnahmen sowie der Gouverneursposten in den noch zu entdeckenden und für Spanien zu gewinnenden Gebieten versprochen. Vonseiten der portugiesischen Krone argwöhnisch beobachtet, begann Magellan im August 1519 seine Reise nach Westen, über deren dramatischen Verlauf der hier vorgelegte Bericht Antonio Pigafettas ein lebendiges Zeugnis ablegt. Pigafetta, der in Venedig Seewissenschaften und Kartographie studiert hatte, hatte bei Magellan gegen ein recht geringes Entgelt angeheuert, um Zeichnungen und neue Karten zu erstellen. Sein persönliches Logbuch sollte aber zur wichtigsten historischen Quelle werden, die uns heute über das riskante Unternehmen Magellans Auskunft gibt.

Geprägt war die gesamte Reise bis zu den Gewürzinseln durch fortgesetzte und durch die schlechte Ernährungslage bedingte Meutereien der Mannschaft, aber auch durch permanente Rivalitäten und Rangstreitigkeiten, die Magellan mit den spanischen Kapitänen seiner Begleitschiffe zu bestehen hatte. Denn diese wollten das Unternehmen entweder abbrechen oder selbst dessen Generalleitung übernehmen. Noch vor der Passage zum Pazifik ließ Magellan zwei der ursprünglich eingesetzten Kapitäne hinrichten, die die Waffen gegen ihn erhoben hatten, und diese durch geeignete Angehörige seiner Mannschaft ersetzen.

Dass nicht etwa der Entdeckergeist, sondern handfeste wirtschaftliche Interessen die innere Triebfeder für Magellans Reise abgaben, zeigte sich bereits am südlichen Ende des amerikanischen Kontinents, als der Kapitän dort die vermutete Passage vom Atlantik in den Pazifischen Ozean suchte. Zunächst befuhr er vergeblich die großen Flusssysteme des südlichen Südamerikas, und nachdem er die später nach ihm benannte Passage zwischen dem amerikanischen Kontinent und der Insel Feuerland durchfahren hatte, war es nicht etwa sein Ziel, das südliche Ende eben dieses Kontinents zu finden – das bekannte und nicht nur für Segelschiffe so gefährliche Kap Hoorn –, sondern Magellan machte sich sogleich in Richtung Westen auf. Die Entdeckung von Kap Hoorn für die christliche Seefahrt sollte er dem englischen Freibeuter und Seehelden Francis Drake überlassen, der gut 60 Jahre später die Südspitze Amerikas, wenn auch mehr oder weniger zufällig, umfuhr. Allerdings gab Magellan dem Pazifik den bis heute bestehenden Namen, da er nach seiner Fahrt durch die später nach ihm benannte Schifffahrtsstraße aus dem eher rauen Atlantik auf ein ruhigeres Meer stieß, und auch an Bord der verbliebenen drei Schiffe beruhigten sich fürs Erste die Gemüter ein wenig, da man seiner Hypothese, man könne Südostasien auch über den Seeweg in Richtung

Westen erreichen, nunmehr doch Glauben zu schenken begann.

Den Pazifischen Ozean hatte Magellan im November des Jahres 1520 erreicht, und sein Optimismus war nunmehr so groß, dass er davon ausging, am angestrebten Ziel innerhalb nur eines weiteren Monats eintreffen zu können. Dem war aber nicht so, denn erst Anfang März 1521 traf sein Schiffsverband nach einer langen, entbehrungsreichen Überfahrt, die einen Teil der Mannschaft das Leben gekostet hatte, erstmals auf bewohnten und zugleich auch bekannten Inseln ein, den Marianen. Nach einigen Konflikten mit der ansässigen Bevölkerung segelte Magellan weiter in Richtung Westen, um im Bereich der philippinischen Inselwelt daran zu gehen, für Spanien jenes Kolonialreich aufzubauen, das er später selbst vertragsgemäß hätte verwalten sollen. Doch es kam alles anders: Nach anfänglichen Erfolgen kam nämlich Magellan am 27. April 1521 bei dem Versuch ums Leben, einem Inselvolk bei Mactan das Christentum mit Feuerwaffen beizubringen, als er dort von einem vergifteten Pfeil getroffen wurde. Nach diesem Ereignis erhoben sich auch die bislang bezwungenen Ureinwohner wieder gegen die Spanier, die schwere Verluste erlitten und notgedrungen mit nur noch zwei Schiffen fliehen mussten, da man ein Drittes nicht mehr mit einer genügend starken Mannschaft hätte ausrüsten können. Das Kommando übernahm nunmehr Kapitän Juan Sebastián Elcano, der seine Aufgabe darin sah, zumindest zwei Schiffe zurück in die spanische Heimat zu bringen. Über Borneo gelangte der neue Leiter des Unternehmens doch noch zu den Molukken, wo man einen Gewürzhandel unter Umgehung des portugiesischen Seehandelsmonopols vereinbarte und reichlich Waren an Bord nahm. Zwei Schiffe, die *Victoria* und die *Trinidad*, die Magellan selbst befehligt hatte, waren verblieben, und große Teile der ursprünglichen Mannschaft waren im Zuge von Meutereien, durch die großen Entbehrungen, aber auch durch Auseinandersetzungen mit der philippinischen Bevölkerung umgekommen. Und auch für die Weiterfahrt trennten sich die beiden Schiffe, da an der *Trinidad* noch umfangreiche Reparaturarbeiten ausgeführt werden mussten. Doch während die *Victoria* unter Kapitän Elcano trotz massiver Schäden und der portugiesischen Bemühungen, eine Rückkehr nach Spanien zu verhindern, am 6. September des Jahres 1522 im Heimathafen eintraf, gelang es den Portugiesen zumindest die *Trinidad*, das frühere Flaggschiff Magellans aufzubringen, die eine Überfahrt nach Südamerika versucht hatte. Alles in allem waren jedoch die Opfer sehr groß, die diese erste erfolgreiche Weltumsegelung gekostet hatte: Denn nur eines der ursprünglichen fünf Schiffe kam zurück und von der Mannschaft, die mit insgesamt 256 Offizieren und Matrosen in See gestochen war, erreichten nur 18 wieder die spanische oder italienische Heimat. Gleichwohl ließ sich die gesamte Unternehmung mit einem Gewinn von gut 500 Golddukaten abschließen, da die *Victoria* mit gut 25 Tonnen Gewürzen in Spanien eintraf, die die Investoren unter sich aufteilen konnten – zumal Magellan als einer der möglichen finanziellen Nutznießer die Reise nicht überlebt hatte.

Den Spaniern erwuchs jedoch die Erkenntnis, dass der Gewürzhandel über den Seeweg nach Westen keine Aussicht auf hinreichenden Gewinn versprach. Die Reise zu den Molukken war zu lang, zu beschwerlich und mit zu großen Gefahren verbunden, als dass man auf diese Weise einen auf Dauer Erfolg versprechenden Handel hätte etablieren können. Magellan hatte ganz einfach die lange Reise von Südamerika über den Pazifik unterschätzt, da man vor der ersten Erdumsegelung naturgemäß keine richtige Vorstellung von der Größe des Globus haben konnte. Auch besaß man in Spanien zu Beginn des 16. Jahrhunderts noch nicht genügend militärisches Potential, um in Südostasien ein eigenes Kolonialreich aufzubauen – was erst unter König Philipp II. gelingen sollte, nachdem er die portugiesische Königswürde hatte an sich ziehen können.

In der nachträglichen Beurteilung wird Magellan also doch zu dem Entdecker, der er eigentlich nicht hatte sein wollen. Durch seine Reise erhielt man Kenntnis von der Magellanstraße, die nach wie vor als nautische Ausweichstrecke zur Umgehung des stürmischen Kap Hoorn genutzt wird, der Pazifische Ozean erhielt seinen Namen und wurde in seinen wahren Ausmaßen erfasst und nicht zuletzt erhielten die Menschen der frühen Neuzeit endlich ein zutreffendes und sicheres Bild von der Gestalt der Erde und ihrer wirklichen Größe. Als Eroberer hat Ferdinand Magellan jedoch nicht wirklich viel leisten können. Dafür waren die politischen Spannungen zwischen Portugal und Spanien, den wichtigsten Seemächten seiner Zeit, doch zu gravierend. Das Königreich Kastilien gab denn seine Ansprüche auf die Gewürzinseln im Vertrag von Saragossa, der 1529 unterzeichnet wurde, vorübergehend auf.

Mit der Weltumsegelung Magellans gewann die Menschheit jedoch auch einen sicheren Eindruck von der räumlichen Begrenztheit der Erde. Denn wenn man in Europa bislang davon ausgehen konnte, in immer neue Welten vordringen zu können und dort neue wirtschaftliche Ressourcen zu entdecken, so revidiert sich dieses Bild seit Beginn der frühen Neuzeit: Der grenzenlosen Expansion und dem daraus resultierenden kapitalistischen Prinzip eines nie enden dürfenden wirtschaftlichen Wachstums sind natürliche Grenzen gesetzt, die es zu respektieren gilt. Die Welt und ihre Bodenschätze sind endlich. Für uns heute kann und muss der spannende Bericht über die erste Weltumsegelung durch Fernando Magellan und Juan Elcano daher auch Anlass zum Nachdenken geben – dass wir nämlich mit den nur begrenzt zur Verfügung stehenden natürlichen und wirtschaftlichen Ressourcen sorgfältig umgehen müssen.

Lars Hoffmann

Weiterführende Literatur:
Daria Perocco (Hrg.), Itinerario da Vienna a Costantinopoli: Marc Antonio Pigafetta. Padua 2008.
Antonio Pigafetta, Relazione del primo viaggio attorno al mondo. Testo critico e commento di Andrea Canova. Padua 1999.
Robert Longo, Magellan. Köln 1997.
Adriana Chemelio, Antonio Pigafetta e la letteratura di viaggio nel Cinquecento. Verona 1996.
Laurence Bergreen, Magellan's Terrifying Circumnavigation of the Globe. New York, NY, 1994.
Rebecca Steffof, Ferdinand Magellan and the Discovery of the World Ocean. London 1990.
Paul Werner Lange, Der Sonne gleich… Das Leben des Fernando de Magellanes und die erste Weltumsegelung. Leipzig 1983.

Die Erde ist rund! – Magellan und die Folgen

Die Erde ist eine Scheibe – umflossen von einem riesigen Ozean. Wer sich mit seinem Schiff an die Grenze dieser Scheibe heranwagt, stürzt ab und ist für immer verloren! Diese oder ähnliche Vorstellungen prägen das Bild der Menschen im Altertum vom Aussehen und der Form der Erde. Noch die berühmten griechischen Schriftsteller und Naturforscher Homer und Thales von Milet sind zwischen 800 und 600 vor Christus von der Richtigkeit dieser Vermutungen überzeugt.

Die Erde ist rund! Der erste Wissenschaftler, der sich mit dieser Idee auseinandersetzt, stammt ebenfalls aus Griechenland. Es ist der berühmte Philosoph und Mathematiker Pythagoras (um 570 bis 496 vor Christus), dem es mehr als 500 Jahre vor Christus allerdings schwerfällt, seine Vermutung mit Beweisen zu untermauern.

Die Erde ist rund! Aristoteles (384 bis 322 vor Christus), dem großen griechischen Philosophen und Schüler des Platon, gelingt es um 350 vor Christus, erste Beweise für diese Hypothese vorzulegen. Er erkennt, dass ankommende Schiffe zunächst mit ihren Masten und Segeln sichtbar werden, wenn sie sich einem Hafen oder dem Land nähern. Auch die Beobachtung, dass die Erde bei einer Mondfinsternis einen runden Schatten auf die Oberfläche des Erdtrabanten wirft, unterstützt seine Annahme von der Kugelgestalt der Erde.

Mehr als 100 Jahre später gelingt es dem Alexandriner Eratosthenes (276 bis 195 vor Christus), den Erdumfang auf der Grundlage der damaligen Kenntnisse einigermaßen genau zu berechnen. Die von ihm ermittelten Werte liegen mit 44 500 Kilometern zwar um etwa 10 Prozent über dem tatsächlichen Erdumfang von 40 075 Kilometern, angesichts der verfügbaren Messmethoden liefert er aber einen erstaunlichen Leistungsbeweis der Geometrie und wird damit zu einem der wichtigsten Mitbegründer des Vermessungswesens. Seine Forschungsergebnisse verarbeitet Eratosthenes später zu ersten Ideen für eine Erdkarte mit Längen- und Breitengraden.

Die Erde ist rund! Obwohl die Wissenschaftler im alten Griechenland von dieser Tatsache überzeugt sind, fällt es auch ihnen schwer einzusehen, dass die Erde nicht im Mittelpunkt aller Himmelsbewegungen steht. Noch Archimedes (287 bis 212 vor Christus), der geniale Universalgelehrte, baut ein Himmelslaboratorium, bei dem sich die bis dahin entdeckten Planeten zwar um die Sonne drehen; in diesem geozentrischen Weltbild lässt er aber diese Himmelskörper alle gemeinsam um die Erde kreisen.

Die Erde ist ein rechteckiger Kasten! Christliche Geschichtsschreiber wie Lactantius im 3. Jahrhundert nach Christus oder Kosmas Indikopleustes 300 Jahre später verwerfen die frühen »heidnischen« Theorien der Griechen von der Kugelgestalt der Erde und weisen sie ins Reich der Fabel. Angeblich sind ihre Entdeckungen und Forschungsergebnisse mit den Schriften der Bibel nicht vereinbar. In großen Teilen Europas gerät das Wissen aus dem Altertum für Jahrhunderte in Vergessenheit.

Auch später, etwa ab dem 12. Jahrhundert, bekämpfen die Hüter der religiösen Dogmen allzu fortschrittliche Philosophen, die sich auf die Schriften des Aristoteles berufen, mit allen Mitteln. Es konnte nicht sein, was nicht sein durfte!

Die Erde ist rund! Den endgültigen Beweis für diese Annahme bringt nicht ein Astronom oder Wissenschaftler. Ein stiller, verschlossener Seefahrer und Entdecker, ein Kriegsheld ist es, der das Rätsel vom Aussehen, von der Form der Erde für alle Zeiten löst. Als Fernando Magellan am 20. September 1519 mit seiner aus fünf Schiffen bestehenden Flotte den Hafen von Sanlúcar de Barrameda an der spanischen Atlantikküste verlässt, ahnt er noch nichts davon, dass er mit seiner Fahrt in die Geschichte eingehen wird. Im Auftrag des spanischen Königs Karl V. macht er sich auf die Suche nach dem westlichen Seeweg zu den Gewürzinseln der Molukken. Magellan ist davon überzeugt, dass es irgendwo südlich des Río de la Plata eine Durchfahrt vom Atlantik in den Pazifik geben muss. Die will er finden, um von da aus den Pazifik, den Balboa 1513 von Panama aus als erster Europäer gesichtet hat, zu überqueren. Dann, so hofft Magellan, dürften die Gewürzinseln in greifbarer Nähe und leicht zu finden sein. Mit an Bord ist der junge, entdeckungslustige Italiener Antonio Pigafetta, der Magellan treu ergeben ist und alle Erlebnisse während der Reise sorgfältig in seinem Tagebuch festhält.

Schon wenige Monate nach dem Segelsetzen haben die Entdecker die bekannten Regionen der Erde hinter sich gelassen und die Forschungsfahrt wird zu einer Tour ins Ungewisse. Drei Jahre lang kämpfen sich Magellan und seine Männer durch unbekannte Gewässer, trotzen Hunger und Durst und den größten Gefahren und kommen schließlich tatsächlich ans Ziel ihrer Träume. 1520 finden sie die sagenumwobene Verbindung zwischen den beiden Ozeanen, die später nach ihrem Entdecker »Magellanstraße« genannt wird, durchqueren den Pazifik und erreichen nach einem Zwischenstopp auf den Philippinen die Gewürzinseln der Molukken. Im November 1521 ist die eigentliche Mission des großen Entdeckers erfüllt. Aber schon hier ist Magellan selbst nicht mehr dabei. Der vom spanischen König ernannte

Generalkapitän der Expedition fällt am 27. April 1521 im Kampf gegen Einheimische auf der kleinen philippinischen Insel Mactan. Der Mann, der diese Reise gegen alle Widerstände durchgesetzt hat, der seinem Land Portugal den Rücken gekehrt hat und in spanische Dienste getreten ist, der auf der Fahrt eine Meuterei niedergeschlagen hat, kann seinen Triumph nicht mehr auskosten.

Sebastiano del Cano, der letzte Kapitän der »Victoria«, ist es, der Magellans Reise zu Ende führt und die Legende perfekt macht. Als die »Victoria«, eine kleine Karavelle, am 6. September 1522 schwer beladen mit Gewürzen als einziges Schiff der Flotte wieder in den Heimathafen zurückkehrt, ist die erste Weltumsegelung perfekt. Pythagoras, Aristoteles und Eratosthenes hatten Recht, die Erde ist rund. Doch die Entdeckungstour forderte einen hohen Tribut. Nicht nur Magellan selbst ist umgekommen. Ganze 18 von 237 Mann Besatzung betreten nach dreijähriger Fahrt wieder spanischen Boden und können sich als Helden feiern lassen.

Die Erde ist rund. Neben dem bahnbrechenden Beweis für die Lehre der alten Griechen hat Magellans Expedition um die Welt aber auch noch andere unmittelbare Erfolge zu verbuchen. Der Verkauf der weit über 20 Tonnen Gewürze, die die »Victoria« unter Sebastiano del Cano mit nach Sevilla bringt, deckt nicht nur alle Kosten der beiden »Sponsoren« der Unternehmung, des spanischen Königs Karl V. und des flandrischen Reeders und Kaufmanns Christobal de Haro, es bleibt sogar noch ein stattlicher Gewinn übrig.

Was aber brachte die erste Weltumsegelung noch an Erkenntnissen? Welchen Einfluss hatte sie auf Wissenschaft und Kultur? Da endlich die ungefähre Größe der Erde bekannt ist, können die Seefahrer und Entdecker nach Magellan ihre Standorte und die Routen auf dem Globus besser berechnen und damit zukünftige Expeditionen genauer planen. Der gewaltige neue Ozean, den Magellan als erster Europäer befahren und auf den Namen »mar pacifico«, Stiller Ozean, getauft hat, wird in die modernen spätmittelalterlichen Weltkarten eingetragen. Viele Seefahrer nach Magellan müssen allerdings die Erfahrung machen, dass der Name »Stiller Ozean« trügerisch und irreführend ist. Das günstige Wetter und die ruhige See während Magellans historischer Reise, die ihn bewogen haben dem neuen Weltmeer seinen Namen zu geben, erweisen sich später jedenfalls als untypisch für diese Region. Unbekannt dagegen sind auch nach Magellans Reise immer noch die Dimensionen Feuerlands, die Lage Australiens und die Inselwelt der Südsee, an der der große Entdecker so haarscharf vorbeigesegelt ist.

Und noch eines wird für Magellans Zeitgenossen offensichtlich: Kolumbus hatte 1492 ganz sicher nicht, wie er selbst sogar bis zu seinem Tod glaubte, Indien, sondern einen neuen, selbstständigen Kontinent (wieder)entdeckt.

Batista Agnese zeichnet kurze Zeit nach der ersten Weltumsegelung eine neue, verbesserte Weltkarte, in der die Ost-West-Verbindung zwischen Atlantik und Pazifik bereits eingetragen ist und die Größe des Stillen Ozeans ziemlich genau dargestellt wird.

Die Erde ist rund und sie dreht sich um die eigene Achse! Und noch eine seltsame Entdeckung ist Magellan und in diesem Fall vor allem Antonio Pigafetta auf die Liste ihrer Erfolge zu schreiben: Tag für Tag, Monat für Monat, Jahr für Jahr hat Pigafetta während der dreijährigen Reise penibel Tagebuch geführt. Als die beinahe seeuntüchtige »Victoria« aber auf der Heimfahrt nach Spanien die Kapverdischen Inseln erreicht, stimmt Pigafettas Kalender nicht mehr mit dem der übrigen Welt überein. Nach Pigafettas Zeitrechnung ist es Mittwoch, der Rest der Welt schreibt aber bereits Donnerstag. Doch es ist kein Irrtum möglich, denn auch der Logbuchführer des Schiffes bestätigt Pigafettas Zählung.

Als erste Menschen machen Magellans Leute am eigenen Leib die Erfahrung, dass derjenige, der die Erde in Richtung Westen umrundet, einen Tag »verliert«. Wer dagegen von Westen nach Osten reist, erlebt zweimal das gleiche Datum, gewinnt also einen Tag hinzu. Dieses Phänomen hängt mit der Erdrotation, mit der Drehung der Erde um ihre Achse, zusammen. Pigafetta beschert seine sensationelle Entdeckung die Aufmerksamkeit von großen Teilen der wissenschaftlichen Welt. Die Lehre des griechischen Philosophen Heraklit, der zwischen 550 und 480 vor Christus lebte und vermutete, dass das Universum in ständiger Bewegung ist – »alles fließt« – und dass auch die Erde nicht reglos im Weltall liegt, sondern sich im stetigen Rhythmus um die eigene Achse dreht, wird durch Pigafettas Beobachtung gestützt.

Jules Verne, der berühmte französische Schriftsteller, hat das von Pigafetta entdeckte Phänomen 300 Jahre später in seinem Roman »In 80 Tagen um die Welt« aufgegriffen und ihm damit zu Weltruhm verholfen. Sein Held, der stocksteife Gentleman Phileas Fogg – im Film grandios verkörpert vom Schauspieler David Niven –, macht sich mit seinem Diener Jean Passepartout von London auf die Reise. Er will eine Wette gegen die anderen Mitglieder des Reform-Clubs gewinnen, die nicht glauben wollen, dass man in der unglaublich kurzen Zeit von 80 Tagen die Welt umrunden kann. 20 000 Pfund stehen auf dem Spiel. Obwohl Fogg, nachdem er allerlei Abenteuer und Schwierigkeiten gemeistert hat, London und den Reform-Club fünf Minuten zu spät erreicht, kann er seine Wette doch noch gewinnen. Passepartout, sein aufmerksamer Diener, bemerkt, dass sie auf ihrer Reise offenbar einen Tag hinzugewonnen haben, weil sie in östlicher Richtung um die Erde gefahren waren.

Die Erde ist rund. Spanien, ja ganz Europa jubelt 1522 über die Entdeckung des westlichen Seewegs zu den Gewürzinseln und der Ost-West-Verbindung zwischen Atlantik und »Stillem« Ozean. Ganz Europa jubelt? Nein, ein kleines Land im äußersten Südwesten des Kontinents jubelt nicht. Ganz im Gegenteil! Portugal zittert, zittert um die Vorherrschaft im europäischen Handel mit den einträglichen Kräutern aus Südostasien.

Gewürze, Europa lechzt danach! Endlich scheint für Spanien der schnellste und kürzeste Weg gefunden, sich mit der härtesten Währung des Mittelalters zu versorgen. Das Monopol der islamischen Händler, die die wertvollen Güter über Land nach Europa transportieren, und der Portugiesen, die den östlichen Seeweg kontrollieren, scheint gebrochen.

Gewürze? Der moderne Mensch kann sich gar nicht vorstellen, welche Faszination allein dieser Begriff bei den Menschen des Mittelalters auslöst. Gewürze! Das klingt nach köstlichen exotischen Speisen, weihrauchdurchzogenen Kirchen, kostbaren orientalischen Düften und lebenserhaltenden Heilmitteln. Ganz anders sieht dagegen das »normale«, alltägliche Leben in Europa zu der damaligen Zeit aus. Von Kaffee oder Nikotin gibt es noch keine Spur, Mahlzeiten und Lebensmittel bleiben notgedrungen häufig fade und werden ausschließlich mit Salz und einheimischen Kräutern gewürzt und haltbar gemacht.

Der Siegeszug der begehrten Pflanzen wie Pfeffer, Muskatnuss, Nelken oder Zimt beginnt in den Fürstenhäusern, die schnell immer mehr von den seltenen Gütern fordern. Aber auch den kleinen Leuten erscheint das teure Gut bald interessant, ja fast lebensnotwendig. Für lange Zeit werden Gewürze in Europa das Maß aller Dinge, Zahlungsmittel, Medikament, Prestigeobjekt und natürlich Würzmittel. Europa ist regelrecht süchtig nach Gewürzen.

Die Sache hat allerdings einen Haken: Venezianische und islamische Händler kontrollieren den Handel mit Gewürzen bis Ende des 15. Jahrhunderts. In zahllosen Karawanen gelangen die feinen Kräuter über Land von Südostasien nach Europa. Die Sucht nach Gewürzen hat deshalb für die Abnehmer in Europa einen gravierenden Nachteil.

Diese mittelalterlichen Luxusgüter sind teuer und müssen mit Gold bezahlt werden. Schnell leeren sich die Staatskassen der Königs- und Fürstenhäuser.

Europa beginnt deshalb nach Möglichkeiten zu suchen, auf einem anderen Weg an die begehrten Kräuter zu gelangen. Was liegt näher, als über den Seeweg die eigenen Fesseln zu sprengen, um an die Reichtümer des Orients zu gelangen. Nicht reiner Entdeckergeist ist es deshalb, der die Seefahrer in den folgenden Jahrzehnten auf ihren Fahrten antreibt, sondern auch das Streben nach Ruhm und Reichtum, die Suche nach den Gewürzinseln.

Gewürze! Bald entwickelt sich ein Wettlauf zwischen Spanien und Portugal, um den Weg nach Indien zu finden und an das Ziel aller Träume zu gelangen. Ist zunächst eine Fahrt bis zu den Kanaren für die Seefahrer noch ein Abenteuer, gehört sie wenige Jahre später schon zur Normalität. 1474 überquerte Lopo Gonçalves den Äquator. 14 Jahre später umrundet der Portugiese Bartolomëu Diaz als erster Europäer das Kap der Guten Hoffnung. Der Weg in den Indischen Ozean ist endlich frei. 1492 kommt es zur legendären Reise von Christoph Kolumbus, der im spanischen Auftrag mit seinem Schiff »Santa Maria« Amerika wiederentdeckt.

Um den Streit zwischen Portugal und Spanien zu mildern, teilt der amtierende Papst Alexander VI. 1494 im Vertrag von Tordesillas die Erde wie einen Apfel in zwei Hälften. Die Spanier erhalten die Souveränität über den westlichen Teil, die Portugiesen die über den östlichen.

Vier Jahre nach diesem Friedensschluss durchquert der Portugiese Vasco da Gama 1498 als erster Europäer die Straße von Mosambik und gelangt dann über das Arabische Meer nach Indien. Der östliche Seeweg in die Gewürzländer ist gefunden. Portugal hat damit den Schlüssel zum Handel mit den exotischen Kräutern in der Hand und entwickelt sich innerhalb weniger Jahre zur Weltmacht.

Per Dekret teilt der Papst 1514 alle Gebiete, die auf dem östlichen Seeweg zu erreichen sind, den Portugiesen zu. Umso wichtiger für Spanien ist die Entdeckung des westlichen Seewegs zu den Gewürzinseln durch Magellan und seine Männer. Jetzt endlich, im Jahr 1522, nach dem erfolgreichen Abschluss der Expedition, scheinen sie den Portugiesen ein zumindest ebenbürtiger Gegner im Handel mit den edlen Kräutern zu werden. Kein Wunder, dass Portugal um seine Macht zittert! Doch schon bald kehrt in Spanien Ernüchterung ein.

Die Erde ist rund. Wie außergewöhnlich und bewundernswert die Leistung Magellans und seiner Männer wirklich ist, zeigen die nächsten Jahrzehnte. Den nachfolgenden spanischen Expeditionen gelingt es nicht, das Kunststück Magellans zu wiederholen. Ausnahmslos scheitern sie alle spätestens in der Magellanstraße. Schon bald meiden die Seefahrer die Gewässer zwischen Patagonien und Feuerland wie die Pest. Zu gefährlich ist der Weg, zu groß sind die Verluste, zu viele Menschenleben hat er bereits gekostet. Der Traum von der Magellanstraße als wichtigstem Handelsweg von Europa nach dem Fernen Osten ist schnell ausgeträumt. Statt den neuen Seeweg im

Süden Amerikas zu benutzen, werden Gewürze und andere Reichtümer von den Spaniern lieber mühsam mit Karawanen über den Landweg, die Meerenge Panamas, transportiert und dann nach Europa verschifft. Innerhalb weniger Jahre gerät die Magellanstraße fast vollständig wieder in Vergessenheit.

Auch andere Erfolge Magellans erweisen sich als wenig dauerhaft. Die Entdeckung und Inbesitznahme der Gewürzinseln im Auftrag Spaniens, für die der Generalkapitän und viele seiner Männer ihr Leben gegeben haben, wird vom spanischen König letztlich zum reinen Handelsobjekt. Nach heftigem Streit mit Portugal verkauft Karl V. die spanischen »Rechte« an den Molukken 1529 zum Dumpingpreis von 350 000 Dukaten an den Herrscher ganz im Südwesten Europas.

Den Ruhm für die erste Reise um die Welt aber kann Magellan keiner nehmen. Und schon die bloße Wiederholung seiner legendären Tat bleibt auch Mitte des 16. Jahrhunderts noch eine schier unüberwindliche Hürde. Erst 50 Jahre nach Magellan gelingt dem berüchtigten Piraten und Entdecker Francis Drake Ende der 70er-Jahre die zweite Weltumsegelung. Auf seiner (vergeblichen) Suche nach dem legendären reichen Südkontinent Terra Australis Incognita muss auch er 1578 vor der Durchquerung der Ost-West-Passage in Port San Julián eine Meuterei niederschlagen, ehe er die Durchfahrt wagen kann. Am anderen Ende angekommen, gerät die kleine Flotte in einen Sturm und Drakes Schiff, die »Golden Hind«, wird nach Süden verschlagen.

Als erster Europäer gelangt Drake dabei nach Kap Hoorn und erkennt den wahren Wert der Magellanstraße. Sie trennt nur Feuerland und Südamerika voneinander und nicht zwei Kontinente. Nach einer erfolgreichen Kaperfahrt entlang der südamerikanischen Küste in Richtung Norden gelangt er über die Molukken nach England zurück. Am 26. September

1580 erreicht Drake schließlich den Heimathafen Plymouth. Endlich hat Magellan einen Nachfolger gefunden. Die erste britische – und nach Magellan die zweite Weltumsegelung überhaupt – ist vollbracht. Die Königin ist »amused« und Drake wird zum Sir ernannt.

In den Jahrzehnten und Jahrhunderten danach erhält die Magellanstraße doch noch ihre Würdigung. Nach und nach entwickelt sich ein reger Schiffsverkehr rund um Kap Hoorn und durch den »Kanal« zwischen Feuerland und Patagonien. Städte wie Punta Arenas im heutigen Chile, die von Handel und Fischfang leben, werden entlang der Magellanstraße gebaut. Ein später Erfolg der Reise Magellans.

Spätestens 1913 aber steht die Magellanstraße als blühender Handelsweg doch vor dem Aus. Der US-amerikanische Präsident Wilson eröffnet in diesem Jahr feierlich den Panama-Kanal. Damit gibt es eine – wenn auch künstliche – Verbindung zwischen Atlantik und Pazifik in Äquatornähe und der weite und gefährliche Weg Richtung Süden wird für viele Schiffe überflüssig. Harte Zeiten für die Menschen und die wirtschaftliche Entwicklung in dieser Region!

Seitdem wird die Magellanstraße gerne von Kreuzfahrtschiffen befahren, die die Pinguinkolonie auf der Insel Magdalena ansteuern, die Stadt Punta Arenas besuchen und von dort weiter über die argentinische Siedlung Ushuaia auf Feuerland bis nach Puerto Williams, den südlichsten Ort der Welt, vordringen.

Auch zahlreiche Segelboote, die die ruhigere Magellanstraße dem Weg um Kap Hoorn vorziehen, suchen sich ihren Weg durch die Kanäle zwischen Patagonien und Feuerland.

In den letzten 20 Jahren zeigt sich für die Menschen ganz im Süden des amerikanischen Kontinents aber ein Silberstreif am Horizont. Im Bereich der Magellanstraße haben Geowissenschaftler größere Erdöllagerstätten gefunden, die mittlerweile auch kommerziell ausgebeutet werden. Eine neue sprudelnde Einnahmequelle hat sich für die Region aufgetan, von der Magellan noch nichts ahnte: das schwarze Gold.

Die Erde ist rund! Die erste Weltumsegelung und die Entdeckung der Passage zwischen Atlantik und Pazifik haben Magellan auf der ganzen Welt so berühmt und populär gemacht, dass sein Name auch heute noch in keinem Atlas fehlt. In vielen Ländern der Erde gibt es Orte oder Regionen, die seinen Namen tragen. Reiseveranstalter versuchen mit der Bezeichnung »Magellan« die Phantasie der Reisefreaks zu beflügeln und damit Kunden zu werben. Denkmäler, Stiftungen oder andere Projekte erinnern nicht nur in Südamerika an seine historische Tat. Sogar eine hübsche Pinguinart, die unter anderem in den Gewässern der Magellanstraße lebt, ist nach ihm benannt worden. Magellan, also ein makellos strahlender Held, ein untadeliger Seemann und Kapitän, ein humaner Entdecker und Menschenfreund?

Versucht man hinter die Kulissen zu blicken und betrachtet den Menschen Magellan und sein Leben genauer, beginnt die schöne Fassade zu bröckeln. Vieles, was über ihn berichtet wird, ist aus einer sehr europäischen Sicht der Dinge geschrieben.

Schon die Schilderung der Vorgänge bei seinem Tod auf der philippinischen Insel Mactan macht dies deutlich. Fernando Magellan, ein Weißer, ein berühmter Seefahrer und Entdecker, wird am 27. April 1521 von »wilden und blutgierigen Insulanern« getötet. So hat es Pigafetta überliefert, so oder so ähnlich sehen es zeitgenössische, aber auch moderne europäische Chronisten.

Aber waren die Einwohner Mactans wirklich die Aggressoren und Mörder und die Weißen in Person ihres Generalkapitäns nur bemitleidenswerte Opfer? Was konnten die Europäer den Insulanern schon vorwerfen? Nicht unterwürfig genug waren sie und dem Willen der Europäer hatten sie sich nicht widerstandslos gebeugt. Dem Verständnis der europäischen Entdecker nach eine ausreichende Begründung, die Insel zu überfallen und den »Aufständischen« eine Lehre zu erteilen. Sie dringen in ihr Hoheitsgebiet ein, lassen ein Dorf abbrennen und viele Insulaner töten. Magellan ein Held?

Wie so viele andere Entdecker vor und nach ihm treten die Männer um Magellan überall, wo sie Station machen, als erobernde Eindringlinge auf. Für nichts anderes interessieren sie sich als dafür, ihren eigenen Reichtum, ihre eigene Macht zu vergrößern. Wo dabei andere Interessen im Wege stehen, werden sie ausgeräumt, zur Not mit Gewalt. Begeistert hat man sie fast überall begrüßt, zum Teil als Götter verehrt. Der einheimischen Bevölkerung bringen die Weißen aber oft nur Tod und Unterdrückung, Krankheiten und eine völlige Veränderung ihrer Religion und Kultur. Magellan und seine Männer sind dabei keine Ausnahme. Durch ihr Wirken werden sie sogar zu entscheidenden Wegbereitern der Kolonialisierung Südostasiens. Magellan ein Held?

Aber nicht nur im Umgang mit den Bewohnern der besuchten Regionen zeigt sich der Zeitgeist der europäischen Entdecker und Seefahrer im Mittelalter. Auch die eigenen Matrosen haben unter ihrem Anführer Magellan nicht viel zu lachen. Bewusst verschweigt er seinen Männern beim Anwerben beispielsweise das eigentliche Ziel der Reise und die Strapazen, die ihnen bevorstehen. Magellan und seine »Sponsoren« handeln so, »damit sie (die Mannschaft) nicht vor Staunen und Angst unwillig wären, ihn auf so einer langen

Reise zu begleiten«, wie Pigafetta schreibt, und so die Ziele der Entdeckungsfahrt gefährden.

Hart gegen sich selbst und gegen andere und ohne Rücksicht auf Verluste zieht Magellan seine Entdeckertour später dann auch durch. Eine Meuterei lässt er brutal niederschlagen, viele Menschen sterben während der Fahrt an Skorbut, Infektionen oder im Kampf mit den Einheimischen. Selbst als bei der Pazifiküberquerung extremer Hunger und Durst die Mannschaften quälen, gibt es keinen Gedanken an Aufgabe. Ganze 18 von 237 Mann der ursprünglichen Besatzung der fünf Schiffe kehren nach drei Jahren schließlich zurück in den Heimathafen. Magellan ein Held?

Aber Magellan ist kein Einzelfall. Kaum ein Kapitän der damaligen Zeit kümmert sich wirklich um das Wohl seiner Mannschaft. Keiner versucht, drohende Krankheiten durch gute Reisevorbereitungen und gesunde Ernährung auf ein Minimum zu reduzieren. Reich wollen sie werden, die damaligen Entdecker und Seefahrer, Ruhm wollen sie ernten, als große Helden wollen sie in die Geschichte eingehen. Für Humanität und Menschlichkeit bleibt da keine Zeit.

Erst 250 Jahre nach Magellan revolutioniert der berühmte Brite James Cook die Seefahrt in dieser Hinsicht. Ihm gelingt es endlich, die Geißel der Seefahrt, den Skorbut, durch vitaminreiche Kost zu besiegen und so die Verluste unter den Matrosen während seiner drei Reisen in den Pazifik gering zu halten. Magellan ein Held?

Der historische Wert der Leistung Magellans und seiner Gefährten soll durch diese Gedanken allerdings nicht geschmälert werden. Die Erde ist rund. Die erste Weltumsegelung und der damit verbundene Beweis für die Kugelgestalt der Erde führten dazu, dass die Menschen des 16. Jahrhunderts endgültig Bescheid wussten über die Größe, die Form ihres eigenen Planeten. Nur wenige Geniestreiche in der Geschichte der Menschheit sind mit diesem Kunststück Magellans vergleichbar. Allenfalls die erste Nonstop-Überquerung des Atlantiks per Flugzeug durch Charles Lindbergh im Jahre 1927, die Eroberung des Weltalls durch Juri Gagarin in der Wostokkapsel 1961 oder die erste Mondlandung durch die amerikanische Apollo 11-Besatzung 1969 verdienen es wohl, mit der Leistung Magellans in einem Atemzug genannt zu werden.

Dieter Lohmann

Der Weg nach Sanlúcar

»Wahrlich, die achtzehn nach Spanien zurückgekehrten Seeleute wären ewigen Ruhmes würdiger als die Argonauten, und ihr Schiff, die ›Victoria‹, verdiente es eher als die Argo, unter die Sterne versetzt zu werden.«

Maximilianus Transilvanus an
den Erzbischof von Salzburg

– Vorwort des Herausgebers –

I

Alle haben sie den Weg nach Calicut gesucht. Calicut, das bedeutet: Pfeffer, Zimt, Zucker, Muskatnuss, Safran, Porzellan, Seide, Parfüm, vielleicht sogar Gold. Alle haben den Weg gesucht und keiner hat ihn gefunden. Nicht auf dem Ostweg, nicht auf dem Westweg. Diogo Cão ist nur bis zum 11. Grad südlicher Breite vorgedrungen, Bartolomëu Diaz hat wohl das »Cabo tormentoso«, das Kap der Stürme, umschifft, aber dann hat er umkehren müssen. So ist das Kap ein Kap der guten Hoffnung geblieben.

Auch Cristóbal Colón hat den Weg zu den Gewürzländern nicht gefunden. Bis jetzt nicht. Aber er könnte ihn finden. Spanien könnte Portugal zuvorkommen und die Reichtümer des Morgenlandes an sich reißen. Das darf nicht sein.

So verlässt am 8. Juli 1497 ein wohlausgerüstetes Geschwader unter der Führung Vasco da Gamas Lissabon, um dieser Furcht, die König Manuel nicht schlafen lässt, ein für alle Mal ein Ende zu bereiten. In Melinda hört Vasco da Gama den Namen wieder: Calicut! Calicut, die Stadt an der Malabarküste! Und er hört nicht nur den Namen, der so wohltönend in den Ohren klingt. Er hört mehr: Die Schätze, die Calicut bergen soll, hat nicht einmal Manuels maßlose Gier erträumt. Calicut – es übertrifft sogar jenes Cathai, von dem Marco Polo, der Phantast aus Venedig, gefaselt hatte. Calicut – das ist die Erfüllung aller Wünsche. Calicut – das bedeutet Reichtum, bedeutet Macht. Calicut – das ist das irdische Paradies. Und der Sultan von Melinda – auch das hört Vasco da Gama – weiß den Weg nach Calicut.

Versprechungen helfen nichts. Geschenke helfen nichts. Drohungen helfen. Dem Sultan wird ein Lotse abgepresst.

Die Schiffe stechen wieder in See. Eine Fahrt ohne Abenteuer beginnt. Zwischen Melinda und Calicut liegt nur das Meer. Tage, Wochen, Monate – immer das Meer. Nächte und Tage – immer und überall die Wasserwüste, nie Land. Angst wechselt mit Erwartung ab, der Funke der Meuterei beginnt zu glimmen und erlischt wieder. Vasco da Gama denkt nicht an Rückkehr. Für ihn gibt es nur zwei Ziele: Das eine heißt Calicut, das andere ist der Tod.

Am 19. Mai 1498 ertönt der ersehnte Ruf: Land! Alle stürzen an Deck. In weiter Ferne wachsen Berge aus dem glitzernden Wasser; davor dehnt sich ein flacher brauner Streifen. Calicut? »Malabar«, murmelt der Lotse und versteht nicht, weshalb die Portugiesen in die Knie sinken und die Hände falten.

Und am 20. Mai 1498 hält die Weltgeschichte den Atem an: Vasco da Gama hat, begünstigt vom Südwestmonsun, den Indischen Ozean durchsegelt und vor Calicut Anker geworfen. Der Seeweg nach Indien – der Ostweg – ist gefunden, genau zehn Tage bevor Cristóbal Colón seine dritte Fahrt antreten wird.

Calicut, damals größter Hafen Asiens, übertrifft noch die hoch gespannten Erwartungen der Portugiesen. Wie eine reife, saftstrotzende Frucht liegt die Stadt vor ihnen – zum Greifen nahe. Aber sie können nicht nach ihr greifen, denn auch die mohammedanischen Kaufleute wissen den Wert dieser Frucht zu schätzen. Auch sie verfügen über Schiffe, Krieger und Waffen. Schon am 29. August muss Vasco da Gama, selbst nur knapp dem Tode entkommen, die Heimreise antreten, die eine Flucht ist.

Früchte sind dazu da, um gepflückt zu werden. Die Welt ist groß und dazu da, von Spanien und Portugal entdeckt und erobert zu werden. Vor allem von Portugal. Am 9. März 1500 sticht unter der Führung Pedro Álvares Cabrals abermals eine portugiesische Flotte in See. Die dreizehn Schiffe haben 1250 Mann, 14 Kanonen und Geschenke für den Sultan an Bord – das Zuckerbrot und die Peitsche. Das eine oder das andere, notfalls auch beides zusammen, wird genügen, um König Manuels Wunsch harte Tatsache werden zu lassen. Das heißt: Calicut und das angrenzende Land zu einer portugiesischen Kolonie zu machen.

Diesmal macht es dem Südwestmonsun keinen Spaß, sich in den Dienst der portugiesischen Krone zu stellen. Die Schiffe werden an die Küste eines Landes verschlagen, das Cabral für eine Insel hält und am 3. Mai im Namen des Königs von Portugal in Besitz nimmt. Er nennt das Land, das erst viel später Brasilia heißen wird, Isla de la Vera Cruz.

Die Fahrt ins Ungewisse geht weiter, und am 13. Dezember erreichen die Portugiesen schließlich doch Calicut. Wohl ist die Peitsche unversehrt, aber die Männer, die sie schwingen sollen, sind müde, krank und von Sehnsucht nach der Heimat ausgehöhlt. Das Zuckerbrot scheint jedoch zu genügen. Der Sultan erlaubt, nachdem er die reichen Geschenke in Empfang genommen hat, die Gründung von Niederlassungen in Calicut, Cananor und Cochin. Kaum haben aber die Portugiesen die Heimfahrt angetreten – fünfzig Mann sind zurückgeblieben –, erweist es sich, dass der Sultan das Zuckerbrot schon zu lange verdaut hat, um sich noch daran zu erinnern. Die Niederlassungen werden zerstört, die Besatzung wird erschlagen oder zu Tode gemartert.

Einen dritten Versuch wagt João da Nova. Er nimmt erst gar keine Geschenke mit. Gleich einem Heuschreckenschwarm fällt er mit seinen Soldaten in Calicut ein und hat kostbare Beute im Bauch seiner Schiffe verladen, noch ehe sich der Feind von dieser furchtbaren Überraschung erholt und zu einem Gegenangriff gesammelt hat. 1000 Zentner Pfeffer, 500

Zentner Zimt und 50 Zentner Ingwer haben die jubelnden Portugiesen geraubt. 1550 Zentner kostbare Ware! João da Nova rechnet den Wert seiner Beute aus und schwelgt in Zahlen, die er bisher nur vom Hörensagen gekannt hat. Marco Polo hatte mit solchen Zahlen um sich geworfen. Die Rechnung da Novas ist aber zu früh aufgestellt: Die Mohammedaner holen zum Gegenschlag aus. Zwar hat der Portugiese vorgesorgt – die Mündungen der vierzehn Kanonen sind auf Calicut gerichtet –, aber er weiß nicht, dass der Feind zurückfeuern kann. Nach einer knappen Stunde Kampf fliehen die Portugiesen auf ihre Schiffe, von denen eines schon lichterloh brennt. Die Bewohner Calicuts haben es nicht nur gelernt, die von Cabral zurückgelassenen Geschütze zu bedienen, sie haben auch Kugeln gegossen, bessere Kugeln, als die Portugiesen sie besitzen. Fünfzig Zentner Ingwer sinken auf den Grund des Meeres, 46 Tote bleiben auf dem Gestade vor der Stadt zurück.

Nun erkennt man in Lissabon, dass Krieg geführt werden muss, will man die Frucht Indien ernten. Vasco da Gama – jetzt Don Vasco da Gama – erhält den Befehl, Indien zu erobern. Er vernichtet die feindliche Flotte, er zerstört Calicut, er errichtet eine Festung. Aber das Spiel wiederholt sich. Die Bewohner der Küste haben nicht vergessen, neue Kugeln zu gießen. Kaum ist die portugiesische Flotte außer Sichtweite, greifen sie von neuem an. Nach drei Wochen ist die Besatzung – diesmal ist sie 500 Mann stark – aufgerieben.

Neue Expeditionen werden ausgerüstet – unter Francisco d'Albuquerque, unter Afonso d'Albuquerque, unter António de Saldanha –, aber auch sie können den Widerstand des Feindes nicht brechen. So bleibt König Manuel nichts anderes übrig, als »seinen besten Mann« nach Indien zu schicken. Nicht länger sollen Pfeffer, Zimt und Ingwer immer mehr Blut und nichts als Blut kosten. Zweiundzwanzig Schiffe werden

Francisco d'Almeida zur Verfügung gestellt, in vielen Kämpfen erprobte Soldaten begleiten ihn. Unter ihnen befindet sich einer, der seinen Entschluss, Indien zu seiner neuen Heimat zu machen, gründlich beweist: Er schenkt sein ganzes bewegliches Vermögen seiner Schwester Teresita und sein Landgut dem Kloster San Salvador in Sabrosa.

Der Mann, der alle Brücken hinter sich abgebrochen hat, heißt Fernão de Magalhães. Er ahnt zu dieser Zeit noch nicht, dass er die zwölf Messen, welche die Brüder von San Salvador von nun an alljährlich für ihn lesen, bitter nötig haben wird.

II

Francisco d'Almeida ist mit den Vollmachten eines Vizekönigs ausgestattet. Er soll nicht nur dafür sorgen, dass Calicut – das hat der König offen ausgesprochen – endlich eine portugiesische Stadt wird, sondern auch Ormuz im Persischen Golf, Aden, Malakka und die Gewürzinseln besetzen, damit die Handelsvorherrschaft der Araber endlich gebrochen werde. Auf den unsichtbaren Straßen des Indischen Ozeans sollen in Zukunft nur noch portugiesische Schiffe fahren, das Kap der Guten Hoffnung soll endlich ein Kap der Erfüllung werden, denn mit Hoffnungen lässt sich die Staatskasse nicht füllen. Mit Hoffnungen wird man auch den gefährlichsten Feind nicht aus dem Felde schlagen können: Kastilien, das sich immer mehr ausbreitet und seine habgierigen Finger schon nach China ausstreckt.

D'Almeida kennt keine Skrupel und hat mit seinem Vorgehen zunächst Erfolg. Er erreicht, stets günstigen Wind in den Segeln, Mosambik, erobert, ohne einen einzigen Mann zu verlieren, Quiloa, vertreibt den Scheich, setzt an seine Stelle ein ihm genehmes und höriges Oberhaupt, lässt eine Besatzung von zweihundert Mann und drei Kanonen zurück und fährt nach Mombasa weiter. Hier zeigt man ihm die Zähne. Drei Tage dauert der erbitterte Kampf, drei Tage lang beweisen die Eingeborenen, dass ihr Hass größer ist als ihre Angst vor dem Tode. Aber am 15. August wird die Stadt dann doch von den Portugiesen erstürmt, geplündert und niedergebrannt. D'Almeida hat elf Tote und siebzig Verwundete zu beklagen und nur einen Wunsch: dass ihm der Ruf seiner unbeugsamen Grausamkeit nach Indien vorauseilt. Deshalb lässt er keine Gefangenen machen.

Auch an der Malabarküste sorgt d'Almeida dafür, dass man bald nur noch von dem »Teufel d'Almeida« spricht. Jedes Handelsschiff, das den Weg der Portugiesen kreuzt, wird versenkt. Onor wird niedergebrannt. In Cananor werden vierzig Bewohner zu rasch errichteten Galgen gezerrt, nur weil sie ein Pferd gestohlen haben. In Cochin wird abermals ein Schattenregent eingesetzt und eine Steinburg errichtet. Dass alle Edelsteine den Portugiesen abzuliefern sind, wird öffentlich verkündet. Den Inhalt der Gewürzlager holen sich die Portugiesen selbst. Ein Schiff nach dem anderen kehrt voll beladen in die Heimat zurück.

Der Hass wächst und wird riesengroß. Eine Gesandtschaft der Araber reist nach Rom und führt Klage wegen der Gräueltaten der Portugiesen. Alexander VI. hat keine Zeit für sie, obwohl er die Portugiesen nicht liebt. Seine Mätressen nehmen ihn zu sehr in Anspruch. Ein Anschlag auf d'Almeida misslingt und ein Versuch der maurischen Flotte, die Portugiesen während der Nacht zu überrumpeln, scheitert durch Verrat. Vor Cananor kommt es zu einer Seeschlacht, die – das glauben beide Teile – über die Zukunft Indiens entscheiden wird.

84 Schiffen und 125 Prauen der Mauren stehen elf portugiesische Schiffe gegenüber, die Lourenço d'Almeida, der

Sohn des Vizekönigs, befehligt. Gekämpft wird zwei Tage und zwei Nächte lang, nicht nur mit Waffen, sondern auch mit Zähnen, Nägeln und Fäusten. Das Meer färbt sich rot, auf den Planken der Schiffe waten die Kämpfenden durch Ströme von Blut. Als Lourenço d'Almeida verwundet wird und eine der portugiesischen Karavellen lichterloh zu brennen beginnt, scheint die Schlacht zu Gunsten der Mauren entschieden zu sein. Denn auch Nuno Vaz Pereira, der rasch an die Stelle des Befehlshabers getreten ist, wird ein Opfer der krummen Säbel des Feindes.

Nur weil die Portugiesen wissen, welches Schicksal sie in der Gefangenschaft erwartet, kämpfen sie weiter, auf den Schiffen, im Wasser und auf dem Lande. Denn dorthin hat sich ein Teil der Mannschaft der brennenden Karavelle retten können. Und vom Lande her kommt die große, die entscheidende Wendung. Ein Mann, der unverwundbar zu sein scheint, hat sich dort an die Spitze gestellt. Seine Verwegenheit, seine Tollkühnheit ist wie ein Zaubertrank, der Verwundeten neue Kraft gibt, Verzweifelte neue Hoffnung schöpfen lässt. Drei Stunden nachdem der einfache, bisher unbekannte Soldat Fernão de Magalhães seinen Namen zum ersten Mal in das Buch der Weltgeschichte geschrieben hat, ist die Schlacht von Cananor entschieden. Damit scheint auch das Schicksal Indiens besiegelt zu sein.

Es erweist sich aber bald, dass der Kampf erst begonnen hat. Die Schiffe der Araber finden andere, den Portugiesen unbekannte Wege zu den Gewürzhäfen und die mohammedanischen Kaufleute, kühle Rechner, erwägen nicht einmal, Indien wegen einer einzigen verlorenen Schlacht aufzugeben und abzuschreiben. Dieses Untier Portugal, rechnen sie sich aus, ist zwar nicht zu erlegen, aber es kann auch nicht überall zugleich sein. Zerstückelt man seine Kraft, wird man es selbst zerstückeln können. Vor allem dann, wenn sein Bauch voll mit Gewürzen und Edelsteinen ist.

So lässt man auf der einen Seite den Portugiesen freie Bahn und sorgt auf der anderen dafür, dass der verhasste Eindringling nicht zur Ruhe kommt: In Collam werden die zurückgebliebenen sechzehn Portugiesen ermordet, in Quiloa stirbt der von d'Almeida eingesetzte Sultan an einer Vergiftung. In Mosambik brennt das von den Portugiesen erbaute Hospital ab und auf der Insel Anchediva geht die Kirche in Flammen auf. Einmal dahin, einmal dorthin – und die Entfernungen sind groß. D'Almeida erkennt rasch, welche Gefahr ihm droht. Er fordert in Lissabon Verstärkung an und erhält sie sofort. Afonso d'Albuquerque bringt neue Schiffe, neue Soldaten, neuen Schrecken. Er erobert Muskat, Sohor und Kuriat und erstürmt die von 30 000 Mann verteidigte Festung Ormuz, die als uneinnehmbar gegolten hatte. Auch er macht keine Gefangenen.

Die mohammedanischen Kaufleute geben Indien deshalb aber immer noch nicht auf. Ist die eine Rechnung nicht aufgegangen, wird eine andere aufgehen. Ägypten muss helfen. Der Sultan von Calicut reist heimlich zu dem Kalifen und bringt von dort die erbetene Hilfe mit: die ganze ägyptische Flotte, die Emir Hoseyn, unbesiegbarer Held vieler Seegefechte, befehligt. Am 22. Januar 1508 kommt es zu der zweiten Schlacht vor Cananor. Magalhães nimmt an ihr nicht teil – er befindet sich in Mosambik –, und Francisco d'Almeida ist nach Cochin gefahren, um einem Edelsteinlager nachzuspüren, das sich im Inneren des Landes befinden soll.

Diese Schlacht dauert nicht lange. Hoseyn beweist erneut, dass man ihn nicht ohne Grund den »Unbesiegbaren« nennt. Die portugiesische Flotte wird trotz tapferer Gegenwehr vernichtet, Lourenço d'Almeida fällt. Nur drei Schiffen gelingt es, nach Cochin zu entkommen, wo es sich inzwischen erwiesen hat, dass das Edelsteinlager eine Falle war, in die der Vizekönig, ganz nach Wunsch seiner Feinde, gegangen ist.

Zunächst sinnen die Portugiesen nicht auf Rache. Zunächst beschäftigen sie sich damit, einander die Schuld an dieser Niederlage zuzuschieben. Afonso d'Albuquerque beschuldigt Francisco d'Almeida der Unfähigkeit und fordert ihn auf, sein Amt niederzulegen. Francisco d'Almeida zeiht Afonso d'Albuquerque der Unbotmäßigkeit und droht ihm, er werde ihn in Ketten legen lassen. Zwei portugiesische Heere stehen einander gegenüber, und nur einigen wenigen Besonnenen ist es zu verdanken, dass es nicht zu einem Kampf kommt.

Hier d'Almeida – da d'Albuquerque! Misstrauisch belauern die beiden Befehlshaber einander, keiner kann einen Schritt tun, ohne dass der andere davon weiß. Francisco d'Almeida verschiebt den gegen Goa geplanten Feldzug, nur weil er es nicht wagt, Cochin den Rücken zu kehren. Afonso d'Albuquerque sieht einstweilen von der Eroberung Dabuls ab, nur weil es ihm zu gefährlich erscheint, sich aus Cochin zu entfernen. Kleine Plänkeleien sind an der Tagesordnung und die Niederlage vor Cananor gerät allmählich in Vergessenheit. Die ägyptische Flotte ist allerdings nicht heimgekehrt, sondern hat sich mit der Flotte des Sultans von Diu vereinigt. Aber in Cochin kümmert das niemand. Mit einem Angriff der Ägypter wird nicht gerechnet.

Magalhães ist krank, als er den Boden Indiens wieder betritt. Ein heimtückisches Fieber schüttelt ihn. Für wen soll er sich entscheiden? D'Almeida hat er Treue geschworen, d'Albuquerque wird – das ahnt er dunkel – eines Tages alle Macht an sich reißen. Er wird sich für keinen der beiden entscheiden. Indien darf nicht verloren gehen, weil zwei ein Land beherrschen wollen, das sie noch gar nicht besitzen …

Ludovico di Bartema darf, wie kaum jemand, von sich sagen, ein weit gereister Mann zu sein: Er kennt Ägypten, Persien und Syrien, hat fast alle Häfen Vorderindiens gesehen, hat den Sunda-Archipel durchstreift und viele Jahre auf den Gewürzinseln gelebt. Ihn bewegt Magalhães, einen Vermittlungsversuch zu unternehmen.

Wochen und Monate vergehen. Bartema kann zwar keine Einigung herbeiführen, aber es gelingt ihm schließlich, die beiden Todfeinde wenigstens Schritt für Schritt zu der Erkenntnis zu führen, dass alles verloren ist, wenn die von Tag zu Tag stärker werdende ägyptische Flotte nicht bald vernichtet wird. Ein Angriff wird beschlossen und seltsamerweise kommt es wegen des Oberbefehls zu keinem Streit. Afonso d'Albuquerque erklärt sich sofort bereit, sich d'Almeida unterzuordnen.

Am 2. Februar 1509 trifft die portugiesische Flotte vor Diu ein und greift sofort an. Ein kurzer Kampf bringt keine Entscheidung, da sich Hoseyn in den inneren Hafen zurückzieht. Die Nacht vergeht und der Morgen zeigt, weshalb sich d'Albuquerque so rasch bereit gefunden hat auf den Oberbefehl zu verzichten. Er hat sich, die Dunkelheit nutzend, unbemerkt mit allen seinen Schiffen davongemacht.

Wütend eröffnet d'Almeida dennoch den Angriff. Er begreift, wie die Rechnung seines Feindes aussieht: Die Ägypter sollen vernichtet werden und d'Almeida soll in diesem Kampf fallen oder zumindest so geschwächt werden, dass er außerstande sein wird, den Angriff seines nächsten Gegners abzuwehren. Zwei Fliegen mit einem Schlag! Aber diesen Gefallen wird er Afonso d'Albuquerque nicht erweisen. Er wird siegen, weil er siegen muss.

Und d'Almeida erringt den Sieg. Wieder ist es Fernão de Magalhães, der die Entscheidung herbeiführt, indem er an der Spitze einer kleinen, aber tollkühnen Schar das Flaggschiff des Feindes erklettert und den überraschten Hoseyn gefangen nimmt. Ohne ihren sieggewohnten Führer sind die Ägypter bald nur noch eine um Gnade flehende Herde, die sich widerstandslos abschlachten lässt.

Gnade? Der Vizekönig denkt an seinen toten Sohn und gewährt keine Gnade. Alle, die auf der Seite des Feindes gekämpft haben – Araber, Inder, Mauren, Neger –, werden erbarmungslos niedergemetzelt. Diesmal färbt sich das Meer vor Diu blutig rot, über fünftausend Leichen werden ihm übergeben. Melek Eias, der Sultan von Diu, wird dem Henker überantwortet, der ägyptische Feldherr wandert in die Gefangenschaft. Vielleicht wird man ihn, denkt d'Almeida, später als Geisel gut gebrauchen können.

Der eine Sieg hat einen zweiten Sieg im Gefolge. Als d'Almeida in Cochin einzieht, läuft der Großteil der Soldaten d'Albuquerques zu ihm über. D'Albuquerque wird, während er noch überlegt, wie er sich verhalten soll, gefangen genommen und in einen Kerker geworfen. Hoseyn wird ihm als Gesellschafter beigegeben.

Das heldenhafte Verhalten von Fernão de Magalhães soll belohnt werden. D'Almeida bietet ihm die Statthalterschaft Cochins an und zu seiner Überraschung lehnt der »Held von Diu« – diesen Namen haben die Soldaten rasch zur Hand gehabt – beinahe schroff ab. Magalhães hat andere Pläne und diese Pläne gleichen einer Saat, die ein anderer, ein Unbekannter, dem Acker anvertraut hat. Er weiß selbst noch nicht, welche Früchte sie tragen wird.

Im April 1509 werfen im Hafen von Cochin vier portugiesische Schiffe Anker, deren Kapitän, Diogo Lopes de Sequeira, in Lissabon den Befehl erhalten hat, Malakka zu erforschen und zu erobern. Francisco d'Almeida stellt ihm ein fünftes Schiff und sechzig Mann zur Verfügung, darunter drei Freiwillige. Der eine ist Ludovico di Bartema, den die Sehnsucht nach der unbekannten Ferne schon wieder nicht schlafen lässt, der zweite Francisco Serrão, der nichts mehr hasst als festen Boden unter den Füßen, der dritte heißt Fernão de Magalhães. Ihm ist seine Umgebung plötzlich zu eng geworden. Er will die Welt sehen, kennen lernen, erobern und daran wieder ist Ludovico di Bartema schuld, der es meisterhaft versteht, das große Abenteuer, das Welt heißt, in leuchtenden Farben zu schildern.

Im August sticht die kleine Flotte in See. Ceylon bleibt zurück und dann ziehen die Schiffe auf ein unbekanntes Meer hinaus. Tage, Wochen vergehen, bis endlich Land in Sicht kommt. Es ist eine Insel, die mehr Pfeffer liefern könnte als ganz Indien, ein riesiges, von hohen Vulkanen, Sümpfen und undurchdringlichen Wäldern bedecktes Eiland, auf dem Affen, Elefanten, Tiger, Bären und dunkelhäutige Menschen leben, die ihre Heimat einmal Pedir und dann wieder Sumatera nennen. Es wäre eine lohnenswerte Aufgabe, diese Insel zu erforschen, aber dazu bleibt keine Zeit. Wieder vertrauen sich die Schiffe einem unbekannten Ozean an.

Stürme wechseln mit Windstillen ab, die tagelang die Schiffe festhalten. Auf eine spiegelglatte See, die wie geschliffenes Glas funkelt, folgen Tage, an welchen die Wellen die Höhe von Kirchtürmen erreichen. Nur die Hitze bleibt der portugiesischen Armada treu. Sie dörrt die Kehlen aus, bringt Fieber und verwandelt Menschen in leicht reizbare Bestien, die ihre Angst unter der allzu dick aufgetragenen Maske eines lärmenden Mutes verbergen. Sequeira kennt das alles, er fährt nicht zum ersten Mal unter dieser erbarmungslosen Sonne. Auch di Bartemas Gleichmut ist nicht zu erschüttern. Nur Magalhães wundert sich beinahe darüber, dass das große Abenteuer »Welt« bisweilen kaum erträglich ist.

Gerade noch zur rechten Zeit – es gibt keinen Tropfen Trinkwasser mehr an Bord – kommt ein Hafen in Sicht, der mit Fahrzeugen aller Art so voll gestopft ist, dass die fünf Schiffe der Portugiesen kaum Platz finden. Auch das Land scheint zu klein für all die Menschen zu sein, die hier durcheinander wimmeln: Araber, Javaner, Chinesen, Perser, Birmanen, Bengalen. Alle Hautfarben sind hier vertreten, unzählige Sprachen und – die im Hafen ankernden Schiffe bergen alle Kostbarkeiten der Welt.

Diese sind jedoch für Sequeira unerreichbar, das erkennt er sofort. Eine so volkreiche Stadt angreifen? Den Versuch unternehmen, Malakka zu erobern? Dazu bedürfte es eines Heeres, das stärker ist als alle, die Portugal je nach Indien entsandt hat. Selbst auf der Hut vor einem Überfall sein, ein wenig Handel treiben, auskundschaften, wie die Stadt befestigt ist und wer sie verteidigt, das ist alles, was dreihundert Mann hier unternehmen können, wollen sie lebend in die Heimat zurückkehren.

Zum ersten Mal treten die Portugiesen mit den Söhnen des Reiches der Mitte in Handelsbeziehungen. Obwohl ein unüberbrückbares Hindernis zwischen ihnen liegt, die Sprache, verstehen die beiden Gruppen einander gut. Höflichkeitsbesuche auf dem Lande, Höflichkeitsbesuche auf den Schiffen, Glasperlen und Waffen werden gegen Pfeffer und Porzellan eingetauscht, Pläne für die Zukunft werden gesponnen. Mitten hinein in diese rasch geschlossene Freundschaft – es ist eine Freundschaft – platzt die Nachricht, die ein chinesischer Kaufmann überbringt: Die Malaien planen einen Überfall. Denn selbst bis hierher ist den Portugiesen die Kunde vorausgeeilt, dass sie Sendboten eines Teufels sind, der plündert, raubt, mordet und brandschatzt.

Diogo Lopes de Sequeira gibt sofort den Befehl zur Rückkehr auf die Schiffe. Aber es ist schon zu spät. Hunderte von kleinen wendigen Booten haben die portugiesische Flotte eingekreist, tausend Krieger aller Hautfarben greifen an. Mit Mühe gelingt es den Portugiesen, die offene See zu erreichen. Sie verlieren zwei Schiffe, elf Mann werden getötet, vierzig gefangen genommen. Magalhães, der wieder seine Tollkühnheit beweist, wird verwundet.

Abermals eine Fahrt durch eine Hölle von Stürmen, Windstillen, Durst und Fieberqualen. Als Sequeira schließlich im Januar 1510 in Cochin an Land geht, hört er, dass mehr verloren gegangen ist als zwei Schiffe und einundfünfzig Mann. Das Vizekönigreich Indien besteht nicht mehr.

III

Im Oktober 1509 ist d'Almeida, einem Befehl des Königs gehorchend, nach Portugal zurückgekehrt. Afonso d'Albuquerque, mit dem Titel eines Generalkapitäns ausgezeichnet, ist an seine Stelle getreten. Am 2. Januar 1510 haben die Inder – allen ist entgangen, dass sie ein riesiges Landheer aufgestellt haben – überraschend angegriffen und in einer drei Tage währenden Schlacht einen überwältigenden Sieg davongetragen. Der Emir Hoseyn ist entkommen. D'Albuquerque ist schwer verwundet. Das portugiesische Expeditionsheer ist in Cochin und Cananor – diese beiden Städte konnten gehalten werden – zusammengedrängt worden und die Inder rüsten zu einem neuen Angriff. Das sind die Nachrichten, die Sequeira und seine Mannschaft bei der Rückkehr in die neue Heimat Indien erwarten.

Magalhães erkennt als Einziger, dass es nicht möglich sein wird, Cochin und Cananor zu halten. Es gibt nur einen Weg, den völligen Untergang zu vermeiden: Indien zunächst den Rücken zu kehren. Er setzt seinen Willen durch und die portugiesische Flotte sticht wieder in See. Aber unterwegs erwacht d'Albuquerque aus seinen Fieberträumen. Er beginnt zu toben, als er hört, welchen Kurs die Flotte nimmt und befiehlt Magalhães zu sich. Es kommt zu einer hitzigen Auseinandersetzung. Magalhães beschuldigt d'Albuquerque, sinnlos Blut vergossen zu haben und weiter sinnlos Blut vergießen zu wollen. D'Albuquerque wirft Magalhães vor, er habe sich Rechte angemaßt, die ihm nicht zustünden. Ludovico di Bartema, der hinzutritt, versucht zu vermitteln. Seine Mühe ist umsonst. Der Kurs der Flotte wird geändert.

Ein Streit, nichts weiter. Aber ein Streit, der viele Folgen haben und all jenen, welche die Geschichte dieser Zeit schreiben werden, die Frage in den Mund legen wird, welchen Lauf die Weltgeschichte genommen hätte, wäre es nicht zu diesem Streit gekommen. Einstweilen hat dieser Streit noch keine Folgen. Die Flotte nimmt Kurs auf Goa. Goa zu erobern ist d'Albuquerques Plan. Er will seinem Gegner d'Almeida nicht den Triumph gönnen, dass er, d'Albuquerque, mit leeren Händen nach Portugal zurückkehrt. Der frisch gebackene Generalkapitän hat Angst, seinen Titel zu verlieren, wenn er nicht irgendeinen Erfolg für sich verbuchen kann. Er braucht Goa als Ersatz für das verlorengegangene Indien.

Goa wird im Sturm genommen, aber nicht lange darf sich d'Albuquerque seines Triumphes erfreuen. Ein riesiges Entsatzheer der Inder kreist die Stadt ein und droht, den Portugiesen den Rückzug zu ihrer Flotte abzuschneiden. Abermals bleibt als einziger Weg eine rasche Flucht. Sie wird mit vielen Opfern erkauft. Ein Schiff geht verloren, dreißig Mann geraten in Gefangenschaft. Erneut rät Magalhães zur Rückkehr in die Heimat.

Wieder lehnt d'Albuquerque eine Rückkehr nach Portugal schroff ab. Er kehrt nach Cochin zurück und findet dort elf Schiffe vor, die Diogo de Vascogoncellos und Gonçalo de Sequeira aus Portugal nach Indien geführt haben. Diese willkommene Verstärkung bestärkt d'Albuquerque in seiner Absicht nur noch mehr. Er beruft einen Kriegsrat aller Kapitäne ein und alle außer Magalhães treten dafür ein, Goa erneut zu berennen. Goa muss Portugal gehören, denn wer Goa besitzt, beherrscht die Straßen nach Ormuz und Aden, ja das ganze westliche Meer. Magalhães' Einwand, dass selbst ein Sieg die Rückkehr nach Lissabon unmöglich machen werde, da der für die Heimfahrt notwendige Monsun verpasst würde, wird von d'Albuquerque mit den Worten abgetan: »Auch nach der Unterwerfung Goas werde ich nicht zurückkehren, vorher muss Indien erobert werden.«

Am 24. November 1510 treten 1600 Portugiesen erneut zum Angriff gegen Goa an. Schon einen Tag später fällt die Zitadelle und wieder einen Tag später die Stadt. Alle Einwohner, auch Frauen und Kinder, werden niedergemacht. Das indische Entsatzheer, das rasch herangerückt ist, wird vernichtend geschlagen. Die Unterwerfung Goas hat zur Folge, was d'Albuquerque selbst in seinen kühnsten Träumen nicht erhofft hat: Ganz Indien ergibt sich. Das Untier Portugal kann nicht erlegt werden. Zerstört man ein Schiff, kommen drei andere aus der unbekannten Ferne. Erschlägt man einen Portugiesen, treten fünf andere an seine Stelle. Es ist besser, wenn man sich mit diesem Untier verträgt.

Der Sultan von Diu will plötzlich in Frieden und Freundschaft mit Portugal leben und stimmt dem Bau einer Festung zu. Der Sultan von Calicut schickt eine Gesandtschaft mit kostbaren Geschenken zu d'Albuquerque. Der Beherrscher Bisnagas kennt keinen anderen Wunsch, als mit Portugal in Handelsbeziehungen zu treten. Auch die Herrscher des Binnenlandes lassen d'Albuquerque wissen, dass sie nie daran gedacht haben, ihn und seine Gefährten als Feinde anzusehen. Geschenke über Geschenke treffen in Goa ein.

D'Albuquerque gibt sich damit nicht zufrieden. Er denkt an die Stadt, von der ihm Sequeira erzählt hat. Dass die arabischen Handelsschiffe, Vorderindien vermeidend, den Weg ins Rote Meer nehmen, weiß er längst. Also muss er den größten Gewürzmarkt Hinterindiens selbst in die Hand bekommen. Wer Malakka besitzt, beherrscht den Gewürzhandel der Welt, und Portugal wird Malakka besitzen. Durch ihn, durch Afonso d'Albuquerque, den ein Magalhães daran hindern wollte, den Weg zu beschreiten, der zu Ruhm, Geld, Macht und Ehre führt.

Am 1. Juli 1511 ankert die portugiesische Flotte im Hafen von Malakka. Durch Kundschafter erfährt d'Albuquerque, dass dem Sultan achttausend Geschütze, dreißigtausend Krieger und vierzig Kriegselefanten zur Verfügung stehen.

Das ist eine gewaltige Streitmacht, aber sie ist nicht gewaltig genug, den an sofortige Unterwerfung gewöhnten Eroberer Goas abzuschrecken. Zuerst fordert d'Albuquerque die Herausgabe der Gefangenen. Als sie abgelehnt wird, lässt er den Hafen und die am Strand liegenden Häuser in Brand schießen. Nun gibt Mahmud, der Sultan, die Gefangenen heraus. Doch damit ist d'Albuquerque jetzt nicht mehr zufrieden. Er, der bisher überhaupt noch keinen Schaden erlitten hat, verlangt Schadensersatz und setzt die Forderung so hoch an, dass sie selbst das reiche Malakka nicht erfüllen kann.

Auch Mahmud hat von dem Fall Goas gehört. Er hat Angst vor den Portugiesen und liebt außerdem den Frieden. Verhandlungen werden geführt, Botschaften werden gewechselt. Es wird gefeilscht, gedroht, beteuert und geprahlt. Am Morgen des 25. Juli werden die Verhandlungen abgebrochen, und schon eine Stunde später eröffnet d'Albuquerque den Angriff auf die Stadt.

Die Truppen werden in zwei Hälften geteilt. Die eine führt João de Lima, die andere der Generalkapitän selbst. De Lima geht in der Nähe des Sultanspalastes an Land, d'Albuquerque bei der einzigen Brücke, welche die Malaienstadt mit der Chinesenstadt verbindet. Es ist sein Plan, zunächst diese Brücke zu erobern und sich dann mit de Lima zu vereinigen. Dass er in diesem Fall die Chinesen im Rücken haben wird, beunruhigt ihn wenig. Denn er glaubt nicht recht, dass ihn die Söhne des Himmels bekämpfen werden. Sie sind Kaufleute und keine Krieger.

Diese Rechnung geht nur zum Teil, zu einem sehr kleinen Teil auf. Zwar greifen die Chinesen nicht in den Kampf ein, aber es gelingt d'Albuquerque auch nicht, die Brücke zu erobern. Die Malaien überschütten seine Truppen mit einem Hagel vergifteter Pfeile, Kriegselefanten trampeln jeden nieder, der ihnen nahe kommt, und im Nahkampf sind die Portugiesen ihrem Feind unterlegen: Sie wissen keinen Rat gegen eine ihnen unbekannte Waffe, einen Dolch mit einer schlangenförmigen Klinge, der ihnen die Eingeweide aus dem Leibe reißt. João de Lima ergeht es wie d'Albuquerque. Auch er ist außerstande, das ihm gesteckte Ziel – die Erstürmung des Sultanspalastes und damit die Gefangennahme des Sultans – zu erreichen.

Am Abend sind die Portugiesen wieder auf ihren Schiffen. Sie sind niedergeschlagen, mit Wunden bedeckt, haben kaum noch Hoffnung auf einen Sieg. Untätig müssen sie zusehen, wie der Feind allerorts in der Stadt Verschanzungen aufwirft, Kanonen in Stellung bringt, Minen und Fußangeln auslegt. Der Generalkapitän spricht jedem Einzelnen Mut zu, aber er liest von den Gesichtern der Soldaten nur zu deutlich ab, dass ein Scheitern des zweiten Angriffs zugleich das Ende dieses Feldzugs bedeuten wird.

Am 10. August wird schon in den frühen Morgenstunden um die Brücke gekämpft. Die Erbitterung ist so groß, dass einer, der zusähe, glauben könnte, hier kämpften nicht Menschen, sondern wilde Tiere gegeneinander. Hin und her wogt der Kampf, die Portugiesen erobern die Brücke, müssen sie wieder aufgeben, klettern über Leichenbarrikaden, viele von ihnen werden das Opfer der furchtbaren Waffe, die Kris heißt. Als die Sonne im Zenit steht, ist noch immer keine Entscheidung gefallen.

Der »Held von Diu« bringt sie. Er kämpft plötzlich allein, nur mit einer Lanze, und er kämpft nicht gegen Menschen, sondern gegen Elefanten. Mit kurzen Stichen verwundet er sie, treibt sie zur Raserei und jagt sie gegen die Malaien. Die braune Mauer beginnt zu wanken, zerbröckelt, zerbricht. Auf der Brücke flattert die Fahne Portugals. Der Generalkapitän reicht Fernão de Magalhães die Hand. Er spricht ein paar anerkennende Worte. Aber er hasst Magalhães in diesem Augenblick mehr denn je.

Wenige Stunden später ist auch der Sultanspalast gefallen. Nur noch einige wenige Trupps der Malaien leisten Widerstand. Ströme von Blut fließen durch die Straßen zum Meer hinunter. Die Portugiesen plündern Haus um Haus. Männer und Kinder werden erschlagen, Frauen dürfen leben. Sie müssen den Soldaten an Ort und Stelle zu Willen sein. Magalhães schaudert, als er das sieht. Die Saat des Hasses, die hier gesät wird, muss irgendwann einmal aufgehen, denkt er, vielleicht in einem Jahr, vielleicht in zehn Jahren, vielleicht in hundert Jahren, aber sicher irgendwann einmal. In Lissabon sprach man davon, das Christentum übers Meer zu tragen. Ist dies das Christentum?

Afonso d'Albuquerque wird nicht von solchen Skrupeln geplagt. Er macht Pläne und bringt sie zu Papier: Duarte Fernandes wird nach Siam segeln, Ruy da Cunha nach Pegu. Und nach China? Wer wird die Fahrt nach China unternehmen? Das wird er selbst tun, nachdem er sein nächstes Ziel erreicht hat. Er sieht dieses Ziel schon vor sich, zum Greifen nahe: Die Eroberung der Molukken wird den Ring schließen. Calicut – Goa – Malakka – die Molukken: Ist dieses nächste Ziel erreicht, wird Portugal der mächtigste Staat der Erde sein und Afonso d'Albuquerque der mächtigste Mann in diesem mächtigen Staat.

Im Dezember 1511 ist es so weit. António d'Abreu, Francisco Serrão und Simão Afonso Bisigudo werden mit drei Schiffen und hundert Mann die Fahrt zu den Molukken unternehmen. Fernão de Magalhães meldet sich freiwillig, denn auch er ist schon längst den Lockungen der unbekannten, leuchtenden Ferne erlegen.

»Ihr wollt nach Amboina, Magalhães?«, fragt d'Albuquerque.

»Ja«, sagt Magalhães heiser.

»Ihr wolltet doch immer in die Heimat zurückkehren.«

»Das will ich nicht mehr.«

»Ihr werdet aber zurückkehren«, sagt d'Albuquerque.

Das ist das ganze Gespräch. Magalhães weiß, dass die Brücke in Malakka längst vergessen ist. Der Generalkapitän kennt keinen Dank, er kennt nur Hass. Auch Magalhães beginnt d'Albuquerque zu hassen. Bald wird er dieses Gefühl auf ganz Portugal ausdehnen.

IV

Obwohl er ein Ehrengehalt erhält, weiß Magalhães, dass ihm eine Rückkehr nach Indien verwehrt ist. Afonso d'Albuquerque hat gründlich für verschlossene Türen gesorgt. Eine Zeit lang beschäftigt er sich mit Nautik, Kosmografie, dem Zeichnen von Landkarten und dem Studium all jener Bücher, in denen das lockende Abenteuer Welt beschrieben wird. Bald wird er jedoch dieser Tätigkeit müde. Als er erfährt, dass König Manuel ein Heer zur Unterwerfung der Mauren Nordafrikas

Studierstube eines Kosmografen im 16. Jahrhundert

aufstellen lässt, meldet er sich bei Dom Jayme, dem Herzog von Bragança, und wird in Gnaden aufgenommen.

Nordafrika bringt Magalhães gleich zweimal Unglück. Bei einem Gefecht bekommt er einen Lanzenstich in die Kniekehle, der den Nerv durchtrennt. Diese Verwundung wird ihm bis an sein Lebensende zu schaffen machen. Nicht weniger setzt ihm eine Beschuldigung zu: Man wirft ihm vor, Kriegsbeute heimlich an die Beduinen verkauft und den Erlös für sich behalten zu haben. Dieser Vorwurf empört Magalhães derart, dass er ohne Erlaubnis das Heer verlässt und nach Lissabon zurückkehrt. Das ist abermals ein Vergehen und man stellt den »Helden von Diu« vor ein Gericht. Wohl erfolgt ein Freispruch, doch man lässt durchblicken, dass man von einer Verurteilung nur wegen der Verdienste abgesehen hat, die der Angeklagte für sich geltend machen kann. So erhält Magalhães' Hass neue Nahrung. Außerdem wird ihm klar, dass ihm nach Indien nun auch Afrika verschlossen ist.

Wieder beschäftigt er sich eine Zeit lang mit Schifffahrtskunde, Längenberechnungen, dem Studium der Geografie und der Mathematik und abermals kann ihm diese Beschäftigung bald keine Befriedigung mehr geben. Er versucht, eine Audienz beim König zu erlangen und wird abgewiesen. Als er verbittert nach Hause kommt, überreicht ihm der Astronom Ruy Faleiro, mit dem er das dürftige Quartier teilt, einen soeben eingetroffenen Brief. Dieser Brief erreicht Magalhães gerade in dem Augenblick, da sein Hass gegen alles, was Portugal heißt, seinen Höhepunkt erreicht hat.

Den Brief hat Francisco Serrão geschrieben. Serrão hat die Molukken erreicht und schildert diese Inselgruppe in den leuchtendsten Farben. Ein Paradies, ein Dorado, in dem jeder sein Glück machen kann, eine neue Welt, die größer und reicher ist als die von Vasco da Gama entdeckte. Magalhães kann das nicht ertragen. Er ist sechsunddreißig Jahre alt und soll zur Tatenlosigkeit verurteilt sein? Er soll zeitlebens hinter Männern zurückstehen, die weit weniger Fähigkeiten besitzen als er? Er soll seine Pläne nicht verwirklichen dürfen? Sein Tatendurst soll sinnlos versiegen wie eine Quelle im Sand? Weshalb? Nur weil der König von Portugal Afonso d'Albuquerque wie eine Gottheit anbetet?

Diese Inselgruppe der Molukken … liegt sie überhaupt in dem Gebiet, das der Papst, als er die Welt teilte, Portugal zugesprochen hat? Liegt sie nicht auf spanischem Gebiet? Und könnte man sie nicht auf dem Westweg, um Südamerika herum, erreichen? Ruy Faleiro, der Astronom, der sich zurückgesetzt fühlt, weil ihm niemand glauben will, dass er eine brauchbare mathematische Formel zur Bestimmung der geografischen Längengrade gefunden hat, teilt diese Meinung und spricht offen aus, was Magalhães denkt: Portugal hat Spanien die Molukken gestohlen, denn sie liegen jenseits der Linie, die Alexander VI. im Jahre 1494 in seiner Bulle festgelegt hat. Sie müssen dort liegen, wenn man Francisco Serrão Glauben schenken darf: Zehn Monate war die Flotte unterwegs, bevor sie die größte Insel, Ternate, erreichte!

Magalhães beginnt mit diesem Gedanken zu spielen und merkt nicht, dass der Gedanke bald mit ihm spielt. Hat nicht auch Cristóbal Colón Portugal den Rücken kehren müssen, weil man in Portugal fähiger Männer nicht bedarf? Hat Spanien Colón etwa abgewiesen? Dieser Gedanke lässt Magalhães nicht mehr los. Zunächst beantragt er jedoch eine Erhöhung seiner Ehrenpension, die aber erneut abgelehnt wird. Da schaltet sich das Schicksal ein: Im königlichen Palast trifft Magalhães mit dem Antwerpener Schiffsreeder Cristobal de Haro zusammen.

Cristobal de Haro hat von Lissabon aus Schiffe nach Brasilien und Indien geschickt. Er allein hat die Kosten für diese Expedition getragen und als Dank dafür hat ihm d'Albuquerque drei Schiffe versenkt. Schadensersatz? König Manuel denkt nicht daran, de Haro auch nur einen einzigen Teston zu bezahlen. Was d'Albuquerque tut, ist richtig, und wenn d'Albuquerque die Schiffe in Grund gebohrt hat, so hat er das mit Recht getan.

»Ich kehre diesem Land den Rücken«, sagt de Haro erbittert. »Diesem Land, dessen Regent d'Albuquerque heißt. Diesem Land, das keinen Dank kennt. Und Ihr, Magalhães, solltet dasselbe tun. Bleibt Ihr, seid Ihr ein Narr.«

Ein Narr. Allmählich glaubt Magalhães, dass er ein Narr ist. Er will es nicht länger sein. Natürlich wird er seiner Heimat nicht den Rücken kehren. Er wird seine Staatsbürgerschaft niederlegen – in aller Öffentlichkeit – und dann wird König Manuel zur Einsicht kommen. Einen Magalhães wird er nicht ziehen lassen.

Magalhães legt seine Staatsbürgerschaft nieder. Niemand schlägt darüber entsetzt die Hände zusammen. Der Hof schweigt. Keiner kommt Magalhães zu bitten, er möge bleiben und von seinem Entschluss abstehen. Möge er gehen, er, der versucht hat, einen d'Albuquerque an der Eroberung der Welt zu hindern.

Am 17. Oktober 1517 verlässt Magalhães Portugal. Ruy de Faleiro und Cristobal de Haro begleiten ihn. Aus einem Fernão de Magalhães wird ein Fernando de Magallanes. Wen kümmert das in einem Land, das einen Afonso d'Albuquerque besitzt?

Der Leidensweg Cristóbal Colóns – demütigendes, zermürbendes Warten, Spott, ewiges Vertröstetwerden – bleibt Fernando de Magallanes erspart. Kaum hat er den Boden Portugals verlassen, gerät ihm alles nach Wunsch. Im Hause seines Landsmannes Diogo Barbosa findet er freundliche Aufnahme und nicht nur das. Barbosa macht ihn mit seinem Neffen Duarte bekannt, der soeben von einer Fahrt nach dem Fernen Osten zurückgekehrt ist, und dieser stellt die Verbindung zwischen Magellan und Juan de Aranda her, der in der »Casa de Contratación de las Indias«, dem Amt für überseeische Unternehmungen, ein gewichtiges Wort zu reden hat. Dass Magellan Barbosas Tochter Beatriz heiratet, hat nichts mit diesen Verbindungen zu tun. Er heiratet sie, weil er sie liebt.

Aranda ist von Magellans Plan hellauf begeistert. Der Portugiese hat Recht: Die Molukken liegen in der spanischen Hemisphäre. Und Aranda glaubt auch, dass Magellan einen Weg zu den Molukken weiß, der nicht über portugiesisches Gebiet führt. Er glaubt das umso lieber, als er in Magellan ein Werkzeug sieht, sich die allerhöchste Gunst zu sichern und – so nebenbei – auch die Taschen zu füllen.

Schon am 8. Februar 1518 – welch eine lange Kette von Jahren hat Colón warten müssen! – kann Magellan dem Erben der spanischen Krone, dem Prinzen Karl von Österreich, Sohn des Habsburgers Philipp des Schönen und der Doña Juana, seinen Plan unterbreiten. Jean Sauvage, der Großkanzler, lehnt ihn ab, Adrian von Utrecht, der Großkardinal, sieht in der geplanten Fahrt sogar eine Gefahr. Und auch das ist Glück für Magellan. Denn der König, achtzehn Jahre alt, misstraut jetzt schon jedem, der ihm einen Rat gibt. Er fordert Juan de Fonseca, den Vorsitzenden des Rates von Indien, zu einer Stellungnahme auf. Und das Wunder geschieht: Fonseca, der alles getan hat, um Cristóbal Colóns Fahrt zu verhindern, und alles tun wird, Cortez an der Eroberung Mexikos und Pizarro an der Eroberung Perus zu hindern, ist von Magellans Vorhaben sofort eingenommen.

Es ist der rechnende Kaufmann in Fonseca, dem Magellans Plan gefällt. Colón war ein Phantast, das ist längst bewiesen: Er hat ein neues Land entdeckt – ein Land, das nichts eingebracht hat – und die Meeresstraße durch dieses neu entdeckte Land hat er vergeblich gesucht. Wenn Magellan jedoch einen Weg über die westlichen Meere zu den Gewürzinseln findet, einen Weg, der Portugals Gebiet nicht berührt, wird Spanien sein Gewürz rascher, billiger und gefahrloser beziehen als Portugal und damit alle Macht in den Händen haben. Denn Gewürz bedeutet schon längst mehr Macht als Gold.

Dem Priester in Fonseca hingegen missfällt Magellans Plan. Er hat Angst vor dem Papst, der den Kirchenbann dem angedroht hat, der die Trennungslinie überschreitet. Aber nun ist Faleiro zur Hand. Er beweist, dass sich Spanien nie gegen das Gebot des Papstes vergehen kann, weil sich Portugal längst dagegen vergangen hat. Fonseca hört sich bereitwillig die Erklärungen und Berechnungen des Astronomen an, der so tut, als kenne er die Erdkugel schon von Kindheit an. Er glaubt Faleiro kein Wort und hält ihn – wie Aranda – für einen Scharlatan. Doch auch den Scharlatan kann er gebrauchen. Vor allem dann wird er ihn gebrauchen können, wenn es sich doch erweisen sollte, dass die Gewürzinseln auf der falschen Seite liegen. Dann kann er den Astronomen dem Papst in den Rachen werfen und ruhigen Gewissens sagen: »Ich wasche meine Hände in Unschuld.«

Am 22. März 1518 wird die Capitulación sobre el Descubrimiento de las Islas de la Especería, der Vertrag über die Entdeckung der Gewürzinseln, unterschrieben:

1. Fernando de Magallanes und Ruy de Faleiro, beide von nun an Kapitäne mit einem Jahressold von 50 000 Maravedis, übernehmen die heilige Verpflichtung, die Gewürzinseln und andere Inseln in den Spanien durch die Trennungslinie angewiesenen Grenzen zu entdecken und den Weg zu diesen Inseln durch westliche Meere zu suchen.

2. Die Krone sichert Fernando de Magallanes und Ruy de Faleiro ein Zwanzigstel aller Reichtümer zu, welche von den neu entdeckten Inseln Spanien zufließen werden. Die durch die Ausrüstung der Schiffe verursachten Kosten werden hiervon abgezogen.
3. Fernando de Magallanes und Ruy de Faleiro wird das Recht zugesprochen, den Titel »Adelantado y Gobernador« zu führen.
4. Fernando de Magallanes und Ruy de Faleiro wird das Recht zugesichert, alljährlich Waren im Wert von 1000 Dukaten nach den Gewürzinseln zu befördern und dort gegen Gewürze einzutauschen.
5. Entdecken Fernando de Magallanes und Ruy de Faleiro mehr als sechs Inseln, wird ihnen ein Fünfzehntel des Ertrags von zwei Inseln zufallen, die sie selbst bestimmen dürfen.
6. Die Krone wird für die durchzuführende Fahrt fünf Schiffe ausrüsten, zwei mit je 130 Tonnen, zwei mit je 90 Tonnen und eines mit 60 Tonnen.
7. Diese Flotte wird eine Besatzung von 230 Mann erhalten und mit Vorräten für zwei Jahre ausgestattet werden.
8. Fernando de Magallanes erhält das Recht, auf den Schiffen die höchste Gewalt, auch die über Leben und Tod, auszuüben.
9. Den Kapitänen wird von der Krone die Verpflichtung auferlegt werden, Fernando de Magallanes, dem Generalkapitän der Flotte, unbedingten Gehorsam zu leisten.
10. Fernando de Magallanes wird alles in seiner Macht Stehende tun, die auf den von ihm entdeckten Inseln lebenden Völker zum wahren Glauben zu bekehren, und überflüssiges Blutvergießen vermeiden.

Magellan treten Tränen in die Augen, als er seinen Namen unter das Dokument setzt. Er denkt nicht daran, was Cristóbal Colón versprochen und nie gegeben wurde. Er denkt nur daran, dass das große Abenteuer, nach dem er sich so sehr gesehnt hat, nun vor ihm liegt. Bald wird er aufbrechen: zu einer Fahrt, wie sie in ihrer Großartigkeit nie zuvor unternommen wurde und nie wieder unternommen werden wird.

V

In Lissabon hat inzwischen Empörung um sich gegriffen. Den »Helden von Diu« hat man ziehen lassen? Man hat tatenlos zugesehen, wie der Mann, dem die Eroberung Malakkas zu verdanken ist, Portugal den Rücken gekehrt hat? Man fragt nach der Schuld, und einer schiebt sie dem anderen zu. Da man den Schuldigen nicht finden kann, wird der Kronrat einberufen. Er fasst einen Beschluss: Fernão de Magalhães muss nach Portugal zurückkehren.

Álvaro da Costa, dem portugiesischen Gesandten in Spanien, der sich in Zaragoza aufhält und dort Verhandlungen wegen der Heirat seines Königs mit Doña Leonora, der Schwester Karls I., führt, fällt die undankbare Aufgabe zu, den Beschluss des Kronrates in die Tat umzusetzen. Doch da Costa bemüht sich vergeblich, umsonst macht er einen Kniefall vor Magalhães. Rückkehr nach Portugal? Rückkehr in das Reich Afonso d'Albuquerques? »In Spanien leben die Bettler besser als in Portugal die um ihr Vaterland verdienten Männer«, wirft er dem Gesandten vor und bleibt bei seinem Nein, obgleich da Costa ihm hunderttausend Maravedis und das Blaue vom Himmel verspricht.

Ergrimmt wendet sich da Costa an den Hof. Er nennt Magalhães einen »Deserteur und Abenteurer« und spricht auch davon, dass sich sein König dadurch verletzt fühle, dass man den Fahnenflüchtigen am spanischen Hofe so gnädig aufgenommen habe. Auch damit hat da Costa keinen Erfolg: Zu viele warten schon auf den Gewinn, der ihnen durch Magellans Fahrt in die Taschen fließen wird, und Karl I. selbst verspürt wenig Zuneigung für seinen zukünftigen Schwager, dessen Reich nach seiner Meinung zu groß geworden ist. Das ändert sich auch nicht, als Doña Leonora am 13. Juli nach Portugal reist, um das Band zwischen den beiden christlichsten Reichen des Abendlandes fester zu knüpfen.

In Lissabon ist man, als man hört, dass Magalhães eine Rückkehr nicht einmal erwägt, nun nicht mehr empört, sondern beunruhigt. Dieser Magalhães weiß viel, viel zu viel: Serrão hat ihm Briefe von den Gewürzinseln geschickt und außerdem soll sich der Deserteur mit dem Gedanken tragen, einen Weg zu den Molukken zu suchen, der portugiesisches Gebiet nicht berührt. Gewiss, diesen Weg gibt es nicht, wie es die Meeresstraße nicht gibt, die das von Colón entdeckte Land in zwei Hälften teilt, aber eine Gefahr bleibt doch bestehen: Magalhães könnte auf Inseln stoßen, die eine Gefahr für das portugiesische Gewürzmonopol darstellen.

König Manuel ist ratlos und seine Räte schieben Álvaro da Costa alle Schuld zu. Der Gesandte ist zu wenig hartnäckig gewesen. Ein neuer Versuch wird gemacht: Man bietet Magalhães 200 000 Maravedis und einen Adelstitel, wenn er sich zu einer Rückkehr entschließt. Als Magalhães' Antwort abermals aus einem schroffen Nein besteht, weiß nur noch Dom Fernando de Vasconcellos, der Bischof von Lamego, einen Weg: Man muss diesen Feind der portugiesischen Krone aus dem Wege räumen lassen.

Auch dieser Plan scheitert. Fonseca, der seine Spione überall in Portugal – auch am Hofe – sitzen hat, erfährt von dem geplanten Mordanschlag, noch bevor die gedungenen Meuchelmörder Lissabon verlassen haben. Die beiden Bravos erreichen Zaragoza nicht. Sie stoßen knapp vor der Stadt auf Wegelagerer, die sie mit reichen Kaufleuten verwechseln und erschlagen.

Magellan weiß von alldem nichts. Er hat alle Hände voll zu tun, um die Ausrüstung seiner Flotte voranzutreiben. Obwohl erst drei Schiffe angekauft worden sind, beginnt es jetzt schon an Geld zu mangeln. Cristobal de Haro erklärt sich bereit, in die Bresche zu springen, doch davon will Fonseca nichts wissen. Von dem hohen Gewinn, den er sich errechnet, etwas abgeben? Die Staatskasse ist leer und Magellans Fahrt vielleicht die letzte Möglichkeit, sie zu füllen. Auch der König will die Haut des Bären, die er noch gar nicht besitzt, mit keinem anderen teilen.

Und nun beginnt auch für Magellan eine schmerzliche Zeit des Zuwartens. Bald muss er erkennen, dass er in diesem Jahr nicht mehr in See stechen wird. Noch immer fehlen zwei Schiffe und das Geld für den Kauf von Tauschwaren ist auch nicht da. Ein Brief an den König nutzt nichts. Karl I. kann nicht geben, was er nicht hat.

Die Zeit verrinnt. Der Sommer vergeht, der Herbst. Am Ende des Winters erinnert man sich Magellans wieder und erlässt eine 74 Punkte umfassende Denkschrift, die sich vor allem mit den Preisen der Waren beschäftigt, die in den entdeckten Ländern abgesetzt werden sollen, ferner mit der Frage, ob das Kartenspiel an Bord erlaubt werden darf oder nicht, und schließlich auch mit der Befrachtung der Schiffe. Die Fracht kann man aber nicht kaufen, weil die Staatskasse noch immer leer ist.

Im Frühling des Jahres 1519 entschließt man sich dann doch, Cristobal de Haros Vorschlag anzunehmen. Der Antwerpener Kaufmann gibt 5000 Dukaten, das deutsche Bankhaus Fugger beteiligt sich an der geplanten Unternehmung mit 2000 Dukaten und auch Alonso Gutiérrez, der spanische Schatzmeister, greift in seine Kasse. Er vermag nicht mehr als 700 Dukaten zu erübrigen. Jetzt können die beiden anderen Schiffe angekauft werden.

Sie sehen anders aus, als Magellan es sich vorgestellt hat, und der portugiesische Gesandte reibt sich die Hände. Er schreibt seinem König:

»Diese sogenannte Flotte besteht aus fünf alten, schäbigen Schiffen, von denen eines 110 Tonnen hat, die anderen mögen nach meiner Schätzung ein jedes 60 bis 80 Tonnen haben. Auf keinem dieser Schiffe wollte ich auch nur bis zu den Kanarischen Eilanden fahren, denn das Holz ihrer Spanten ist morsch. Auch hat man sich erst gar nicht die Mühe gemacht, die Schiffe an Land zu ziehen. Sie werden schwimmend kalfatert und auch das wird ihre Seetüchtigkeit wahrhaftig nicht erhöhen.

Die Artillerie ist mindestens ebenso schäbig wie die Flotte selbst. Acht kleinkalibrige Kanonen – das ist alles, was man Magalhães bisher zur Verfugung gestellt hat. Und Tauschwaren besitzt er bis jetzt überhaupt noch keine. Wenn sie den Schiffen und den Kanonen gleichen werden, wird er für diesen Plunder gewiss nur wenig Gewürze eintauschen können, sofern seine morschen Kähne die Gewürzinseln überhaupt erreichen.

Aber das ist noch nicht alles. Zwischen Magalhães und Faleiro, dem verrückten Astronomen, ist ein Streit ausgebrochen. Und deshalb glaube ich, dass die Geduld des spanischen Königs bald erschöpft sein wird. Seine Augen sind ohnehin nur noch nach Deutschland gerichtet.«

Álvaro da Costa hat seinem König kein unwahres Wort berichtet. Die fünf Karavellen, die man gekauft hat, sehen so aus, als würden sie beim ersten Sturm auseinander brechen und die Kanonen sehen nicht so aus, als könnte aus ihnen nur ein einziger Schuss abgefeuert werden. Auch damit hat der Gesandte Recht, dass es zwischen Magellan und Faleiro zu heftigen Auseinandersetzungen kommt. Der letzte Streit ist wegen der Frage ausgebrochen, welcher von den beiden Kapitänen die Signallaterne führen wird. Magellan pocht auf seine Erfahrung als Seefahrer, Faleiro auf seine Überlegenheit als Wissenschaftler und Astronom.

Diesem Streit bereitet der König ein rasches Ende. Er schließt Faleiro von der Teilnahme an der Fahrt aus und setzt an seine Stelle Juan de Cartagena, einen spanischen Edelmann, dem er als Berater den Kosmografen Andrés de S. Martín beigibt. So – das denkt Karl – wird jede Gefahr eines Verrates von allem Anfang an beseitigt. Denn es hat ihm ohnehin von Monat zu Monat immer weniger gefallen, dass sich die Armada ausschließlich in den Händen zweier Portugiesen befinden sollte. Cartagena ist tapfer, kühn und treu und wird dafür sorgen, dass Magellan weder seinen Kurs noch die Fahne ändert. Auch die anderen Leiter der Expedition werden nun in ihre Ämter eingesetzt. Auf Befehl des Königs erlässt der Rat von Indien ein endgültiges Dekret:

1. Zum Generalkapitän der Flotte wird Fernando de Magallanes ernannt. Er wird zugleich auch das Admiralsschiff »Trinidad« befehligen.
2. Juan de Cartagena wird zum Vizeadmiral und Kapitän der »San Antonio« ernannt.
3. Luis de Mendoza erhält das Amt eines Schatzmeisters der Flotte und wird zum Kapitän der »Victoria« ernannt.

4. Das Amt eines Kapitäns der »Concepción« erhält Gaspar de Quesada.
5. Zum Kapitän der »Santiago« wird Juan Rodríguez Serrano bestimmt.

Weiter werden folgende Ämter vergeben:
1. Rechnungsführer: Antonio de Coca.
2. Proviantmeister: Gonzalo Gómez de Espinosa.
3. Steuermänner: Andrés de S. Martín (zugleich Astronom der Flotte), Juan Lopez Carvalho, Vasco Gallego, Esteban Gómez.
4. Bootsmänner: Juan Sebastián del Cano, Francisco Albo, Juan Bautista de Poncevera, Juan de Elorriaga, Miguel de Rodas.
5. Schiffsschreiber: Geronimo Guerra, Leon de Espeleta, Martín Méndez, Sancho de Heredia, Antonio de Costa.

Weder dem König noch Fonseca entgeht es, dass mehr als genug Fremdlinge – 37 Portugiesen, 26 Italiener, 10 Franzosen, 4 Flamländer, 2 Griechen, 2 Deutsche, 1 Engländer – an der geplanten Expedition teilnehmen. Aber das lässt sich nicht ändern. Es haben sich zu wenig Spanier gemeldet, und der Grund hierfür liegt auf der Hand: In Spanien hat man noch nicht vergessen, dass Juan Díaz de Solís auf der Suche nach den Gewürzinseln erst vor vier Jahren an dem von ihm Río de Solís genannten Strom mit allen seinen Gefährten von Kannibalen ermordet worden ist. Außer dem König und Fonseca glaubt nämlich in Spanien niemand, dass die fünf Schiffe ihr Ziel erreichen werden, es sei denn, dass mit diesem Ziel ein schrecklicher Tod gemeint ist.

Am 28. Juni 1519 wird König Karl von den deutschen Kurfürsten in Frankfurt zum deutschen Kaiser erwählt. Das ist für Magellan kein Vorteil. Denn Karl V. hat nun weder für Spanien Zeit noch Gedanken für eine Fahrt zu den Gewürzinseln. Eine Zeit lang sieht es sogar so aus, als würde das ganze Vorhaben in Vergessenheit geraten. Erst als Cristobal de Haro erneut auf den Plan tritt und abermals Geld gibt, gelingt es Fonseca, den Kaiser zum Ankauf des Proviants und der Tauschwaren zu bewegen. Sehr viel Tauschwaren kauft man nicht ein und man kauft nur das Billigste: 30 bunte Tücher, 200 Mützen, 2000 Armbänder aus Blech, 200 blecherne Trinkbecher, 20 000 Schellen, 400 Messer, 50 Scheren, 1000 Spiegel, 100 Kämme und 40 Säcke Glasperlen. Dennoch betragen die Kosten für die Expedition mehr als acht Millionen Maravedis. Das hält der Kaiser Magellan in einer letzten Audienz vor Augen. Acht Millionen! »Der Gewinn wird diese acht Millionen rechtfertigen, Sire«, sagt Magellan und kann sein Erschrecken doch nicht ganz verbergen. Zum ersten Mal denkt er an Cristóbal Colón und das Schicksal, das dem Genuesen widerfahren ist.

Am 10. August ist die Flotte endlich segelklar. Sancho Martínez de Leiva, der höchste Beamte der Krone in Sevilla, übergibt dem vor dem Bildnis der Jungfrau knienden Generalkapitän in der Kirche »Santa Maria de la Victoria de Triana« die kaiserliche Fahne. Magellan beschwört seinen festen Willen, Spanien immer die Treue zu halten, und die anderen Kapitäne beschwören, sie würden Magellan jederzeit bedingungslos gehorchen. Knapp vor diesem feierlichen Akt hat der Kaiser eine Pension für Beatriz de Barbosa, Magellans Gemahlin, ausgesetzt und Magellan selbst hat sein Testament gemacht. Niemand gibt sich einem Zweifel hin: Diese Fahrt wird einem Krieg gleichkommen, einem erbitterten Krieg mit der erbarmungslosen See, mit Windstillen und Orkanen, mit dem schrecklichen Gespenst Skorbut und mit blutdürstigen Eingeborenen. Es wird eine Fahrt auf Leben und Tod sein.

Álvaro da Costa wohnt der Fahnenübergabe bei. Sein Gesicht ist aschgrau, seine Hände zittern. Auch dem jungen Mann, der neben ihm steht, ist die Erregung vom Gesicht abzulesen. Antonio Pigafetta, Sohn einer Patrizierfamilie aus Vicenza, hat im letzten Augenblick vom Kaiser die Erlaubnis erhalten, an der Fahrt teilzunehmen. Er denkt nicht an die Gefahren,

Antonio Pigafetta Scan

welche auf Magellans Expedition warten, er denkt nur daran, dass er endlich die sagenumwobene bunte Ferne kennenlernen wird, nach der er sich so sehr gesehnt hat.

Und er wird sich einen Namen machen. Denn es ist seine Absicht, das Tagebuch dieser Reise zu schreiben. Welchen Titel er seinem Abenteuerroman geben wird, weiß er noch nicht. Das wird er erst am Ende der Fahrt wissen. Er wird ihn »Primo viaggio intorno al globo« – »Erste Reise um die Erde« – überschreiben.

Das wird ihm möglich sein, weil er zu den Überlebenden gehören wird. Zu den wenigen Überlebenden.

Antonio Pigafetta

Die erste Reise um die Erde

PRIMO VIAGGIO
INTORNO AL GLOBO TERRACQUEO
OSSIA
RAGGUAGLIO DELLA NAVIGAZIONE
ALLE INDIE ORIENTALI PER LA VIA D'OCCIDENTE
FATTA DAL CAVALIERE
ANTONIO PIGAFETTA
PATRIZIO VICENTINO
Sulla Squadra del Capit. Magaglianes negli anni 1519-1522.
Ora pubblicato per la prima volta,
tratto da un Codice MS. della Biblioteca Ambrosiana di Milano
e corredato di note
DA CARLO AMORETTI
DOTTORE DEL COLLEGIO AMBROSIANO.
Con un
TRANSUNTO DEL TRATTATO DI NAVIGAZIONE
dello stesso Autore.

IN MILANO MDCCC.

NELLA STAMPERIA DI GIUSEPPE GALEAZZI.
Con licenza de' Superiori.

Titelblatt der italienischen Ausgabe von 1800

Die erste Reise um die Erde

oder
Bericht von der Fahrt nach Ostindien
auf dem Westweg
Niedergeschrieben von
dem Ritter

Antonio Pigafetta

einem Adeligen aus Vicenza
auf dem Geschwader des Kapitäns Magaglianes
während der Jahre
1519–1522

Von der Abfahrt bis zur Entdeckung der Magellanstrasse

Magaglianes' Plan, 1519

Generalkapitän Fernando de Magaglianes hatte beschlossen, eine lange Schifffahrt auf einem Meer zu unternehmen, das von wütenden Winden und furchtbaren Stürmen beherrscht wird, und nach Eilanden zu suchen, auf welchen Menschenfresser leben und Tiere hausen, denen keiner gewachsen ist, weil sie fast so groß wie ein Schiff sind. Keinem der Seinen wollte Magaglianes den kühnen Plan seiner Fahrt offenbaren, um nicht von seiner großartigen und bewundernswerten Tat, die er mit Gottes Hilfe auszuführen gedachte, abgehalten zu werden.

Die Kapitäne jedoch, die ihn begleiten sollten, verfolgten ihn mit Hass. Der Grund ist mir unbekannt, aber ich vermute, dass sie ihn hassten, weil er in Portugal das Licht der Welt erblickt hatte und sie Spanier waren. Portugal, glaubten sie, habe Spanien die Hälfte der Erde gestohlen, dank der Gunst Seiner Heiligkeit des Papstes Alexander.

Anordnung der Warnzeichen, 1519

Um die Armada beisammenzuhalten, gab der Generalkapitän allen Kapitänen folgende Befehle:

»Mein Schiff wird stets den anderen voraussegeln. Damit es auch bei Nacht gesehen wird, werde ich eine hölzerne Fackel, Farol genannt, am Heck führen.

Lasse ich außer dieser Fackel noch ein Stück eines Binsenseiles oder eine Laterne entzünden, haben die anderen Schiffe dasselbe zu tun, damit ich mich davon überzeugen kann, dass sie mir folgen.

Zeige ich außer dem Farol zwei andere Feuer, bedeutet dies, dass die Schiffe entweder langsamer segeln oder bei widrigem Wind die Richtung ändern müssen.

Drei Feuer bedeuten, dass das Bonnet wegzunehmen ist. Das Bonnet ist ein Segel, das unter dem Groß-Segel angebracht ist, um bei gutem Wetter den Wind besser einzufangen. Es wird jedoch weggenommen, sobald ein Sturm aufkommt.

Lasse ich vier Feuer sehen, so ist dies das Signal, alle Segel einzuziehen. Sind sie aber gerefft, zeigen die vier Feuer an, dass sie wieder ganz entfaltet werden sollen.

Noch mehr Feuer oder Kanonenschüsse benachrichtigen die anderen, dass Land nahe oder mit Untiefen zu rechnen ist und daher langsamere Fahrt und Vorsicht geboten sind.

Ein anderes Zeichen wird angeben, wenn die Anker geworfen werden sollen. Dieses Zeichen werde ich noch bekannt geben.«

Es war dem Generalkapitän bekannt, dass die Kapitäne, Steuermänner und Schiffsmeister wussten, was ein Farol und ein Bonnet ist. Aber er wollte sie durch seine Erklärung demütigen. Das nährte den Hass gegen ihn noch mehr, und ich hörte, dass manche seinen Namen so aussprachen, als hätten sie den des Teufels im Munde.

Wachen, 1519

Die Wachen wechselten jede Nacht dreimal. Die erste trat bei Sonnenuntergang an, die zweite, die man Medora nennt, um Mitternacht, die dritte vor Tagesanbruch. Zu diesem Zweck wurde die Mannschaft in drei Schichten geteilt, von denen eine dem Kapitän, die zweite dem Steuermann und die dritte dem Schiffsmeister unterstand. Um die Sicherheit der Fahrt zu gewährleisten, forderte der Generalkapitän von allen, die sich auf den Schiffen befanden, strengste Manneszucht.

Abfahrt von Sevilla, 10. August 1519

Am Morgen des 10. August 1519 – es war ein Mittwoch –, als die Armada alles für die lange Fahrt Notwendige und ihre 237 Mann starke Besatzung an Bord hatte, kündigte eine Salve der Geschütze die Abfahrt an und auf allen Schiffen wurde das Besansegel hochgezogen. Wir fuhren den Fluss Guadalquivir abwärts, an Juan d'Alfarax vorüber, einer einstmals dicht bevölkerten maurischen Stadt. Hier befand sich früher eine Brücke, von der noch zwei unter Wasser stehende Pfeiler erhalten sind. Diese bringen die Schiffe in große Gefahr und man darf hier nur bei Flut und mit Hilfe der Piloten fahren.

Es herrschte, als wir ausfuhren, strahlend blauer Himmel und das sahen alle für ein gutes Vorzeichen an. Manche behaupteten sogar, sie hätten am Himmel die Heilige Jungfrau gesehen, die auf die ausfahrende Armada heruntergelächelt habe.

Sanlúcar

Wir fuhren an Coria und einigen anderen Dörfern vorüber und gelangten nach Sanlúcar de Barrameda, einem Schloss, das dem Herzog von Medina-Sidonia gehört. Hier befindet sich der Hafen, von dem man ins Weltmeer gelangt, 10 Leghe[1] vom Vorgebirge San Vicenzo entfernt, unter 37° nördlicher Breite. Von Sevilla bis zu diesem Hafen beträgt die Entfernung etwa 17 bis 20 Leghe.

September 1519

Einige Tage später brachten Boote den Generalkapitän und die anderen Kapitäne von Sevilla nach Sanlúcar. Die Schiffe wurden mit weiteren Vorräten versorgt. Tagtäglich gingen wir am Morgen in Sanlúcar an Land, um in der Kirche Unserer

1 Eine Legua = 5,57 km.

Lieben Frau von Barrameda die heilige Messe zu hören. Vor der Abfahrt befahl Magaglianes, die ganze Mannschaft solle beichten.

Abfahrt von Sanlúcar, 20. September 1519

Am Dienstag, dem 20. September, stachen wir von Sanlúcar aus in See und segelten in südwestlicher Richtung. Unser erstes Ziel auf dieser Fahrt waren die Kanarischen Inseln. Magaglianes war während dieser Tage immer guter Laune und wer ihn so sah, hätte glauben können, er wüsste nicht, welche Gefahren auf uns alle noch warteten.

26. September 1519

Am 26. September gingen wir bei Teneriffa, einem der Kanarischen Eilande, das unter 28° nördlicher Breite liegt, vor Anker. Hier blieben wir drei Tage, um Fleisch, Wasser und Holz aufzunehmen, und liefen dann, um uns mit Fischen zu versorgen, in einen anderen Hafen der Insel ein, der den Namen Monte Rosso trägt. In diesem Hafen brachten wir zwei vergnügte Tage zu.

Tropfende Bäume[2], 2. Oktober 1519

Sie mögen wissen, Euer Hochwohlgeboren, dass man uns von einer dieser Inseln etwas Seltsames erzählte: Es soll auf ihr nie regnen und auch weder eine Quelle noch ein Fluss soll auf diesem seltsamen Eiland zu finden sein. Hingegen befinde sich auf demselben, versicherte man uns, ein großer Baum, von dessen Blättern ständig ein wohlschmeckendes Wasser herabriesele, das in einem am Fuß des Baumes gezogenen Graben aufgefangen werde. Hier schöpften die Bewohner der

2 Das Märchen von den Wasser spendenden Bäumen auf den Inseln Pluviola und Ombrion erzählte schon Plinius.

Insel ihr Wasser, hier löschten Tiere, zahme ebenso wie wilde, ihren Durst. Der Baum, behauptete man ferner, sei immer von einem dichten Nebel bedeckt und ich nehme an, dass der Nebel es ist, der die Blätter mit dem herabträufelnden Wasser versieht.

Das grüne Vorgebirge, 3. Oktober 1519

Am Montag, dem 3. Oktober, setzten wir unsere Fahrt in südlicher Richtung fort. Es war Mitternacht, als wir wieder in See stachen. Wir segelten nun zwischen dem grünen Vorgebirge und den nach ihm benannten Inseln, die unter 14° 30' nördlicher Breite liegen. Viele Tage fuhren wir dann entlang der Küste von Guinea, an der sich unter etwa 8° ein Berg namens Sierra Leone erhebt. In dieser Zeit hatten wir abwechselnd unter widrigen Winden und völliger Windstille zu leiden. Außerdem verfolgte uns der Regen bis zum Äquator. Dieses Regenwetter dauerte sechzig Tage und widerlegte die Meinung der Alten, dass die Gegenden zwischen den Wendekreisen unbewohnbar seien, weil es hier nie regne.

Sturm, 14. Oktober 1519

Unter 14° nördlicher Breite überfielen uns heftige Stürme, die zusammen mit widrigen Strömungen und Regenfällen unsere Fahrt hemmten. Wir mussten alle Segel reffen, die Schiffe beilegen und warten, bis besseres Wetter eingetreten war. Die Mannschaft war nun nicht mehr vergnügt und viele sprachen offen aus, dass sie lieber heimkehren wollten.

Riesenfische, Oktober 1519

An heiteren, ruhigen Tagen kreisten große Fische, die man Tiburoni[3] nennt, um unsere Schiffe. Diese Fische besitzen mehrere Reihen spitzer, Furcht erregender Zähne und wenn ein Mensch das Unglück hat, von ihnen im Meer gefunden zu werden, so wird er auf der Stelle aufgefressen. Mit einer eisernen Angel fingen wir eine der Bestien. Die Großen taugen aber gar nicht zum Essen und auch die Kleinen sind nicht viel wert.

St.-Elms-Feuer, Oktober 1519

Bei sehr stürmischem Wetter sahen wir oft das, was man Corpo santo oder St.-Elms-Feuer nennt. Es erschien bei dunkler Nacht auf der Spitze des großen Mastes, einer schönen Fackel gleichend, und verharrte zwei Stunden lang. Das war für uns, wenn es stürmte, ein großer Trost, und wir begrüßten das Feuer immer mit Freudentränen.

Wenn es verschwand, gab es ein so starkes Licht von sich, dass wir alle geblendet wurden. Wir meinten dann, verloren zu sein. Aber im selben Augenblick legte sich der Sturm.

Unbekannte Vögel und Fische, Oktober 1519

Auch Vögel mannigfacher Gattungen beobachteten wir. Manche schienen kein Hinterteil zu besitzen, andere keine Füße. Das Weibchen der zuletzt genannten Gattung legt und brütet seine Eier auf dem Rücken des Männchens mitten im Meer[4]. Eine weitere Art, Cagasella[5] genannt, lebt von den Exkrementen anderer Vögel und ich habe mit eigenen Augen gesehen, wie einer dieser Vögel einen anderen unablässig

3 Haie.
4 Vermutlich Seetaucher (Gaviidae). Sie tragen ihre Jungen auf dem Rücken.
5 Die Vögel durchsuchen die Exkremente nach Würmern.

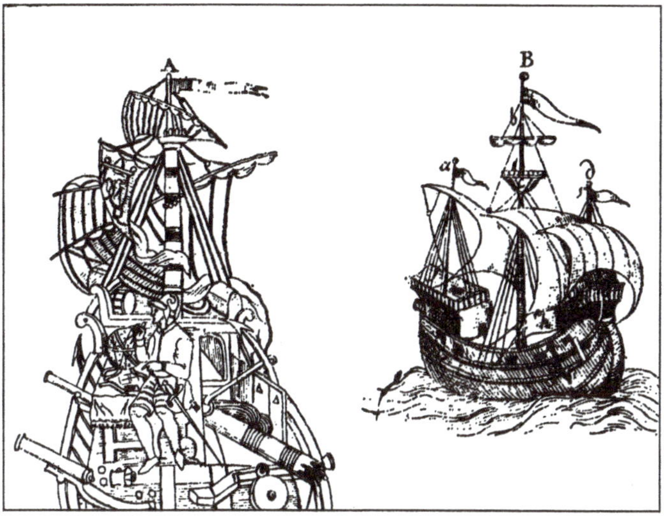

Zwei Schiffe der Magellan'schen Flotte; links Magellan mit nautischen Messgeräten

verfolgte, bis jener endlich seine Exkremente fallen ließ. Der Verfolger bemächtigte sich ihrer mit einer wahren Gier. Ferner sah ich fliegende und andere Fische, die manchmal in so großer Zahl beisammen waren, dass sie eine Bank im Meere zu bilden schienen.

Wir passieren den Äquator, Dezember 1519

Wir passierten den Äquator und verloren, gegen Südsüdwesten segelnd, den Polarstern aus dem Gesichtskreis. Nach langer Fahrt erreichten wir unter 23° 30' südlicher Breite das Land Verzin[6], das mit dem zusammenhängt, in welchem unter 8° 30' derselben Breite das Kap Augustin liegt. Hier versahen wir uns

6 Brasilien.

reichlich mit Hühnern, Pataten[7] und mit einer den Tannenzapfen ähnlichen Frucht von süßem, vortrefflichem Geschmack[8], mit süßem Rohr und mit Fleisch von dem Anta[9], das dem Kuhfleisch ähnlich ist. Auch trieben wir hier einen für uns sehr vorteilhaften Handel. Für eine Angel oder ein Messer gab man uns fünf bis sechs Hühner, für einen Kamm zwei Gänse. Für einen kleinen Spiegel oder eine Schere erhielten wir so viele Fische, dass sich zehn Mann davon sättigen konnten. Für eine Schelle oder ein Band brachten uns die Eingeborenen einen ganzen Korb voll Pataten. Es sind dies knollige Gewächse, die unseren Rüben ähneln und wie Kastanien schmecken. Mit ebenso großem Gewinn tauschten wir einzelne Spielkarten ein. Ich selbst erhielt für einen Kartenkönig sechs Hühner und der Eingeborene, der sie mir gab, glaubte noch, mich übers Ohr gehauen zu haben.

Die Sonne im Zenit, Dezember 1519

Jetzt stand mittags die Sonne im Zenit und wir hatten weit mehr unter der Hitze zu leiden als vorher.

Grösse des Landes Verzin, Dezember 1519

Das Land Verzin hat Überfluss an Gütern aller Art und ist so groß wie Spanien, Frankreich und Italien zusammengenommen. Es ist Eigentum des Königs von Portugal.

Religion, Dezember 1519

Die Eingeborenen sind keine Christen, aber sie beten auch keine Götzenbilder an. Der Naturtrieb ist ihr einziges Gesetz.

---

7 Mehrere Kilogramm schwere Wurzelknolle im tropischen Amerika. Sie enthält Stärkemehl und Zucker und wird roh oder gekocht gegessen.

8 Ananas.

9 Tapir.

Sie leben sehr lange, viele von ihnen erreichen ein Alter von 125 bis 140 Jahren. Männer und Frauen sind gebaut wie wir; sie laufen völlig nackt umher. Ihre Wohnungen bestehen aus langen Hütten, die sie Boii nennen. Zum Schlafen haben sie darin große, baumwollene Netze[10], deren beide Enden an zwei dicken Balken befestigt sind. In einem solchen Boii leben zuweilen 100 Männer samt ihren Frauen und Kindern und es herrscht darin zu jeder Zeit ein ohrenbetäubender Lärm.

Barken, Dezember 1519

Ihre Barken, Kanoes genannt, sind aus einem Baumstamm verfertigt, der unter Zuhilfenahme eines schneidenden Steins ausgehöhlt wird. Die Steine ersetzen den Eingeborenen das ihnen unbekannte Eisen. In einem einzigen Kanoe haben oft 30 bis 40 Mann Platz. Es wird durch Ruder fortbewegt, die den Rührhölzern unserer Bäcker ähnlich sind. Sieht man diese dunkelhäutigen, nackten, schmutzigen und kahlen Menschen rudern, könnte man glauben, Matrosen des Styx vor sich zu haben.

Menschenfresser

Männer und Frauen sind wohlgestaltet und gehen nackt einher. Bisweilen essen sie Menschenfleisch, aber nur das ihrer Feinde. Sie tun dies nicht, weil es ihnen schmeckt, sondern einer Sitte zufolge, die auf folgende Weise entstand: Eine alte Frau hatte einen einzigen Sohn, der von den Feinden ihres Stammes getötet wurde. Bald danach wurde der Mörder ihres Sohnes gefangen und vor die Alte gebracht, die sich, um ihren Sohn zu rächen, wie ein wildes Tier über ihn warf und eine seiner Schultern mit den Zähnen zerfleischte. Doch der

10 Sogenannte Hamaks. Dieser Ausdruck hat sich in der Seemannssprache bis heute gehalten.

Verschiedene Kanu-Formen der Indios an der Ostküste Südamerikas

Mann hatte Glück im Unglück. Es gelang ihm, den wütenden Händen der alten Frau zu entkommen und zu seinem Stamm zurückzukehren. Dort zeigte er die Spuren der Zähne auf seiner Schulter und machte die anderen glauben, seine Feinde hätten ihn auffressen wollen. Um an Grausamkeit nicht nachzustehen, entschlossen sich seine Stammesbrüder, die in den Kämpfen gefangen genommenen Feinde zu fressen. Allmählich taten das dann alle.

Sie verzehren ihre Feinde jedoch nicht unverzüglich, sondern zerlegen sie und verteilen die Stücke unter die Tapfersten. Jeder nimmt den Teil, der ihm zugefallen ist, mit nach Hause, räuchert ihn und lässt alle acht Tage ein kleines Stück davon braten. Diese Nachricht wurde mir von Juan Carvajo, unserem Steuermann, überbracht. Carvajo hat sich vier Jahre lang im Lande Verzin aufgehalten.

Eingeborene von der Ostküste Südamerikas: (A) Indio mit Federschmuck, (B) Mädchen mit einem Schlaginstrument, (C) Eingeborener mit Bananenstaude, (D) Ein Patagonier, der mit seinem Pfeil eine in der Kehle festsitzende Fischgräte zu entfernen versucht

Schmuck

Die Eingeborenen sind nicht schwarz, sondern olivenfarbig. Männer sowohl als auch Frauen tätowieren Körper und Gesicht auf seltsame und mannigfache Weise. Sie sind geschoren und bartlos. Oft tragen sie ein aus ineinandergewobenen Papageienfedern gefertigtes Kleidungsstück, das so zusammengesetzt ist, dass die Flügelringe und Schwanzfedern einen Kreis um ihre Hüften bilden. Dieses Kleid verleiht ihnen ein sonderbares, ja lächerliches Aussehen. Fast alle Männer haben in der Unterlippe drei Löcher, durch die sie kleine, zylinderförmige Steine stecken. Frauen und Kinder verzichten auf diesen unbequemen Schmuck.

Papageien

Es gibt in diesem Lande unzählige Papageien. Acht bis zehn dieser bunten Vögel erhielten wir für einen kleinen Spiegel. Auch Meerkatzen sahen wir. Sie sind sehr schön, gelb und klein und Löwen ähnlich. Ferner bekamen wir Schweine zu Gesicht, die, wie es uns schien, den Nabel auf dem Rücken haben[11], und große, zungenlose Vögel mit einem Schnabel von der Form eines Löffels[12].

Brot

Die Eingeborenen essen runde, weiße Brote, deren Geschmack uns ganz und gar nicht zusagte. Man bereitet sie aus dem Mark oder vielmehr aus dem Splint, der sich zwischen der Rinde und dem Holz eines gewissen Baumes[13] befindet und Ähnlichkeit mit geronnener Milch hat.

Schamgefühl

Für eine Axt oder ein großes Messer bot man uns ein oder zwei Mädchen als Sklavinnen an. Niemals jedoch machten die Eingeborenen untereinander ihre Frauen zu einer Tauschware. Die Frauen würden ihren Männern auch gar nicht untreu werden. Sie sind so tugendhaft, dass sie sich nicht umarmen lassen, bevor die Sonne gesunken ist.

Arbeit der Frauen

Die Frauen haben die schwersten Arbeiten zu verrichten. Oft sahen wir, wie sie mit schwer beladenen Körben, die sie auf dem Kopf trugen, von den Bergen herabkamen. Aber nie gehen sie allein, ihre Männer, die sehr eifersüchtig sind, begleiten

11 Pekari oder Nabelschwein.
12 Löffelenten.
13 Brotbaum.

sie, die Pfeile in der einen, den Bogen in der anderen Hand. Die Bogen werden aus Verzinholz oder einem schwarzen Palmenholz hergestellt. Haben die Frauen ihre Kinder bei sich, legen sie diese in ein baumwollenes Netz, das sie sich um den Hals hängen.

Grosse Leichtgläubigkeit

Diese Völker sind sehr leichtgläubig und gut. Mit wenig Mühe würde man sie dazu bewegen können, die christliche Religion anzunehmen. Mehr durch einen Zufall brachten sie uns Hochachtung, ja Verehrung entgegen. Es herrschte nämlich seit zwei Monaten eine große Dürre im Lande, und da der Himmel im Augenblick unserer Ankunft Regen sandte, schrieben sie dies unserem Erscheinen zu. Wenn wir an Land die Messe hörten, wohnten sie dieser schweigsam und voller Neugierde bei. Als sie merkten, dass wir unsere an den Seiten der Schiffe befestigten Boote ins Meer ließen, glaubten sie, die Boote wären Kinder des Schiffes und würden von diesem ernährt.

Die Eingeborenen bauten für uns ein Haus, da sie hofften, wir würden einige Zeit bleiben. Als wir die Anker lichteten, schenkten sie uns viel Verzinholz.

Abschied, 27. Dezember 1519

Wir blieben dreizehn Tage im Lande Verzin. Dann setzten wir unsere Fahrt fort und erreichten in 34° 20' südlicher Breite einen Süßwasserfluss[14]. Hier wohnen die Menschenfresser. Einer von ihnen, ein Riese mit der Stimme eines Stiers, kam auf unser Hauptschiff, um den anderen Mut einzuflößen. Aber seine Gefährten besaßen seinen Mut nicht. Sie flüchteten mit ihren Habseligkeiten ins Innere des Landes. Um die

14 Es war der La-Plata-Strom.

Gelegenheit mit ihnen zu sprechen und sie aus der Nähe zu beobachten, nicht zu versäumen, sprangen hundert Mann an Land, um sie zu verfolgen. Es gelang ihnen jedoch nicht, die Menschenfresser einzuholen. Sie liefen und sprangen viel schneller als wir.

Juan de Solis

In diesem Fluss liegen sieben kleine Inseln. Auf der größten werden kostbare Steine gefunden. Man glaubte, von hier in das Südmeer gelangen zu können, denn noch niemand ist vor uns weiter vorgedrungen. Jetzt weiß man jedoch, dass hier nicht das Kap oder das Ende eines Landes liegt, sondern nur die etwa 17 Leghe breite Mündung eines Flusses. Hier wurde Juan de Solis, der wie wir ausgefahren war, um neue Länder zu entdecken, von den Kannibalen, denen er zu viel Vertrauen geschenkt hatte, mit sechzig Mann seines Schiffsvolkes gefressen.

Seelöwen, Januar 1520

Auf der Weiterfahrt in dem flachen, unbewohnten Lande sichteten wir eine Bucht, in der zwei von Gänsen und Seelöwen bewohnte Inseln lagen. Sicher waren wir die Ersten, die auf dieses Land stießen.

Die Seelöwen, von verschiedener Farbe, erreichen ungefähr die Größe eines Kalbes. Auch ihr Kopf ähnelt dem eines Kalbes sehr. Ihre Ohren sind kurz und rund, die Zähne sehr lang. Sie haben keine Schenkel und ihre Pfoten, die unmittelbar am Körper sitzen, gleichen unseren Händen. Die Zehen sind durch Schwimmhäute miteinander verbunden. Könnten diese Tiere laufen, wären sie sehr zu fürchten, denn man sieht ihnen an, dass sie wild sind. Sie schwimmen sehr schnell und nähren sich von Fischen.

Gänse, Januar 1520

Gänse leben hier in großen Scharen. Sie sind so zahm, dass wir uns innerhalb einer Stunde genug Proviant für die Mannschaft der fünf Schiffe verschaffen konnten. Sie sind schwarz und ihr ganzer Körper ist gleichmäßig von kleinen Federn bedeckt. Da sie an den Flügeln keine Schwungfedern haben, können sie nicht fliegen. Sie nähren sich von Fischen und sind so fett, dass wir ihnen beim Rupfen die ganze Haut abziehen mussten[15].

Wut des Sturms

Zwischen diesen Inseln überfielen uns heftige Stürme. An den Spitzen der Masten zeigten sich mehrmals die St.-Elms-Feuer. Wenn sie verschwanden, legte sich die Wut des Sturmes sofort.

Hafen S. Julian, März 1520

Wir fanden, diese Inseln hinter uns lassend, in 49° 30' südlicher Breite einen guten Hafen und beschlossen hier zu überwintern und die der Weiterfahrt günstige Jahreszeit abzuwarten. Zwei Monate vergingen, ohne dass wir einen Einwohner des Landes zu sehen bekamen, und allmählich zweifelten wir nicht mehr daran, dass wir uns in einem unbewohnten Lande befanden. Eines Tages jedoch erblickten wir zu unserem Erstaunen an der Küste einen Mann von Riesengröße, der unbekleidet tanzte und sang und sich dabei Sand über den Kopf warf. Unser Generalkapitän sandte sofort einen Matrosen an Land, nicht ohne ihm befohlen zu haben, diese Gebärde, ein Zeichen der Freundschaft und der Friedfertigkeit, nachzuahmen. Magaglianes irrte sich nicht und der Riese begriff. Er ließ sich auf eine kleine Insel zu unserem Kapitän führen. Als er uns erblickte, bezeugte er große Verwunderung und hob einen Finger in die

15 Eine Pinguinart.

Höhe, wahrscheinlich um damit anzudeuten, dass er glaube, wir seien vom Himmel herabgestiegen.

Dieser Mann war so groß, dass ihm der Kopf des Größten von uns nur bis zum Gürtel reichte. Er war schön gewachsen und besaß ein rot bemaltes Gesicht. Die Augen waren von einem gelben Kreis eingerahmt und zwei herzförmige Flecken zierten die Wangen. Die wenigen Haare waren weiß gefärbt. Sein Mantel, aus Pelzwerk zusammengesetzt, stammte von einem Tier, das, wie wir später oft genug feststellen konnten, in diesem Lande in großen Scharen lebt. Dieses Tier hat den Kopf und die Ohren eines Maultiers, den Leib eines Kamels, die Beine eines Hirsches und einen Pferdeschweif. Auch wiehert es wie ein Pferd[16]. Mit der Haut des Tieres hatte der Riese seine Füße umwickelt. In der Hand hielt er einen kurzen starken Bogen, dessen Sehne, ein wenig dicker als eine Lautensaite, aus den Därmen desselben Tieres gefertigt war, und kurze Pfeile aus Schilfrohr, die an einem Ende gefiedert waren. Sie glichen den unsrigen, nur dass sie anstelle einer eisernen Spitze eine aus weißem und schwarzem Feuerstein hatten. Aus demselben Stein stellen diese Wilden Werkzeuge her, mit denen sie das Holz bearbeiten.

Ein zweiter Riese

Der Generalkapitän ließ unserem Riesen Speisen und Getränke reichen und unter anderem auch einen Spiegel aus Stahl zeigen. Da der Riese von solch einem Ding keinen Begriff hatte und nicht ahnte, dass er sich darin selber sehen würde, fuhr er, als er seine Gestalt erblickte, so erschrocken zurück, dass er vier Mann, die hinter ihm standen, zu Boden warf. Magaglianes schenkte ihm Schellen, einen kleinen Spiegel, einen Kamm

16 Guanaco, eine Art Lama.

(A) Robbe, (B) Tapir, (C) Paradiesvogel, (D) Pinguin, (E) Fliegender Fisch, (F) Guanaco

und ein paar Glasperlen. Dann ließen wir unseren Gast durch viele wohlbewaffnete Soldaten wieder an Land bringen.

Am Strande zeigte sich ein zweiter Riese, der es, wie es schien, nicht wagte, sich unserem Schiff zu nähern. Als unsere Matrosen auf ihn zukamen, rief er andere, die wir vorher nicht bemerkt hatten, hinzu und alle stellten sich nun nackt und unbewaffnet, wie sie waren, in einer Reihe auf und tanzten und sangen, wobei sie den Zeigefinger gegen den Himmel hoben. Sie zeigten uns ein aus Wurzeln bereitetes weißes Pulver, das sich in tönernen Gefäßen befand, und luden uns ein, davon zu kosten. Unsere Matrosen forderten sie durch Zeichen auf, unsere Schiffe zu besichtigen, und machten sich erbötig, den Riesen beim Tragen ihrer Waffen zu helfen. Die Riesen leisteten der Einladung Folge. Die Männer nahmen Pfeile und Bogen, alles andere luden sie ihren Frauen auf, genauso wie Lasttieren. Die Frauen sind nicht so groß, aber außergewöhnlich dick. Ihr

Anblick versetzte uns in nicht geringe Verwunderung. Ihre herabhängenden Brüste sind über einen Fuß lang. Sie bemalen und kleiden sich wie ihre Männer und tragen außerdem ein kleines Fell um die Hüften. Diese Weiber führten vier der Tiere mit sich, die ich schon erwähnt habe. Es waren junge Tiere, die man zur Überlistung der alten benutzt. Die Eingeborenen binden sie an einem Gesträuch fest und warten dann, in einem Hinterhalt versteckt, bis ausgewachsene Tiere herankommen, um mit den Jungen zu spielen. Die älteren Tiere dann mit Pfeilen zu töten, fällt den Eingeborenen nicht schwer.

Nachdem die Männer und Frauen, achtzehn an der Zahl, unsere Schiffe bestaunt und besichtigt hatten, kehrten sie in den Hafen zurück, verteilten sich dort und belustigten uns durch ihre Jagd.

Spanier und Patagonier werden Freunde, Mai 1520

Sechs Tage später erblickten unsere Soldaten, als sie gerade damit beschäftigt waren, Holz für das Geschwader zu fällen, einen anderen Riesen, der gleichfalls mit einem Bogen und mit Pfeilen bewaffnet war. Er kam sofort näher, berührte dabei seinen Kopf und seinen Leib mit beiden Händen und hob diese dann gen Himmel. Die Matrosen ahmten die Gebärden nach, einer von ihnen benachrichtigte den Generalkapitän. Magaglianes schickte sofort ein Boot zur Küste und ließ den Riesen auf die im Hafen liegende kleine Insel bringen, auf der ein Haus für eine Schmiede und ein Speicher errichtet worden waren.

Dieser Eingeborene war noch größer und schöner gewachsen als die anderen und besaß ein sanftes Wesen. Vor Freude, dass er bei uns sein durfte, tanzte und sprang er mit solcher Heftigkeit, dass seine Füße mehrere Zoll tiefe Eindrücke im Sand hinterließen. Er blieb mehrere Tage bei uns.

Wir lehrten ihn, den Namen Jesus und das »Vaterunser« nachzusprechen, und hatten mit unseren Bemühungen Erfolg. Zuletzt tauften wir ihn auf den Namen Juan. Der Generalkapitän schenkte ihm ein Hemd, eine Weste, eine Hose aus Tuch, einen Hut, einen Spiegel, einen Kamm, Schellen und andere Kleinigkeiten. Er kehrte zu den Seinen zurück, nachdem er uns versichert hatte, dass er mit uns sehr zufrieden sei. Am darauffolgenden Tage überbrachte er dem Generalkapitän eines der erwähnten großen Tiere und erhielt weitere Geschenke, für die er uns wiederum Gegengeschenke machte. Aber dann kam er mit einem Mal nicht mehr. Wir vermuteten, dass ihn seine Gefährten entweder seines neuen Reichtums wegen oder deshalb ermordet hatten, weil er uns so viel Anhänglichkeit entgegenbrachte.

SETEBOS, JUNI 1520

Fünfzehn Tage später kamen vier andere Riesen zu uns. Sie waren unbewaffnet und auf verschiedene Weise bemalt. Da der Generalkapitän damit rechnete, bald wieder in See stechen zu können, beschloss er die Gelegenheit zu nutzen und die zwei Größten zurückzubehalten, um sie mit nach Spanien zu nehmen. Da er aber einsah, dass es schwer fallen würde, Gewalt anzuwenden, bediente er sich einer List: Er beschenkte die Riesen mit einer großen Menge von Messern, Spiegeln und Glasperlen und bot ihnen dann noch zwei Paar der eisernen Ringe an, wie man sie zum Fesseln verwendet. Die Wilden zeigten sofort ein heftiges Verlangen, die eisernen Ringe zu besitzen, doch sie konnten mit ihren schon überladenen Händen nicht nach ihnen fassen. Nun bedeutete ihnen Magaglianes, sie sollten sie an ihren Füßen befestigen. Damit waren sie zufrieden und die Matrosen legten ihnen die Ringe an. Als die Riesen innewurden, dass sie überlistet worden waren und die Fesseln nicht mehr abzustreifen vermochten, gerieten sie in Wut, schnaubten, heulten und riefen den Setebos, ihren mächtigsten Gott, um Hilfe an.

Vergiftete Pfeile

Der Generalkapitän wünschte nun auch einiger Weiber habhaft zu werden, um diese Riesengattung nach Spanien zu verpflanzen. Er gab den Befehl, die zwei ungefesselten Eingeborenen zu zwingen, unsere Matrosen an den Ort zu bringen, wo sich die Frauen aufhielten. Nur mit Mühe waren neun der stärksten Matrosen imstande, die Riesen zu überwältigen und zu fesseln. Einer der Indianer befreite sich dennoch wieder, der andere widersetzte sich mit solcher Heftigkeit, dass er eine leichte Wunde am Kopf davontrug. Schließlich wurden die beiden dann aber doch gefügig gemacht.

Der Steuermann Juan Carvajo und einige Matrosen wurden nun zu den Frauen geführt. Da sich der Tag schon seinem Ende zuneigte, hielt es Carvajo nicht für notwendig, sich der Frauen unverzüglich zu bemächtigen; er blieb vielmehr über Nacht an Ort und Stelle. Etwas später stießen zwei andere Riesen hinzu und legten sich gleichfalls, ohne Verwunderung oder Unzufriedenheit zu zeigen, zum Schlafen nieder. Aber sofort nach Tagesanbruch ergriffen alle Indianer, Männer, Frauen und Kinder, überraschend die Flucht. Sie hatten ohne Zweifel jetzt erst den Verwundeten gesehen und Verdacht geschöpft. Die Kinder liefen noch rascher als die Älteren.

Sie ließen ihre Hütte und alles, was darin lag, im Stich und schössen Pfeile auf unsere Leute ab. Nur die kleinen Tiere, die sie zur Jagd verwendeten, nahmen sie mit und einer der Riesen, der sich in einem Gebüsch verborgen hatte, verwundete einen unserer Matrosen mit einem vergifteten Pfeil am Schenkel. Der Matrose starb sofort.

Die Matrosen feuerten auf die Flüchtenden, konnten sie aber nicht treffen. Denn diese Wilden verstehen es, beim Laufen nie dieselbe Richtung zu verfolgen, sondern so schnell wie ein Pferd in vollem Galopp von einer Seite zur anderen zu springen.

Unsere Matrosen verbrannten die Hütte der Wilden und begruben ihren Toten.

Arzneiwissenschaft

Wenngleich diese Indianer noch im Stande völliger Wildheit leben, besitzen sie doch eine gewisse Arzneiwissenschaft. Wenn ihnen zum Beispiel ihr Magen zu schaffen macht, stoßen sie sich, statt einer Purganz, die wir nehmen würden, einen Pfeil so weit und so lange in den Mund, bis sie eine grüne, mit Blut vermischte Masse erbrechen. Der grüne Bestandteil rührt von einer Distel her, die sie genießen. Haben sie Kopfschmerzen, machen sie sich einen Schnitt in die Stirn, und auf dieselbe Weise verfahren sie mit allen Teilen ihres Körpers, die ihnen Schmerzen bereiten, um viel Blut aus den nach ihrer Meinung erkrankten Stellen abzulassen. Ihre Meinung, die uns von einem der Gefangenen mitgeteilt wurde, ist diese: Der Schmerz, sagen sie, kommt von einem Blut, das nicht mehr in diesem oder jenem Teil des Körpers bleiben will, und daher muss der Schmerz aufhören, wenn man dem Blut aus dem Körper einen Ausweg schafft.

Religion

Ihr Gottesdienst besteht aus der Anbetung des Teufels allein. Sie behaupten, dass zehn bis zwölf Geister erscheinen, wenn jemand im Sterben liegt, um rings um den Sterbenden zu tanzen und zu singen. Einer der Geister, der mehr Lärm als die anderen zu machen vermag, ist das Oberhaupt oder der erste

Teufel. Ihn nennen sie Setebos. Die geringeren Geister heißen Cheleule. Unser Riese versicherte uns, einmal einen Teufel mit Hörnern und langen, bis auf die Füße herabreichenden Haaren gesehen zu haben, der aus dem Rachen und auch nach hinten Feuer spie.

Kleidung und Nahrung

Diese Völker bekleiden sich, wie ich bereits erwähnt habe, mit der Haut eines Tieres. Mit derselben Haut bedecken sie auch ihre Hütten, die sie einmal hier und einmal dort aufstellen, denn diese Indianer sind nicht sesshaft. Sie lassen sich wie die Zigeuner bald an diesem, bald an jenem Ort nieder. Ihre Hauptnahrungsmittel sind rohes Fleisch und süße Wurzeln, die sie Chapae[17] nennen. Sie sind sehr starke Esser. Unsere beiden Gefangenen aßen ein jeder täglich einen Korb voll Zwieback, dazu tranken sie einen halben Eimer Wasser. Mäuse essen sie roh, ohne ihnen vorher die Haut abzuziehen. Die Haare tragen diese Wilden wie die Mönche, in Form eines Heiligenscheines, nur dass sie sie nicht so kurz schneiden. Rund um den Kopf werden die Haare von einer baumwollenen Schnur zusammengehalten. Diese Schnur dient den Eingeborenen auch zur Aufbewahrung der Pfeile, wenn sie sich auf die Jagd begeben.

Patagonier

Unser Kapitän gab diesem Volk wegen seiner großen Füße den Namen Patagonier[18].

Tiere

Der Hafen, in dem wir ankerten, war reich an Muscheln. Wir fanden eine Anzahl so genannter Missiglioni, die kleine

17 Süße Wurzel.
18 Patagonier = Großfüßler.

Eingeborene an der Südostküste Südamerikas. Sie erhielten ihrer großen Füße wegen von Magellan den Namen Patagonier.

Perlen enthielten, aber nicht essbar sind. Ferner fanden wir in diesem Lande Strauße, Füchse, Sperlinge und Kaninchen. Diese Kaninchen sind viel kleiner als die bei uns daheim. Die Bäume liefern Räucherwerk.

Anschlag auf Magaglianes

In diesem Hafen verschworen sich die Kapitäne der vier anderen Schiffe, den Generalkapitän zu ermorden. Die Verräter waren Juan de Cartagena, Veedor der Armada, Luis de Mendoza, Schatzmeister, Antonio de Coca, Contador, und Gaspar de Queseda.

Ich hatte schon vorher mehrmals gesehen, dass die vier die Köpfe zusammensteckten und leise miteinander sprachen. Wahrscheinlich berieten sie, auf welche Weise sie den Generalkapitän aus der Welt schaffen könnten. Weshalb sie ihn töten wollten, weiß ich nicht. Ich vermute, dass sie entweder diese Fahrt nicht fortsetzen wollten oder dass sie ihr Hass dazu getrieben hatte.

Aber die Heilige Jungfrau wollte, dass der Generalkapitän seine Fahrt fortsetzen und noch viele andere bisher unbekannte Eilande und Länder entdecken konnte. Die Verschwörung wurde entdeckt und der Generalkapitän selbst sprach die Urteile. Gaspar de Queseda wurde vor aller Augen gevierteilt, nachdem ihm die Gnade einer letzten Beichte erwiesen worden war. Luis de Mendoza entkam nur dadurch demselben Ende, dass er trotz seiner Fesseln zu flüchten versuchte und bei diesem Fluchtversuch erstochen wurde.

Nur Juan de Cartagena wurde vom Generalkapitän begnadigt. Dadurch zog sich der Generalkapitän den Hass aller jener zu, die heimliche Gefolgsleute der Hingerichteten gewesen waren. Unter ihnen war Esteban Gomez, ein Steuermann, der es als Schande empfand, dass er unter einem Portugiesen dienen musste. Er weinte bitterlich, als Gaspar de Queseda hingerichtet wurde, und versuchte, auch mich für die Verschwörer zu gewinnen. Ich wies ihn ab, aber ich unterließ es, dem Generalkapitän von diesem schnöden Versuch zu berichten. Es verstrich nicht viel Zeit, bis ich das bereute.

Schiffbruch

Das Schiff »Santiago« wurde nach Süden geschickt, um die Küste nach einer Durchfahrt abzusuchen. Es scheiterte zwischen Riffen, aber die ganze Mannschaft wurde wie durch ein Wunder gerettet. Zwei Matrosen schlugen sich zu Fuß nach dem Hafen durch, in dem wir ankerten, und berichteten uns von dem Unglück.

Sofort schickte der Generalkapitän mehrere Mann mit einigen Säcken Zwieback ab. Die Mannschaft des gescheiterten Schiffes hielt sich volle zwei Monate an dem Ort auf, wo sie Schiffbruch erlitten hatte, um die Trümmer des Schiffes und die Waren zu sammeln, die das Meer nach und nach ans Land spülte. Während dieser Zeit musste sie ständig mit Lebensmitteln versorgt werden, was nicht leicht fiel, da die Entfernung 25 Leghe betrug und der Weg sehr beschwerlich und ermüdend war. Er führte durch dornige Sträucher, und wer ihn ging, musste mehrere Nächte im Freien zubringen und hatte kein anderes Getränk als Eis, das in Stücke gebrochen und aufgelöst werden musste.

MONTE CHRISTO

Wir errichteten auf dem Gipfel eines nahe gelegenen Berges, dem wir den Namen Monte Christo gaben, ein Kreuz und ergriffen von diesem Lande im Namen des Königs von Spanien Besitz.

Als wir uns auf der Rückkehr zu den Schiffen befanden, stürzte unvermutet der Priester, der das Kreuz gesegnet hatte, auf den Generalkapitän los und versuchte ihm ein Messer in die Brust zu stoßen. Er wurde von Magaglianes' Getreuen ergriffen, in Ketten gelegt und auf der »San Antonio« einem peinlichen Verhör unterzogen. Nach langem Stillschweigen gestand er, von Juan de Cartagena angestiftet worden zu sein, den Generalkapitän zu ermorden. Alle warteten nun darauf, dass auch Juan de Cartagena ergriffen und später gevierteilt werden würde. Aber Magaglianes wagte es nicht, den Verräter hinrichten zu lassen, weil dieser vom Kaiser selbst zum Kapitän ernannt worden war. Er wies ihn und seinen Mitschuldigen, den Priester, vom Geschwader und ließ beide bei den Patagoniern zurück.

RIO SANTA CRUZ, 14. SEPTEMBER 1520

Auf der Weiterfahrt fanden wir etwa 30 Leghe südwärts unter 50° 40' mittäglicher Breite den von Juan Serrano entdeckten Fluss Santa Cruz. Hier geriet die ganze Flotte infolge wütender Winde, die einen hohen Seegang verursachten, in Gefahr, Schiffbruch zu erleiden. Aber Gott und die heiligen Feuer kamen uns zu Hilfe und retteten uns.

Hier blieben wir ungefähr zwei Monate, um die Schiffe mit Wasser und Holz zu versorgen. Auch Fische fingen wir, die gut zu essen sind. Aber es gelang uns nicht, so viele zu fangen, um unseren Hunger stillen zu können.

21. OKTOBER 1520

Auf unserer Weiterfahrt in südlicher Richtung sichteten wir am 21. Oktober unter 52° südlicher Breite ein Vorgebirge, das wir Cabo de las 11 000 Virgines[19] nannten, weil dieser Tag ihnen gewidmet war. Die ganze Schiffsmannschaft war so sicher, dass die hinter diesem Vorgebirge liegende Bucht keinen Ausweg nach Westen besitze, dass es niemandem außer dem Generalkapitän eingefallen wäre, einen solchen zu suchen. Magaglianes wusste jedoch, dass der Weg durch eine sehr verborgene Meerenge führte, denn er hatte diese auf einer Karte gesehen, die von Martin Behaim[20], einem vortrefflichen Kosmografen, gezeichnet worden war und vom König von Portugal aufbewahrt wurde. Er sandte deshalb zwei

19 Kap der 11 000 Jungfrauen.

20 Martin Behaim, ein Nürnberger Kosmograf und Geograf, unternahm gemeinsam mit Diogo Cão Entdeckungsfahrten an der Westküste Afrikas. 1491–1493 fertigte er in Nürnberg den berühmten Erdapfel (Globus) an.

Schiffe, die »San Antonio« und die »Concepcion« aus, um zu untersuchen, wie weit sich diese Bucht erstreckte. Die beiden anderen Schiffe, die »Trinidad« und die »Victoria« warteten am Eingang der Bucht.

36 Stunden Sturm

In der Nacht überfiel uns ein furchtbarer Sturm, der 36 Stunden dauerte und uns zwang, die Ankertaue zu kappen und die Schiffe der Willkür der Fluten und des Sturmes zu überlassen. Auch den beiden ausgesandten Schiffen erging es nicht besser als uns. Der Sturm machte es ihnen unmöglich, um das Kap herum zurückzukehren, und so mussten sie sich hilflos gegen das Innere der Gegend treiben lassen, das sie für eine Bucht hielten, gewärtig, jeden Augenblick zu scheitern. Gerade als sie sich für verloren ansahen, erblickten sie eine Öffnung, in die sie einlaufen konnten. Sie merkten, dass dieser Kanal nicht verschlossen war und änderten deshalb ihre Richtung nicht. Dadurch gelangten sie in eine zweite Bucht, in der sie, sobald sich das Unwetter beruhigt hatte, weitersegelten, bis sie wiederum in eine Bucht gelangten, die größer als die beiden anderen war. Nun hielten sie es für notwendig umzukehren, um dem Generalkapitän Nachricht von ihrer Entdeckung zu geben.

Die Meerenge gefunden

Zwei Tage waren inzwischen verflossen, ohne dass wir diese zwei zur Untersuchung der Bucht ausgesandten Schiffe wieder erscheinen sahen. Daher nahmen wir an, dass sie Opfer des Sturmes geworden waren, den wir selber zu spüren bekommen hatten. Gegen Mittag sahen wir auf dem Lande Rauchsäulen, und daraus schlossen wir, dass sich ein Teil der Mannschaft hatte retten können und uns nun ein Zeichen gab. Während wir noch überlegten, wie wir den Überlebenden zu Hilfe kommen könnten, sahen wir die beiden Schiffe. Sie kamen mit vollen Segeln und wehenden Flaggen auf uns zu und gaben einige Kanonenschüsse ab. Die Mannschaft ließ ein Freudengeheul hören. Wir taten dasselbe und erfuhren, dass sie die Fortsetzung der Bucht oder vielmehr die Meerenge gefunden hatten. Nun sanken wir alle in die Knie und dankten Gott und der heiligen Maria.

Beratung

Selbst jetzt noch, vor dem Ziel, hatte Magaglianes seine ganze Beharrlichkeit und Ausdauer nötig, um die anderen zu der Durchfahrt durch die Straße zu bewegen. Er berief in der Nähe des Vorgebirges der Jungfrauen seine Kapitäne, Piloten und Kosmografen zu sich, um sich mit ihnen zu beraten. In dieser Versammlung wurde festgestellt, dass die Lebensmittel höchstens noch für drei Monate reichten. Dennoch waren die meisten, da sie den Generalkapitän so vertrauensvoll sahen, guten Mutes und zur Fortsetzung der Fahrt bereit. Einer der Piloten jedoch, ein Portugiese von dem Schiff »San Antonio«, der auf den Namen Esteban Gomez hörte, war der Meinung, dass die Lebensmittel nicht ausreichen würden, weil die Flotte nach dieser Straße vermutlich noch durch viele andere große Golfe segeln müsse, um zu dem ersehnten Ziel zu gelangen. Daher schlug er vor, nach Spanien zurückzukehren und mit einer besser ausgerüsteten Flotte und einer neuen Mannschaft die Fahrt zu unternehmen.

Gomez' Ansehen war groß und seine Ansicht hatte bei den anderen viel Gewicht. Magaglianes aber erwiderte ihm, dass er durch diese Straße fahren werde, um sein dem König gegebenes Wort einzulösen, selbst dann, wenn er wüsste, dass er das Leder am Segelwerk der Schiffe verzehren müsse.

Hierauf ließ der Generalkapitän durch einen Herold auf allen Schiffen verkünden, dass bei Todesstrafe niemand mehr von einer Umkehr oder dem Mangel an Lebensmitteln sprechen dürfe.

1. November 1520

Das ganze Geschwader fuhr in die Meeresstraße hinein. Hier wurden wir – im Südosten und im Südwesten – zweier Öffnungen oder Kanäle gewahr. Ein Boot wurde zur Küste geschickt, um diese raue und kalte Gegend zu erkunden. Unsere Matrosen fanden in der Nähe des Strandes eine Grabstätte mit mehr als zweihundert Gräbern und eine große Menge von Knochen toter Fische, was auf heftige und zahlreiche Stürme schließen ließ. Im Süden der Meerenge erblickten wir des Nachts viele Feuer, die den Generalkapitän veranlassten, dem Lande den Namen Tierra de los fuegos[21] zu geben.

8. November 1520

Der Generalkapitän schickte nun die beiden Schiffe »San Antonio« und »Concepcion« gegen Süden, damit sie erforschten, ob man durch einen der beiden Kanäle in ein Meer gelangen könne. Die »San Antonio« segelte jedoch sofort mit vollen Segeln ab, ohne auf die »Concepcion« zu warten. Sie trug sich, wie wir später erfuhren, mit der Absicht, die »Concepcion« zurückzulassen, denn der Steuermann wollte die Dunkelheit der Nacht nutzen, um nach Spanien zurückzukehren.

Esteban Gomez

Dieser Steuermann, Esteban Gomez, war, wie ich schon berichtet habe, Magaglianes feindlich gesinnt. Er hatte,

21 Feuerland.

kurz bevor Letzterer nach Spanien gekommen war, den König um einige Karavellen gebeten, mit welchen er eine Entdeckungsreise unternehmen wollte. Da nun Magaglianes sein Vorhaben bekannt gegeben hatte, erhielt er keine Schiffe und wurde nur Steuermann, während er sich schon der Hoffnung hingegeben hatte, Kapitän zu werden. Er verband sich mit den Spaniern seiner Mannschaft und sie legten den Kapitän der »San Antonio«, Alvaro de Mezquita, einen Neffen des Generalkapitäns, in Ketten, wobei sie ihn sogar verwundeten. Im Schutz der Nacht traten sie die Rückfahrt nach Spanien an. Auf ihrem Schiff befand sich einer der zwei gefangenen Riesen, der starb, als sie die heiße Zone erreichten.

Sardinenfluss

Die »Concepcion«, die außerstande war, der »San Antonio« zu folgen, kreuzte am Eingang des Kanals, auf die Rückkehr des anderen Schiffes wartend. Sie wartete umsonst, denn die »San Antonio« war in der Nacht durch die Straße, durch die wir gekommen waren, entflohen.

Wir waren indes mit den beiden anderen Schiffen zu dem Kanal gesegelt, der sich nach Südwesten öffnete. Hier gelangten wir zu einem Fluss, den wir Fiume delle Sardine nannten, weil wir diese Fische überall im Meer in großen Scharen erblickten. Wir ankerten und warteten vier Tage lang auf die »Concepcion« und die »San Antonio«.

Das ersehnte Kap

Während dieser Zeit schickten wir ein gut ausgerüstetes Boot ab, das Kap des anderen Meeres zu suchen. Es kehrte nach drei Tagen zurück und die Matrosen berichteten uns, dass sie das Kap und ein großes Meer gesehen hätten. Der Generalkapitän

Italienische Karte der Magellanstraße, die zwischen Südamerika und Feuerland hindurchführt

weinte vor Freude und nannte das Kap El Cabo deseado[22]. Er gab ihm den richtigen Namen, denn wir hatten lange genug darauf gewartet, dieses Kap zu erreichen. Damit hatten wir eines der großen Ziele unserer Fahrt erreicht. Aber noch viele andere warteten auf uns.

17. November 1520

Wir kehrten nun zurück, um uns mit den beiden anderen Schiffen zu vereinigen, fanden aber nur die »Concepcion« vor. Ihr Kapitän und Steuermann, Juan Serrano, den wir fragten, was aus der »San Antonio« geworden sei, antwortete, dass er sie nicht wieder gesehen habe, seit sie in den Kanal hineingesegelt sei. Wir begannen sie nun zu suchen, durch die ganze Meerenge bis in den Golf. Der Generalkapitän schickte die »Victoria« sogar bis zum Eingang der Meerenge zurück, mit dem Befehl, auf einem Hügel eine Flagge anzubringen und darunter in einem Gefäß einen Brief zu hinterlegen, in dem der »San Antonio« Anweisung gegeben wurde, welchen Weg sie zu nehmen hatte, um sich dem Geschwader wieder anzuschließen. Außerdem wurden noch zwei weitere nicht zu übersehende Zeichen aufgepflanzt: das eine auf einer Felsnase in der ersten Bucht, das zweite auf einer kleinen Insel in der dritten Bucht, wo sich zahlreiche Seewölfe und Vögel aufhielten.

Der Generalkapitän wartete mit der »Trinidad« und der »Concepcion« beim Fluss Isleo, der sich, von hohen, schneebedeckten Bergen herabkommend, beim Sardinenfluss ins Meer ergießt. Hier errichteten wir auf einer kleinen Insel ein hölzernes Kreuz, nachdem wir das Eiland für unseren Kaiser in Besitz genommen hatten.

22 Das ersehnte Kap.

Eingeborener von Feuerland

Die Meerenge Estrecho Patagonico[23], der Generalkapitän taufte sie Canal de todos los Santos[24], da dieser Tag auf den 1. November fällt.

Hätten wir diese Meerenge, die aus einem Ozean in den anderen führt, nicht entdeckt, wäre Magaglianes entschlossen gewesen, die Fahrt bis zu 75° südlicher Breite fortzusetzen, wo

23 Patagonische Meerenge.

24 Allerheiligen-Kanal. Der Großteil der Mannschaft gab der Meerenge ihrem Kapitän zu Ehren den Namen Estrecho de Magallanes = Magellanstraße.

es im Sommer überhaupt keine oder eine nur sehr kurze Nacht gibt, während es im Winter nicht Tag wird. In der Meerenge selbst dauerte die Nacht im Oktober nur drei Stunden und auch während dieser Zeit war sie so hell, dass man weithin sehen konnte.

Auf unserem Schiff waren nun alle wieder guten Mutes, wohl deshalb allein schon, weil wir eine Meeresstraße gefunden hatten, die vor uns von vielen vergeblich gesucht worden war. Auch mich, Euer Hochwohlgeboren, erfüllte es mit Stolz, unter jenen zu sein, welche diese ruhmreiche und bedeutungsvolle Tat vollbracht hatten. Nur das Ausbleiben der »San Antonio« erfüllte uns mit Sorge, obwohl wir nicht glaubten, dass sie auf ein Riff gestoßen und geborsten sei.

Mein Wörterbuch

Während der Fahrt unterhielt ich mich, so gut das möglich war, dann und wann mit dem patagonischen Riesen. Indem ich mich der Gebärdensprache bediente, konnte ich von ihm erfragen, wie er diesen und jenen Gegenstand in seiner Sprache benannte, und so war es mir vergönnt, ein kleines Wörterbuch anzulegen.

Der Riese gewöhnte sich mit der Zeit daran, sogleich die Gegenstände, die ihm in die Augen fielen, zu benennen, wenn er sah, dass ich Feder und Papier mitgebracht hatte. Unter anderem erklärte er mir auch, wie man in seinem Lande ein Feuer entfacht: Man reibt ein zugespitztes Holz gegen ein anderes, bis ein Stück Baummark, das zwischen den Hölzern liegt, Feuer fängt.

Als ich dem Riesen eines Tages das Kreuz zeigte und es küsste, gab er mir durch Gebärden zu verstehen, dass Setebos in meinen Körper kommen und ich daran sterben werde. Ich las ihm vom Gesicht ab, dass er sich in den Tagen darauf wunderte, weil ich noch immer nicht von einer tödlichen Krankheit befallen worden war.

Wenige Wochen später erkrankte der Riese und fühlte, dass er sterben werde. Er verlangte nach dem Kreuz und küsste es. Dann bat er uns, wir möchten ihn taufen.

Dies geschah. Wir gaben ihm den Namen Paul.

Vom Abschied von der Meerenge bis zum Tode des Generalkapitäns

Abschied von der Meerenge, November 1520

Am Mittwoch, dem 28. November, nahmen wir von der Meerenge Abschied und kamen in ein Meer, in dem wir drei Monate und zwanzig Tage segelten, ohne die geringste frische Nahrung zu genießen. Der Zwieback, den wir aßen, war kein Zwieback mehr, sondern nur noch Staub, der mit Würmern und dem Unrat von Mäusen vermischt war und unerträglich stank. Auch das Wasser, das wir zu trinken gezwungen waren, war faulig und übel riechend. Um nicht hungers zu sterben, aßen wir das Leder, mit dem die große Rahe zum Schutz der Taue umwunden war. Diese Lederstücke, beständig dem Wasser, der Sonne und den Winden ausgesetzt, waren so hart, dass wir sie vier bis fünf Tage lang in Meerwasser tauchen mussten, um sie weicher zu machen. Dann brieten wir sie auf Kohlen und würgten sie, von Ekel geschüttelt, durch die Kehle. Oft blieb uns auch nichts anderes übrig, als Sägespäne zu essen, und selbst Mäuse, so sehr sie der Mensch verabscheut, waren eine so gesuchte Speise geworden, dass für eine bis zu einem halben Dukaten bezahlt wurde. Wahrend dieser schrecklichen Tage starben vier von uns und Magaglianes ließ jedes Mal, wenn einer den letzten Seufzer getan hatte, den Leichnam rasch den Wellen überantworten. Wahrscheinlich befürchtete er, der eine oder andere könnte zum Menschenfresser werden. Ich sah einen, der mit von Gier erfüllten Augen auf einen soeben verstorbenen Spanier starrte und dabei den Unterkiefer mahlend hin und her bewegte und ich gab mich keinem Zweifel hin, dass dieser Seemann überlegte, welches Stück er aus dem Toten schneiden könnte, um es roh hinunterzuschlingen.

Krankheit

Das war aber noch nicht alles. Ein noch größeres Unglück sollte uns treffen: eine Krankheit, durch die unseren Leuten das Zahnfleisch im Ober- und Unterkiefer derart anschwoll, dass es die Zähne bedeckte und der Erkrankte außerstande war, Nahrung zu sich zu nehmen. Neunzehn Mann starben an diesem Übel, dem auch der patagonische Riese erlag. Des Weiteren raffte diese heimtückische Krankheit einen Eingeborenen aus Verzin dahin, den wir bei uns hatten. Viele verspürten so heftige Schmerzen in Armen und Beinen, dass sie sich nicht aufrecht halten und keine Arbeit verrichten konnten. Ich selbst kann Gott nicht genug danken, dass ich während der ganzen Fahrt von keiner einzigen Krankheit befallen wurde und diese peinigende Zeit lebend überstand.

Das Stille Meer, Dezember 1520

In diesem Zeitraum von drei Monaten und zwanzig Tagen legten wir beinahe viertausend Leghe zurück, auf einem Meer, das wir Mare Pacifico[25] nannten, weil wir während der ganzen Fahrt keinen einzigen Sturm erlebten.

Ratten

Einer entdeckte im Schiffsraum der »Trinidad« Ratten. Niemand wusste, wie sie dorthin gekommen waren und wie lange sie schon dort hausten. Nun begann eine wilde Jagd auf diese schrecklichen Tiere und jeder, dem es gelang, eines von ihnen zu erlegen, konnte seinem Bauch diese abscheuliche Nahrung

25 Das Stille Meer.

zuführen. Die meisten hatten nicht die Geduld, die Tiere auf einem Kohlenfeuer zu braten, sie schlangen sie roh hinunter und übergaben sich gleich hinterher. Die Ratten waren mager, da sie selbst keine Nahrung finden konnten, dennoch beneideten die auf den anderen Schiffen die Glücklichen auf der »Trinidad«.

Zwei Bootsmänner gerieten wegen einer erlegten Ratte in Streit und der eine von ihnen erschlug den anderen mit der Axt, mit der er die Ratte getötet hatte. Magaglianes ließ den Übeltäter auf unser Schiff bringen und verurteilte ihn zum Tode. Der Bootsmann sollte gevierteilt werden, aber niemand besaß die Kraft, das Urteil zu vollstrecken. So wurde er erdrosselt und der Leichnam ins Meer geworfen.

Isole Sfortunate

Wir entdeckten auch während dieser Zeit kein Land, ausgenommen zwei unbewohnte Inseln, denen wir den Namen Isole sfortunate[26] gaben. Wir bemerkten auf ihnen nur Bäume und Vögel und fanden an ihren Küsten keinen Ankergrund. Das Meer wimmelte hier von Haifischen. Diese Inseln sind etwa 200 Leghe voneinander entfernt, die eine liegt unter dem 15., die andere unter dem 9. Grad südlicher Breite.

Januar 1521

Wir segelten nun zwischen Nordwesten und Westnordwesten, bis wir den Äquator erreichten, unter 122° von der Trennungslinie. Magaglianes ließ, um den Mut aller wieder zu heben, verkünden, dass wir nun nicht mehr weit von den Gewürzinseln entfernt seien. Aber die einen glaubten ihm nicht und die anderen meinten, sie müssten hungers sterben, noch bevor dieses lockende Ziel erreicht war.

---

26 Unglückliche Inseln.

Januar 1521

Der südliche Pol zeigt nicht dieselben Gestirne wie der nördliche. Man sieht zwei Haufen kleiner, nebliger Sterne, die kleinen Wolken ähneln und nicht weit voneinander entfernt sind. Zwischen ihnen, etwa in der Mitte, leuchten zwei sehr große, aber nur schwach glänzende Sterne, deren Bewegung kaum merkbar ist. Sie zeigen den Südpol an[27].

Januar 1521

Obwohl die Magnetnadel vom wahren Nordpol abwich, suchte sie doch beständig den Nordpol, der hier jedoch nicht so viel Kraft ausübt wie auf der nördlichen Erdhälfte. Dies war dem Generalkapitän bekannt. Nachdem er allen Steuermännern den Punkt angegeben hatte, auf welchen sie zusegeln sollten, fragte er sie, welchen Kurs sie nun nähmen. Alle antworteten ihm, dass sie in die Richtung steuerten, die er ihnen befohlen habe. Er aber erwiderte ihnen, dass sie in die falsche Richtung steuerten, weil sie vergäßen, die Nadel zu berichtigen. Diese besitze nämlich hier, auf der südlichen Erdhälfte, nicht mehr genug Kraft, um den wahren Norden zu finden.

Das südliche Kreuz, Februar 1521

Im Westen entdeckten wir fünf sehr stark glänzende, hell leuchtende Sterne, die genau in der Form eines Kreuzes am Himmel standen.

Februar 1521

Auf der weiteren Fahrt segelten wir an zwei sehr reichen Inseln vorüber, von welchen die eine unter 20°, die andere unter 15° südlicher Breite liegt. Das erstgenannte Eiland trägt den Namen

27 Das Sternbild der Hydra (Wasserschlange).

Cipangu[28], das andere heißt Sumbdit Pradit. Nachdem wir den Äquator passiert hatten, steuerten wir zunächst zwischen Westnordwesten und Nordwesten. Dann fuhren wir 200 Leghe gegen Westen. Hierauf änderten wir unseren Kurs abermals und fuhren in westsüdwestlicher Richtung, bis wir den dreizehnten Grad nördlicher Breite erreicht hatten. Magaglianes' Absicht war es nämlich, sich dem Kap Gatarica zu nähern, das die Kosmografen unter diese Breite gesetzt haben. Dass ihnen ein Irrtum unterlaufen ist, konnte der Generalkapitän nicht wissen, und dieser Irrtum ist auch verzeihlich, weil die Kosmographen diese Meeresgegend nie besucht haben. Das Kap liegt ungefähr unter 12° Nord[29].

FEBRUAR 1521

Die am Heck unseres Schiffes befestigte Kette zeigte uns an, dass wir nun täglich 50–70 Leghe zurücklegten. Allmählich begannen alle nun doch zu glauben, dass wir von den Gewürzinseln nicht mehr weit entfernt waren.

FEBRUAR 1521

Würden uns Gott und seine heilige Mutter nicht eine so glückliche Schifffahrt geschenkt haben, wären wir alle auf diesem weiten, endlosen Meer vor Hunger umgekommen. Ich bin überzeugt, dass eine solche Fahrt nie wieder unternommen werden wird. Hätten wir beim Auslaufen aus der Meerenge unseren Weg westwärts unter demselben Breitengrad fortgesetzt, würden wir die Erde umsegelt haben. Außerdem wären wir vom Cabo deseado, ohne Land anzutreffen, wieder zum Kap

---

28 Hier liegt ein Irrtum entweder Pigafettas oder seines Kopisten vor: Die Lage Cipangus (Japans) war damals schon allgemein bekannt.

29 Welches Vorgebirge Pigafetta meint, ist bis heute nicht festzustellen. Es kann sich um Kanton, Hanai am Tongking oder auch um das Kap Camorin handeln.

der 11 000 Jungfrauen gelangt, das genau wie das erstgenannte Kap unter 12° mittäglicher Breite liegt.

6. März 1521

Nachdem wir weitere 70 Leghe in westsüdwestlicher Richtung zurückgelegt hatten, entdeckten wir am 6. März unter 12° nördlicher Breite und 146° Länge im Nordwesten eine kleine Insel und im Südwesten zwei andere[30]. Eine dieser Inseln war größer und höher als die beiden anderen. An ihr wollte der Generalkapitän landen, um sich mit Trinkwasser und frischer Nahrung zu versorgen. Aber das war unmöglich, da sich die Bewohner über unsere Schiffe ergossen und bald diesen, bald jenen Gegenstand entwendeten, ohne dass wir imstande gewesen wären, sie daran zu hindern. Sie versuchten auch uns dazu zu bewegen, die Segel einzuziehen und an Land zu gehen, ja sie waren so geschickt, das Boot zu stehlen, das am Heck unseres Schiffes befestigt war.

Der Generalkapitän ging selbst mit vierzig Bewaffneten an Land, verbrannte mindestens fünfzig Hütten und ließ mehrere Kanoes zerstören. Dabei kamen sieben Eingeborene ums Leben. Aber nur so war es uns möglich, wieder in den Besitz des Bootes zu gelangen.

Nach diesen Feindseligkeiten hielt es Magaglianes nicht für ratsam, auf der Insel zu bleiben. Wir setzten daher unseren Weg in derselben Richtung fort, nachdem wir uns mit Nahrungsmitteln versorgt hatten.

Medizin

Als wir an Land gingen, um die Insulaner zu bestrafen, baten uns unsere Kranken, wir möchten ihnen, falls einer der Ein-

30 Es waren die Ladronen (Diebsinseln).

geborenen getötet werden sollte, dessen Eingeweide bringen, da sie ihre Gesundheit wiedererlangen würden, wenn sie diese Eingeweide verzehrten. Wenn unsere Matrosen die Insulaner mit Pfeilen durchbohrten, so versuchten diese Unglücklichen, den Pfeil bald am einen, bald am anderen Ende herauszuziehen. Gelang ihnen das, betrachteten sie den Pfeil mit Erstaunen. Oft starben sie an der Wunde. Obwohl sie uns bestohlen hatten, taten sie uns leid.

Operation

Bei dem Kampf mit den Eingeborenen wurde einem unserer Matrosen oberhalb des Knies der Schenkel mit einer Lanze durchbohrt. Die Wunde bekam schon nach wenigen Tagen schwarze Ränder und da der Kranke auch fieberte, befahl der Generalkapitän, den Schenkel abzutrennen. Zwei Männer knieten sich auf die Brust des Matrosen, zwei andere hielten das Bein am unteren Ende fest. Dann sägte ein Bootsmann das Bein durch, wobei der Matrose vor Schmerzen brüllte und sich immer wieder zu befreien suchte. Da der Bootsmann sehr geschickt war, gelang es ihm auch, das Blut, das aus der Wunde troff, zu stillen. Aber obwohl er heilende Kräuter auf die Wunde legte, fieberte der Kranke bald nicht mehr. Er starb zehn Tage, nachdem wir die Diebsinseln hinter uns gelassen hatten.

Verfolgung

Nachdem wir den Inseln den Rücken gekehrt hatten, verfolgten uns die Insulaner in mehr als hundert Kanoes über eine Legua weit und boten uns, um uns zu täuschen, Fische zum Verkauf an. Ließen wir sie aber an unsere Schiffe herankommen, bewarfen sie uns mit Steinen und ergriffen dann die Flucht. Wir fuhren mit vollen Segeln mitten durch ihre Flottille, konnten ihnen aber nichts anhaben, da sie es mit viel Geschicklichkeit verstanden, unseren Schiffen auszuweichen. In ihren Kanoes sahen wir Weiber, die weinten und sich die Haare ausrissen. Wahrscheinlich trauerten sie, weil wir ihre Männer getötet hatten.

Kleidung

Die Bewohner dieser Inseln kennen kein Gesetz und handeln, wie es ihnen gut dünkt. Sie gehorchen weder einem König noch einem anderen Oberhaupt, beten nichts an und gehen nackt. Manche von ihnen haben lange Bärte und lange schwarze Haare, die auf der Stirn in einen Knoten geknüpft sind. Oft tragen sie auch Hüte, die sie aus Palmblättern verfertigen. Sie sind groß und wohlgestaltet. Ihre Gesichtsfarbe nähert sich einem dunklen Grün, aber man erzählte uns, dass sie weiß das Licht der Welt erblicken und ihr Körper erst braun wird, wenn sie alt geworden sind. Sie verstehen es, die Zähne rot und auch schwarz zu färben, und je bunter sie einer gefärbt hat, desto größer ist sein Ansehen.

Knaben

Die Knaben werden, wenn sie mannbar geworden sind, in eine abseits gelegene Hütte gebracht. Dort bereiten sie sich auf die Vereinigung mit dem für sie bestimmten Mädchen nur dadurch vor, dass sie zehn Tage lang fasten. Die Vereinigung erfolgt dann ohne irgendeine Zeremonie in einer anderen Palmfaserhütte. Man erzählte uns, dass manche Insulaner fünf und mehr Frauen haben. Auch die Zahl der Kinder ist sehr groß.

Frauen

Die Frauen sind erfreulich anzusehen, von schönem Wuchs und weniger braun als die Männer. Ihre Haare sind sehr schwarz und lang, oft so lang, dass sie ihnen bis zu den Knien reichen. Ihre Lenden bedecken sie mit einer Rinde, die dünn wie Papier ist. Sie arbeiten einzig und allein in den Hütten und verfertigen Decken und Körbe aus Palmblättern oder verrichten andere häusliche Arbeiten. Alle salben sie sich die Haare und den ganzen Körper ein, manchmal mit Kokosöl, manchmal mit Sesamöl, oft auch mit beidem.

Behausungen

Diese Völker nähren sich von Vögeln, fliegenden Fischen, Pataten, einer Art Feigen, die einen halben Fuß lang sind[31], Zuckerrohr und ähnlichen Früchten. Ihre Häuser erbauen sie aus Holz, die Dächer bestehen aus Brettern und den vier Fuß langen Blättern ihrer Feigenbäume. Als wir eines dieser Häuser betraten, sahen wir zu unserer Verwunderung, dass es im Inneren rein war und Balken und Fenster besaß. Auch Betten mit Decken aus Palmblättern, die über weiches Stroh ausgebreitet waren, erblickten wir.

Waffen

Ihre einzigen Waffen sind Lanzen, deren Spitze aus einem geschärften Fischknochen besteht. Sie sind alle arm, aber sehr gewandt und vorzügliche, geschickte Diebe. Wir benannten daher die Inseln Islas de los Ladrones.

Gondeln

Es macht ihnen Spaß, mit ihren Weibern in Kanoes spazieren zu fahren, welche den Gondeln von Fusine bei Venedig ähneln, nur nicht so breit sind. Manche sind schwarz, andere weiß und die meisten rot bemalt. Das Segel, das die Form eines lateinischen besitzt, besteht aus zusammengefügten Palmblättern. Es wird an der einen Schiffsseite angebracht, auf

31 Bananen.

der anderen befindet sich, um dem Segel das Gleichgewicht zu geben und das Boot zu stützen, ein großer, zugespitzter Balken, an dem quer liegende Stangen befestigt sind. Auf diese Weise birgt das Segeln keine Gefahr. Ihre Steuerruder sehen ganz wie die Rührschaufeln unserer Bäcker aus, sie bestehen aus einer Stange, an deren Ende ein Brett quer befestigt ist. Der vordere und der hintere Teil der Boote sind gleich gebaut und mit einem Steuerruder versehen. Die Insulaner sind gute Schwimmer und wagen sich weit auf die hohe See hinaus.

Dass wir sie besuchten, versetzte sie in großes Erstaunen. Daraus schlossen wir, dass sie, bevor sie uns gesehen hatten, der Meinung gewesen sein mussten, sie wären die einzigen Menschen auf der Erde.

Stockhiebe

Ein Bootsmann von der »Trinidad« machte den Vorschlag, wir sollten ein paar Insulanerinnen an Bord nehmen und später, wenn wir ihrer überdrüssig würden, sie auf einer anderen Insel an Land setzen. Aber der Generalkapitän verbot dies, wahrscheinlich deshalb, weil er befürchtete, die Zucht könnte darunter leiden. Gleichwohl gelang es den Leuten von der »Trinidad«, drei Frauen auf das Schiff zu bringen. Als der Generalkapitän davon erfuhr, ließ er den Rädelsführer auf unser Schiff bringen und verurteilte ihn zu 25 Stockhieben. Die Frauen wurden ins Meer geworfen und schwammen zu ihren Inseln zurück. Von diesem Tag an musste die »Trinidad« immer hinter uns fahren. Magaglianes befürchtete, sie könnte im Schutze der Nacht zu den Diebsinseln zurückkehren.

Zamal, 16. März 1521

Nachdem wir uns 300 Leghe von den Diebsinseln entfernt hatten, entdeckten wir am 16. März knapp nach Sonnenaufgang ein hoch liegendes, unbewohntes Land. Dieses Land war die Insel Zamal[32].

Hier fühlte sich der Generalkapitän sicher. Er befahl zu landen, um die Schiffe mit Wasser zu versehen und der Mannschaft nach einer so langen, beschwerlichen Fahrt Ruhe zu gönnen. Für die Kranken wurden zwei Zelte aufgeschlagen, ein Schwein wurde für sie geschlachtet.

Die Eingeborenen nennen diese Insel Humunu. Im Süden sahen wir noch viele andere kleine Inseln.

Gegenseitige Geschenke, 18. März 1521

Am Montag, dem 18. März, am späten Nachmittag, sahen wir ein Boot auf uns zukommen, in dem neun Männer saßen. Der Generalkapitän befahl uns allen völlige Ruhe und verbot uns, ohne seine Erlaubnis auch nur ein einziges Wort zu sprechen. Als die Insulaner an Bord gegangen waren, wandte sich ihr Häuptling an Magaglianes und gab durch Gebärden zu verstehen, dass er sich freue, uns zu sehen. Vier der Insulaner, die Vornehmsten, blieben bei uns, die anderen holten ihre Gefährten herbei, die damit beschäftigt waren, Fische zu fangen.

Der Generalkapitän, der die friedliche Gesinnung der Eingeborenen erkannte, ließ ihnen verschiedene Speisen reichen und bot ihnen einige rote Mützen, kleine Spiegel, Kämme, Schellen, Leinwand, Figuren aus Elfenbein und andere Kleinigkeiten an. Die Insulaner, über diese Gaben entzückt, beschenkten uns ihrerseits mit Fischen, mit einem Gefäß, in dem sich ein Wein befand, den sie Uraca nennen, mit über eine Spanne langen Feigen und anderen kleineren, die einen besseren Geschmack besaßen, und zwei Kokosnüssen. Im Augenblick hatten sie

---

32 Das heutige Samar. Magellan hatte die Philippinen entdeckt.

nichts anderes bei sich. Sie gaben uns aber durch Zeichen zu verstehen, dass sie in vier Tagen wiederkommen und uns mit Reis, den sie Umai nennen, Kokosnüssen und anderen Nahrungsmitteln versorgen würden.

Gold

Wir hatten alle gesehen, dass das Gefäß, in dem sich der Wein befand, aus purem Gold war. Das ließ darauf schließen, dass wir uns schon in der Gegend befanden, in der Gold wohlfeiler als bei uns zu Hause das Eisen ist. Wir sahen auch, dass die Ruderer in ihren Ohrläppchen matt schimmernde Perlen trugen. Wir hofften, sie gegen Glasperlen eintauschen zu können.

Kokosnüsse

Die Kokosnüsse sind Früchte einer Palme, die den Eingeborenen Brot, Wein, Essig und Öl liefert. Mithin sind diese Völker imstande, von diesem Baum alles für ihren Lebensunterhalt Nötige zu beziehen. Wenn sie Palmwein brauchen, machen sie an der äußersten Spitze der Palme einen bis zum Mark reichenden Einschnitt, aus dem ein weißer, ein wenig säuerlich schmeckender Saft tropfenweise herausdringt. Dieser wird in ein an dem Baum angebrachtes Bambusrohr geleitet, das täglich zweimal, und zwar am Morgen und am Abend, entleert wird. Die Frucht der Palme ist so groß wie der Kopf eines Menschen, manchmal sogar noch größer. Die erste Rinde des Baumes ist zwei Finger dick, grün und faserig. Aus ihr verfertigen die Eingeborenen Seile. Die zweite Rinde ist härter und dicker als eine Nussschale. Diese Rinde wird verbrannt, und auch für die Asche haben die Insulaner Verwendung. Das Innere des Stammes spendet ein weißes, etwa einen Finger dickes Mark, das wie Brot zu Fisch und Fleisch gegessen wird. Aus diesem Mark und der Nuss selber quillt ein klarer, süßer, stärkender Saft, der fest wie ein Apfel wird, wenn man ihn in ein Gefäß gießt und eine Weile stehen lässt. Siedet man das in seinem Saft gegorene Mark der Kokosnuss, entsteht ein Öl, das ähnlich wie Butter schmeckt. Essig kann man gewinnen, wenn man den Saft der Sonne aussetzt, wodurch er in Säure übergeht. Wir bereiteten uns auch ein der Ziegenmilch ähnliches Getränk, indem wir das Mark zerrieben, in seinem eigenen Saft auflösten und dann durch ein Tuch aus Leinen drückten.

Die Kokosbäume sind den Dattelpalmen verwandt, allerdings besitzen die Stämme der Letzteren nicht so viele Knoten. Von zwei Kokosbäumen kann eine aus zehn Personen bestehende Familie leben, wenn ein Baum eine Woche ruhen darf, während der andere angezapft wird. Die Eingeborenen behaupteten, dass ein Kokosbaum hundert und auch mehr Jahre alt werde.

März 1521

Die Insulaner gingen bei uns bald ein und aus. So waren wir imstande, von ihnen die Namen vieler Dinge und auch der von hier aus sichtbaren Inseln zu erfahren. Ihre Insel nannten sie Zuluan. Sie ist nicht groß. Diese Insulaner sind freundlich, friedfertig und ehrlich. Da der Generalkapitän Zuneigung für sie gefasst hatte, führte er sie auf sein Schiff und zeigte ihnen die Speicher, in welchen sich Gewürznelken, Pfeffer, Zimt, Muskatnüsse und Gold befanden. Durch Zeichen gaben uns die Insulaner zu verstehen, dass es das alles in dem Land, zu dem wir segelten, im Überfluss gebe.

Als die Eingeborenen Anstalten zur Rückkehr trafen, befahl der Generalkapitän, ein Boot ins Wasser zu lassen und eine Kanone abzufeuern. Dies versetzte unsere Gäste in außerordentlichen Schrecken und viele von ihnen wollten sich ins Meer stürzen. Es gelang uns aber, ihnen zu erklären, dass sie nichts zu befürchten hatten. Beruhigt verließen sie uns und versprachen, bald mit Geschenken wiederzukommen.

Insel Humunu

Die unbewohnte Insel, auf der wir gelandet waren, wird von den Insulanern Humunu genannt. Wir gaben ihr den Namen Acquada da li buoni Segnialli[33], weil wir auf ihr zwei Quellen und die ersten Spuren von Gold entdeckt hatten. Man findet auf dieser Insel auch weiße Korallen, ferner Bäume, deren Früchte, kleiner als unsere Mandeln, den Nüssen der Pinien ähneln, und schließlich verschiedene Palmenarten, von welchen die einen sehr wohlschmeckende Früchte, die anderen jedoch gar nichts hervorbringen.

Längenbestimmung

Da wir diese Inseln am fünften Fastensonntag oder Lazarustag entdeckt hatten, gaben wir ihnen den Namen Archipelago de S. Lazaro. Dieser Archipel liegt unter 10° nördlicher Breite und unter 161° der Länge von der Demarkationslinie an gerechnet.

Handel, 22. März 1521

Am 22. März, an einem Freitag, lösten die Inselbewohner ihr Versprechen ein und kamen mit zwei Kanoes voll Kokosnüssen und Krügen mit Palmwein. Auch einen Hahn brachten sie mit, um uns zu beweisen, dass sie auch Hühner besäßen. Wir kauften alles, was sie uns brachten.

33 Wasserplatz vom guten Zeichen.

Goldener Schmuck

Ihr Oberhaupt war ein alter Mann mit bemaltem Gesicht und goldenen Ohrgehängen. Alle, die zu seinem Gefolge gehörten, trugen Armspangen aus Gold und Tücher um den Kopf.

Die Kranken

Wir ankerten acht Tage vor dieser Insel. Der Generalkapitän begab sich täglich an Land, um die Kranken zu besuchen. Er brachte ihnen Palmwein, der ihre Genesung beschleunigte. Auch die anderen, die von keiner Krankheit befallen worden waren, gewannen nun rasch wieder ihre alte Kraft, da es ihnen an Nahrung nicht mehr mangelte.

Grosse Ohrläppchen

Auf anderen Inseln, die hinter unserer liegen, leben Menschen, die in den Ohrläppchen so große Löcher haben, dass man einen Arm durchstecken kann.

Bräuche

Diese Menschen sind Kaffern, das heißt Heiden. Sie gehen nackt und bedecken nur die Geschlechtsteile mit einem Stück Baumrinde oder einem baumwollenen Lappen. Ihre Haut ist olivbraun und die meisten von ihnen sind wohlbeleibt. Sie tätowieren sich und salben ihren ganzen Körper mit Kokos- und Sesamöl ein, um sich gegen die Sonne und den Wind zu schützen. Ihre Haare sind schwarz und reichen ihnen bis zur Hüfte.

Waffen

Ihre Waffen sind kurze Säbel, Schilde, Keulen und mit Gold beschlagene Lanzen. Wenn sie auf Fischfang gehen, benutzen sie Wurfpfeile, Harpunen und Netze, die nicht anders als unsere aussehen. Auch ihre Boote gleichen den unseren aufs Haar.

Der Verfasser in Gefahr, 25. März 1521

Am Montag, dem 25. März, in der Karwoche, geriet ich in größte Gefahr. Kurz bevor wir in See stachen, wollte ich fischen. Dabei glitt ich auf einer Segelstange sehr unglücklich aus und stürzte, ohne dass irgendjemand diesen Vorfall bemerkt hätte, ins Meer. Zu meinem Glück bekam ich das Seil eines Segels zu fassen, das ins Wasser hing. Nun schrie ich aus Leibeskräften und wurde endlich gehört. Ein Boot rettete mich. Dass ich mit dem Leben davonkam, ist nicht mein Verdienst. Ich habe dies einzig und allein der Barmherzigkeit der Allerheiligsten Jungfrau zuzuschreiben.

Im Gefängnis

Der Matrose, der zu 25 Stockhieben verurteilt worden war, fing, als wir an Land gegangen waren, mit einem anderen Streit an. Dabei versuchte er mit einem Säbel, den er von den Insulanern gekauft hatte, seinen Widersacher zu töten. Magaglianes nahm ihn daraufhin auf unser Schiff und warf ihn für 14 Tage in ein Gefängnis, das er mit einem Matrosen teilen musste, der während der Wache geschlafen hatte. Die beiden verbrüderten sich dort und beschlossen, den Generalkapitän zu töten, sobald sie sich wieder in Freiheit befänden.

Abarien, Huinangan, Ibusson, Cenalo

Eine Stunde nach diesem Vorfall lichteten wir die Anker und segelten zwischen Westen und Südwesten, sodass wir zwischen vier Inseln, Abarien, Huinangan, Ibusson und Cenalo[34], durchkamen.

34 Mindanao vorgelagerte Inseln.

Massao

Am Donnerstag, dem 28. März, erreichten wir die Insel Massao, auf der wir des Nachts Feuer gesehen hatten. Noch bevor wir Anker warfen, näherte sich unserem Schiff ein Fahrzeug – die Eingeborenen nennen diese kleinen Boote Boloto –, in dem acht Insulaner saßen. Der Generalkapitän hatte einen Sklaven an Bord, der aus Sumatra stammte und Traprobana hieß. Dieser Traprobana erwies sich jetzt als sehr nützlich. Er unternahm den Versuch, mit den Bootsinsassen in der Sprache seines Landes zu reden, und wir freuten uns alle sehr, als wir innewurden, dass sie ihn, wenn auch schlecht und recht, immerhin verstanden. Sie legten ihr Boot längsseits, weigerten sich aber, an Bord zu kommen. Der Generalkapitän ließ nun ein Brett ins Meer werfen, an dem eine rote Mütze und andere Kleinigkeiten festgebunden waren. Sofort fischten es die Eingeborenen aus dem Wasser, dabei schnatterten sie wie Gänse. Vor allem die rote Mütze tat es ihnen an. Dennoch suchten sie nun rasch das Weite. Später erfuhren wir, weshalb sie es so eilig gehabt hatten. Sie wollten unsere Ankunft ihrem König melden.

Königsbesuch

Zwei Stunden später zeigten sich zwei Balangai – diesen Namen geben die Insulaner ihren größeren Booten –, die ganz mit Menschen angefüllt waren. In dem größeren saß der König unter einem Baldachin aus Binsendecken. Sobald sich das Balangai unserem Schiff genügend genähert hatte, sprach unser Sklave den König an. Der König verstand ihn – denn die Könige dieser Inseln sprechen mehrere Sprachen – und gab einigen seiner Begleiter den Befehl, zu uns an Bord zu gehen. Er selbst blieb in seiner Barke sitzen und fuhr wieder davon, nachdem seine Gesandten unser Schiff bestiegen hatten.

Der Generalkapitän nahm die Insulaner freundlich auf. Er beschenkte sie, nachdem er ihnen unser Schiff gezeigt hatte. Als der König davon erfuhr, wollte er Magaglianes eine Stange Goldes und einen Korb voll Ingwer schenken. Magaglianes bedankte sich, nahm aber die Geschenke nicht an. Noch vor Sonnenuntergang warfen wir vor der Behausung des Königs Anker.

AUSTAUSCH VON GESCHENKEN, 29. MÄRZ 1521

Am nächsten Tag schickte der Generalkapitän den Sklaven an Land mit dem Auftrag, dem König zu bestellen, er möge uns Nahrungsmittel schicken, die wir gut bezahlen würden. Zugleich erhielt der Sklave den Befehl, dem König zu versichern, dass wir nicht die Absicht hätten, Feindseligkeiten zu verüben. Nach etwa zwei Stunden kamen die zwei Balangais wieder, der König stieg, begleitet von sechs seiner vornehmsten Untertanen, an Bord und umarmte den Generalkapitän, ohne ein Wort zu sprechen. Zwei der Untertanen überreichten die Geschenke: drei porzellanene Gefäße, gefüllt mit rohem Reis, zwei sehr große Doraden[35] – das sind seltsam geformte Fische – und einige andere Nichtigkeiten. Der Generalkapitän beschenkte den König mit einem aus rotem und gelbem Tuch nach türkischer Art gefertigten Kleid und einer schönen roten Mütze. Die Gefolgsleute erhielten Spiegel und Messer. Dann ließ Magaglianes ein Frühstück auftragen und befahl dem dolmetschenden Sklaven, dem König zu sagen, dass er mit ihm wie ein Bruder leben wolle. Das schien dem König sehr zu gefallen.

35 Große Goldmakrelen (Coryphaena hippurus). Der große Kopf mit kleinem Maul gibt den Fischen ein eigenartiges Aussehen. Ausgezeichneter Speisefisch.

Schlaues Verhalten des Generalkapitäns

Magaglianes zeigte dem König nach Beendigung des Frühstücks verschiedenfarbene Tücher, leinene Stoffe und andere Waren. Er zeigte ihm ferner unsere Feuerwaffen und schwere Artillerie und befahl, einige Kanonenschüsse abzugeben. Das Entsetzen der Insulaner war unbeschreiblich, sie warfen sich nieder und bedeckten das Gesicht mit den Händen. Nur der König blieb stehen, aber auch er zitterte am ganzen Leibe.

Nun gab der Generalkapitän einem von uns den Befehl, seine volle Rüstung anzulegen. Drei Männer griffen den Gepanzerten mit Dolchen und Schwertern an, um dem König zu zeigen, dass solch eine Rüstung unverwundbar macht. Der König war sehr erstaunt und fragte, ob solch ein Mann auch gegen hundert andere kämpfen könne. Der Dolmetscher bejahte die Frage und erklärte dem König, dass sich mithin auf jedem unserer Schiffe zweihundert unverwundbare Krieger befänden. Dem König wurde auch die Erlaubnis gegeben, die Rüstung und alle unsere anderen Waffen zu berühren.

Hierauf führte der Generalkapitän den König auf das Hinterkastell. Dort ließ er sich die Karte und das Astrolabium[36] bringen und erklärte seinem Gast, wie er die Meerenge gefunden hatte, wie er in das Meer gekommen war, in dem wir

36 Das Astrolabium diente bereits den alten Griechen und Arabern zur Messung der Sternhöhen, d. h. des Winkels vom Horizont bis zur momentanen Stellung des Gestirns (der Sonne, des Mondes). Das Astrolabium bestand aus einem großen hölzernen Kreisbogen, in dessen Mitte sich um einen Zapfen ein Winkelzeiger drehte, der an beiden Enden feine Visierlöcher hatte. War das Instrument aufgehängt, zeigte der eine Durchmesser des Kreises die horizontale Linie an, während der andere die vertikale Richtung einnahm. Da der Holzkreis in Grade abgeteilt war, konnte man durch die genaue Richtung des Winkelzeigers auf den Stern den Höhenwinkel auf dem graduierten Kreise ablesen. Regiomontanus (Johann Müller, Mathematiker und Professor der Himmelskunde in Königsberg, Franken) ließ in seiner Werkstätte diese Instrumente verbessern und aus Metall herstellen. Wahrscheinlich machte Martin Behaim die Portugiesen mit denselben bekannt. Gewiss ist, dass alle großen Seefahrer wie Kolumbus, Vasco da Gama und Magellan sich der von den Deutschen verbesserten Instrumente bedienten.

uns nun befanden, und dass er viele Monate auf dem Ozean zugebracht habe, ohne Land zu sehen.

Ich begebe mich an Land

Den König setzte alles, was er sah und hörte, in großes Erstaunen. Schließlich nahm er vom Generalkapitän Abschied und bat ihn, zwei der Seinen an Land zu schicken. Denn auch er wolle die Sehenswürdigkeiten seines Landes zeigen. Magaglianes bestimmte für diesen Besuch mich und einen anderen Ritter.

Empfang

Als wir festen Boden unter den Füßen hatten, hob der König beide Hände gegen den Himmel und sah uns starr an. Wir taten sofort dasselbe, obwohl wir nicht verstanden, welche Bedeutung dieser Geste zukam. Nach einer Weile griff der König nach meiner Hand, einer seiner Vornehmen verfuhr ebenso mit meinem Begleiter. Nun setzten wir uns in Bewegung und kamen zu einem aus Bambus verfertigten Schuppen, in dem sich ein ungefähr 50 Fuß langes, einer Galeere ähnliches Balangai befand. In ihm nahmen wir Platz und versuchten uns durch Zeichen verständlich zu machen. Der Dolmetscher war nämlich auf dem Schiff geblieben.

Das Gefolge des Königs setzte sich nicht nieder. Jeder Einzelne von ihnen war nun mit einer Lanze und einem Schild bewaffnet, die in dem großen Boot gelegen hatten.

Ich befürchtete, dass wir in eine Falle gelockt worden waren, und dachte daran, dass wir zwei einer so gut bewaffneten Übermacht nicht gewachsen sein würden. Aber meine Befürchtung erwies sich als grundlos.

Man setzte uns vielmehr eine Schüssel voll Schweinefleisch und einen großen Krug Weines vor. Zu jedem Bissen Fleisch mussten wir eine Schale voll Wein trinken, leerten wir sie nicht ganz, wurde das, was übrig blieb, in einen anderen Krug geschüttet. Die Schale, aus der der König trank, war aus Gold. Niemand außer ihm und mir durfte sie berühren.

Der König befleißigte sich, wenn er trank, einer seltsamen Zeremonie. Er hob die Hände zuerst gegen den Himmel, dann gegen uns und streckte hierauf die geballte Linke gegen mich aus, während er mit der Rechten nach der Schale griff. Zuerst glaubte ich, er wolle mir mit der geballten Faust einen Stoß geben, aber als ich merkte, dass die anderen dasselbe taten, ahmte ich seine Gebärden nach. Ich öffnete die Linke erst wieder, wenn er die Schale geleert hatte.

Es ließ sich nicht vermeiden, dass ich Fleisch aß, obwohl Karfreitag war. Die Heilige Jungfrau möge mir diese Sünde verzeihen!

Abendessen

Vor dem Abendessen überreichte ich dem König mannigfache Geschenke, die mir der Generalkapitän mitgegeben hatte. Zugleich fragte ich nach den Namen verschiedener Gegenstände. Alle waren sehr erstaunt, als sie sahen, dass ich diese Namen niederschrieb. Sodann wurde das Abendessen gebracht. Man stellte zwei große porzellanene Schüsseln vor uns nieder, in welchen sich Reis und Schweinefleisch befanden. Wir tranken wieder sehr viel Wein und diesmal durfte ich, wenn auch nur ein einziges Mal, aus der Schale des Königs trinken.

Der Königspalast

Nach dem Abendessen begaben wir uns in den königlichen Palast, der einer jener Scheunen glich, in welchen man bei uns zu Hause das Heu aufbewahrt. Er war mit Blättern des Feigenbaumes bedeckt und ruhte auf vier starken Pfählen. Der

Eingang lag so hoch, dass wir eine Leiter benutzen mussten, um in den Palast gelangen zu können. Hier ließen wir uns nieder, abermals die Eingeborenen nachahmend: Sie saßen da, wie die Schneider in ihren Werkstätten sitzen, nämlich mit kreuzweise untergeschlagenen Beinen.

Eine halbe Stunde später wurde gebratener Fisch aufgetragen, dazu frischer Ingwer und wieder Wein. Auch der älteste Sohn des Königs war nun erschienen und setzte sich zu uns. Mein Gefährte sprach dem Wein so sehr zu, dass er volltrunken war und nur noch lallen konnte. Aber niemand nahm ihm das übel.

Beleuchtung

Indes war es dunkel geworden. Die Lichter, die diese Insulaner verwenden, sind aus einer Art arabischem Gummi, der in Palmblätter oder auch Feigenblätter gegeben wird. Sie nennen sie deshalb Anime, weil sie glauben, dass sich im Inneren eines jeden Menschen ein Licht befindet, das entzündet wird, wenn einer zu leben beginnt, und zugleich mit dem Tode erlischt.

Der König gab uns nun durch ein Zeichen zu verstehen, dass er schlafen wolle. Er ließ uns mit seinem Sohn zurück. Wir verbrachten die Nacht im Königspalast, auf einer Bambusdecke ruhend. Unter dem Kopf hatten wir Kissen aus Palmblättern.

Da diese Insulaner sehr wankelmütig sind, wäre es notwendig gewesen, abwechselnd mit meinem Gefährten zu wachen. Aber dieser schlief auf der Stelle ein und auch ich wurde bald vom Schlaf übermannt. Als ich erwachte, fielen schon die ersten Strahlen der Sonne in unser Schlafgemach.

Schlangen

Ich sah, als ich erwacht war, nahe meinem Lager eine Schlange. Sie besaß keine Gliedmaßen und hatte einen lang gestreckten

Körper, der ganz mit rotbraunen, schillernden Schuppen bedeckt war. Sie schlief nicht, sondern starrte mich mit ihren kleinen schillernden Augen heimtückisch an. Da ich keine Waffe bei mir hatte, wusste ich nicht, wie ich mich verhalten sollte. Gerade als ich mich entschlossen hatte, über sie hinwegzusteigen, erschien ein Diener des Königs und rettete mich, indem er dem Untier mit einer sichelförmigen Waffe den Kopf abschlug. Die Schlange zuckte und bewegte sich noch lange, obwohl sie tot war. Der Diener gab mir durch Gebärden zu verstehen, dass man sterben müsse, wenn man von der Schlange gebissen worden sei.

Später erfuhr ich, dass es auf allen diesen Inseln solche Reptilien gibt, deren Biss tödlich ist. Eines von ihnen soll die Dicke und Länge eines Kanonenrohres besitzen und, obwohl es keine Zähne hat, nicht minder gefährlich sein, da es sich um sein Opfer windet und es erdrückt. Manche Schlangen leben auf Bäumen und lassen sich gewandt herabfallen, wenn sie ein Opfer erspäht haben. Sie nähren sich vor allem von Vögeln und Hühnern, wagen sich aber auch an Katzen heran.

Wenige Tage später wurde einer unserer Matrosen von einer Schlange gebissen. Er starb unter schrecklichen Schmerzen auf der Stelle und als wir ihn begruben, sahen wir, dass sein Körper ganz schwarz geworden war.

Der Bruder des Königs

Der König zeigte sich schon am frühen Morgen wieder. Er fasste nach meiner Hand und führte mich zu dem Ort, wo wir das Abendessen eingenommen hatten. Hier wurde für uns das Frühstück aufgetragen. Da jedoch unser Boot gekommen war, uns abzuholen, entschuldigte ich mich und kehrte mit meinem Gefährten zu unserer Flotte zurück. Der König war guter Laune und küsste uns zum Abschied die Hände.

Sein Bruder, König einer anderen Insel, begleitete uns, von drei Insulanern gefolgt. Der Oberbefehlshaber bewirtete ihn und beschenkte ihn mit verschiedenen Nichtigkeiten. Was er uns zu erzählen hatte, hörten wir nur zu gern.

Er versicherte uns, dass auf seiner Insel Gold gefunden werde. Manchmal stoße man sogar auf Stücke, die so groß wie Nüsse und selbst Eier seien. Auch die Gefäße, aus denen er esse und trinke, bestünden aus demselben Metall. Etwas später erzählte er uns von seinem Plan, seine Hütte mit einem goldenen Dach zu versehen. Dies wollte er tun, weil er glaubte, dass das Golddach den Regen besser abhalten werde als das aus Palmblättern verfertigte.

Er war prächtig nach der Sitte seines Landes gekleidet und der schönste Mann, den ich in diesen Gegenden und unter diesen Völkern gesehen habe. Die schwarzen Haare, die von einem seidenen Schleier bedeckt waren, fielen ihm bis auf die Schultern und von seinen Ohren baumelten zwei große goldene Ringe. Vom Gürtel bis zu den Knien war er mit einem baumwollenen Tuch bedeckt, in das Seidenfäden gestickt waren. Er trug einen Dolch mit einem langen goldenen Knauf, der in einer Scheide aus bemaltem Holz stak. Jeder seiner Zähne war mit drei Goldplättchen geziert. Außerdem war er mit Storax und Benzoe parfümiert. Am besten aber gefiel mir seine Haut, die von einem satten Olivgrün war.

Als ich ihm zu verstehen gab, wie er mir gefiel, lachte er über das ganze Gesicht. Alle diese Insulaner sind sehr eitel, die Männer mehr noch als die Frauen.

BUTUAN, CALAGAN

Er beherrschte eine Insel, in deren Nähe sich die Länder Butuan und Calagan befinden. Wenn die beiden königlichen Brüder jedoch ihre Staatsgeschäfte besprachen, begaben sie sich auf die Insel Massao, auf der wir uns nun aufhielten. Er hörte auf den Namen Raja Colambu, sein Bruder hieß Raja Siaui. Mit der Zeit lernten wir auch die Namen anderer kennen. Sie waren alle gleich wohlklingend.

Wir hören an Land die Messe

Am letzten Tage des März, dem Ostertage, schickte der Generalkapitän frühmorgens einen Priester und einige Matrosen an Land, damit alle Vorkehrungen für die Abhaltung der Messe getroffen würden. Zugleich schickte er den Dolmetscher zum König mit dem Befehl, diesem mitzuteilen, dass wir nicht an Land gehen würden, um mit ihm zu speisen, sondern um unseren Gott anzubeten. Der König war mit alldem zufrieden und schickte uns zwei geschlachtete Schweine.

Wir gingen, insgesamt fünfzig Mann, an Land, zwar nicht in voller Rüstung, aber doch feierlich gekleidet und bewaffnet. Während sich unsere Boote dem Ufer näherten, feuerten die Kanonen sechs Schüsse ab, zum Zeichen unserer friedlichen Gesinnung. Am Lande umarmten die beiden Könige, die uns entgegengekommen waren, den Generalkapitän und nahmen ihn in ihre Mitte. So bewegten wir uns in einem feierlichen Zuge bis zu der Stelle, wo die Messe abgehalten werden sollte. Sie war nicht weit vom Ufer entfernt.

Vor dem Beginn der Messe besprengte der Generalkapitän die Könige mit wohlriechendem Wasser. Bei der Opferung küssten sie gleich uns das Kreuz, ohne jedoch zu opfern. Als die Hostie gezeigt wurde, beteten sie diese mit gefalteten Händen an, wie sie überhaupt alle unsere Bewegungen nachahmten. In diesem Augenblick ertönte von den Schiffen her – das war verabredet worden – eine Salve aus allen Kanonen. Nach der Messe empfingen mehrere von uns das Abendmahl und hierauf

Missionierung

ließ der Generalkapitän einen Schwertertanz vorführen, der den beiden Königen viel Vergnügen bereitete.

Ein Kreuz wird errichtet

Nun wurde ein großes, mit Nägeln und der Dornenkrone versehenes Kreuz errichtet. Der Oberbefehlshaber erklärte den Königen, dass dieses Kreuz ein Symbol sei, das ihm sein König anvertraut habe, damit er es überall, wo er sich an Land begebe, aufpflanze. Er habe das Kreuz daher auch auf dieser Insel errichtet und er sei sicher, dass es den Bewohnern nützlich sein werde. Denn alle aus Spanien kommenden Schiffe würden sofort erkennen, dass sie es mit guten Freunden zu tun hätten, und daher davon absehen, sich die Güter der Eingeborenen anzueignen. Er fügte hinzu, dass das Kreuz auf dem höchsten Punkt der Insel aufgestellt und jeden Morgen angebetet werden müsse. Würden die Bewohner der Insel diesen Rat befolgen, so blieben sie für alle Zukunft von Blitz und Donner verschont.

Die Könige bezweifelten die Worte des Generalkapitäns nicht. Sie dankten ihm und versicherten, dass sie genau das tun würden, was er ihnen jetzt vorgeschlagen habe.

Schließlich machte sich der Generalkapitän erbötig, alle Feinde der beiden Könige zu Wasser und zu Lande zu bekämpfen und zur Botmäßigkeit zu zwingen. Der König antwortete durch den Dolmetscher, dass er wohl mit den Einwohnern zweier Inseln Krieg führe, diese aber jetzt nicht angreifen wolle. Magaglianes wiederum versicherte, dass er, sollte es ihm Gott erlauben, diese Inseln noch einmal anzulaufen, so viele Truppen mitbringen werde, dass der Friede für immer gesichert sei.

Das Fest endete mit einer Salve, die wieder aus allen Kanonen abgegeben wurde. Der König und der Generalkapitän umarmten einander und dann kehrten wir auf die Schiffe zurück.

Ein zweites Kreuz auf einem Berg

Am Nachmittag begaben wir uns, nun in einfacher Kleidung, wieder an Land und stiegen, begleitet von den beiden Königen, auf den Gipfel des höchsten Berges dieser Gegend. Hier richteten wir das Kreuz auf. Noch einmal machte der Generalkapitän die Könige mit den Vorteilen bekannt, die ihnen dieses uns heilige Symbol bringen würde. Wir beteten alle das Kreuz an und die Könige folgten unserem Beispiel. Auf dem Rückweg kamen wir an bebauten Feldern vorüber. Im Balangai warteten wieder Speisen und Wein auf uns.

Ceilon, Calagan, Zubu

Der Generalkapitän fragte, in welchem Hafen er die Schiffe am besten mit Nahrungsmitteln versorgen könne. Man nannte ihm die drei Inseln Ceilon, Calagan und Zubu und versicherte ihm, dass Zubu der für diesen Zweck günstigste Hafen sei. Auch machte man sich erbötig, uns einen Piloten mitzugeben.

Der Generalkapitän setzte unsere Abreise für den nächsten Tag fest. Er erklärte sich, obwohl man das von ihm nicht gefordert hatte, bereit, einen der Unsrigen als Geisel für den Piloten zurückzulassen. Die Könige erklärten sich mit diesem Vorschlag einverstanden. Wir ließen den Matrosen zurück, der zu 25 Stockhieben verurteilt worden war, weil er Frauen an Bord der »Trinidad« gebracht hatte.

Der König als Lotse, 1. April 1521

Am folgenden Morgen, gerade als wir im Begriff waren die Anker zu lichten, ließ uns der König Colambu mitteilen, dass er selbst uns als Lotse begleiten würde, wenn wir uns dazu verstehen könnten zwei Tage zu warten. Er müsse nämlich noch den Reis und die anderen Früchte einbringen lassen. Zugleich richtete er an Magaglianes die Bitte, einige Matrosen als Helfer an Land zu schicken, damit die Ernte rascher in die Speicher gebracht werde.

Dies geschah, aber da die Könige tags zuvor zu viel gegessen und getrunken hatten, waren sie außerstande, die nötigen Anweisungen zu geben. So verstrichen vier Tage, bis wir endlich wieder in See stechen konnten.

Bekleidung

Wir verbrachten sieben Tage auf dieser Insel und hatten so Gelegenheit genug, die Sitten und Gebräuche der Bewohner zu beobachten. Sie tätowieren sich und gehen nackt, nur die Hüften bedecken sie mit einem Baumwolltuch. Die Frauen tragen einen Rock aus Baumrinde, der von den Hüften bis zu den Knien reicht, ihre Haare sind tiefschwarz und oft so lang, dass sie den Boden berühren. In den Ohren tragen sie goldene Ringe und anderen goldenen Schmuck. Alle diese Insulaner sind starke Esser und Trinker. Sie kauen ständig eine Frucht, die Areca heißt und die Form einer Birne hat. Sie wird in vier Teile geschnitten, in die Blätter des Areca-Baumes gewickelt und mit Kalk vermischt. Haben sie diese Mischung richtig durchgekaut, spucken sie sie aus und dann merkt man, dass ihr Mund davon ganz rot geworden ist. Alle ohne Ausnahme, Männer sowohl als auch Frauen, kauen diese Frucht. Sie glauben, dass ihr Genuss das Herz stärkt, und versicherten uns, dass sie sterben müssten, wenn sie sich der Areca enthielten.

Tiere und Pflanzen

An Tieren stellten wir auf dieser Insel Hunde, Katzen, Schweine, Ziegen und Hühner fest. Auch an essbaren Gewächsen mangelt es nicht. Wir sahen Reis, Hirse, Fenchel, Mais, Kokosnüsse, Pomeranzen, Zitronen, Feigen und Ingwer. Auch Wachs gibt es auf Massao.

Gold

Gold findet man im Überfluss. Dies wird durch zwei Geschehnisse bewiesen, deren Augen- und Ohrenzeuge ich war. Ein Insulaner brachte uns eine Schüssel voll Reis und Feigen und verlangte dafür ein Messer, das höchstens drei Catrini wert war. Der Generalkapitän bot ihm statt des Messers mehrere Goldstücke, doch der Insulaner schlug sie aus und zog das Messer vor. Ein anderer Eingeborener brachte uns eine große Goldstange und forderte dafür sechs Schnüre Glasperlen. Der Generalkapitän verbot aber diesen Tausch sehr ausdrücklich, um den Insulanern nicht zu verraten, dass für uns das Gold kostbarer ist als unsere Waren.

Lage von Massao

Die Insel Massao liegt unter 9° 40' nördlicher Breite und unter 162° westlicher Länge von der Demarkationslinie. Sie ist von der Insel Humunu 25 Leghe entfernt.

Abschied

Von hier nahmen wir unseren Weg in nordwestlicher Richtung und entdeckten fünf Inseln: Ceilon, Bohol, Canigan, Baybay und Gatigan. Auf Gatigan sahen wir, während wir vorüberfuhren, Fledermäuse[37], die so groß wie Adler sind. Wir töteten einen dieser großen Vögel und aßen ihn. Er schmeckte wie ein Huhn. Auch Tauben, Turteltauben, Papageien und große schwarze Vögel leben auf diesen Inseln. Die Letzteren legen Eier von der Größe der Enteneier, die sehr schmackhaft sind. Man erzählte uns, dass die Weibchen ihre Eier in den Sand legen, wo sie von der Sonnenwärme allein ausgebrütet würden.

---

37 Flughunde.

Polo, Ticobon, Pozon

Wir steuerten von Gatigan gegen Westen. Da der König von Massao, der sein Versprechen gehalten hatte und uns wirklich als Lotse diente, außerstande war, uns mit seiner Barke zu folgen, warteten wir in der Nähe dreier Inseln auf ihn, welche die Namen Polo, Ticobon und Pozon tragen. Hier nahmen wir den König, als er uns eingeholt hatte, mit seinem Gefolge an Bord. Das sah er als große Ehre an, außerdem kam er wegen unserer Schifffahrtskunst aus dem Staunen nicht heraus. Am 6. April sichteten wir die Insel Zubu, die von der Insel Gatigan 15 Leghe entfernt ist.

7. April 1521

Am Sonntag, dem 7. April, liefen wir in den Hafen von Zubu ein. Vor uns lagen mehrere kleine Dörfer mit seltsamen, auf Bäumen stehenden Häusern. Nachdem wir Anker geworfen hatten, ließ der Generalkapitän alle Flaggen aufziehen, die Segel beisetzen und eine Salve abfeuern. Das Donnern der Kanonen rief unter den Insulanern große Unruhe hervor.

Eine Gesandtschaft begibt sich zum König von Zubu

Der Generalkapitän schickte nun einen unserer jungen Leute zusammen mit dem Dolmetscher zum König von Zubu. Die beiden brauchten den Regenten nicht lange zu suchen, sie fanden ihn mitten in der Stadt, umgeben von einer großen Menge Volkes, das der Donner unserer Geschütze erschreckt hatte. Der Dolmetscher beruhigte, wie es sein Befehl war, den König und erklärte ihm, dass die Kanonenschüsse nichts anderes als ein Gruß gewesen seien und zugleich ein Zeichen dafür, dass wir nichts anderes als Frieden und Freundschaft mit den Bewohnern der Insel und ihrem König suchten. Der

Regent hörte diese Erklärung an und versicherte, dass er ihre Richtigkeit nicht bezweifle.

Grösster König der Erde

Der König ließ durch einen seiner Minister den Dolmetscher fragen, was uns zu seiner Insel geführt habe. Der Dolmetscher antwortete, sein Herr, der das Geschwader befehlige, sei Kapitän in den Diensten des größten und mächtigsten Königs der Erde und der Zweck dieser Fahrt wäre es, nach Malucco zu segeln. Außerdem seien wir hierher gekommen, um die Insel Zubu und ihren König kennenzulernen und Tauschhandel zu treiben. Der König von Massao, mit dem wir eng befreundet wären, habe uns diesen Rat gegeben.

Der König fordert einen Tribut

Der König antwortete, dass wir ihm willkommen seien, aber einen Zoll zahlen müssten, wenn wir im Hafen seiner Insel ankern und Handel treiben wollten. Um dies zu bekräftigen, fügte er hinzu, dass dieser Zoll erst vor vier Tagen von einer Dschunke aus Ciam[38] bezahlt worden sei, die hierher gekommen war, um Gold und Sklaven zu kaufen. Er rief auch einen maurischen Kaufmann aus Ciam herbei und forderte ihn auf, dies zu bestätigen.

Handel

Wir weigern uns

Der Dolmetscher entgegnete, sein Herr, Kapitän des größten und mächtigsten Königs der Welt, werde keinem König der Welt Zoll zahlen. Wolle der König von Zubu den Frieden, werde er den Frieden haben, wolle er jedoch Krieg, könne auch ein Krieg geführt werden, der mit seiner völligen Vernich-

38 Siam.

tung enden werde. Kaum hatte der Dolmetscher diese Worte ausgesprochen, näherte sich der Kaufmann aus Ciam dem Regenten und sagte zu ihm in seiner Sprache: »Herr, seid auf Eurer Hut. Diese Männer gehören dem Volk an, das Calicut, Malakka und ganz Indien erobert hat.« Er hielt uns also für Portugiesen. Der Dolmetscher, der diese Warnung hörte und verstand, fuhr fort, dass der König, von dem er spreche, noch viel mächtiger sei als der König von Portugal, von dem der Kaufmann aus Ciam gesprochen habe; es sei der König von Spanien, der Beherrscher der ganzen christlichen Welt. Er wiederholte auch, dass wir die ganze Insel zerstören würden, wenn man unsere Freundschaft zurückweise.

Der Maure bestätigte die Angaben des Dolmetschers und dies setzte den König von Zubu in große Verlegenheit. Er versprach, sich mit seinen Ministern zu beraten und uns am kommenden Tage Antwort zu geben. Zum Zeichen seiner Freundschaft ließ er den Gesandten des Generalkapitäns ein Frühstück vorsetzen. Es bestand aus mehreren Schüsseln, in welchen sich Fleischspeisen befanden. Die Schüsseln waren aus Porzellan.

Der König von Massao als Vermittler

Nachdem unsere Gesandten wieder an Bord gekommen waren, begab sich der König von Massao, der nach dem König von Zubu der mächtigste Fürst dieser Inseln war, an Land, um dem König von Zubu zu versichern, dass es für ihn besser sein würde, unsere Freundschaft zu gewinnen.

Der König von Zubu gibt nach

Am nächsten Tage, dem 8. April, begab sich der Schreiber unseres Schiffes mit dem Dolmetscher nach Zubu. Der König, begleitet von seinen Vornehmsten, kam den beiden sofort entgegen und erklärte, dass er davon abgekommen sei, einen Tribut zu fordern, und alles tun wolle, um unsere Freundschaft zu gewinnen. Man erwiderte ihm, dass er diese Freundschaft haben könne, wenn er bereit sei, mit uns Handel zu treiben und uns mit frischen Lebensmitteln zu versorgen.

Blutsbrüderschaft

Der König willigte ein und gab unseren Gesandten eine seltsame Botschaft mit auf den Weg: Er wolle der Freund unseres Oberbefehlshabers sein, wenn dieser sich bereit erkläre, von seinem rechten Arm ein wenig Blut abzuzapfen und ihm dasselbe zu übersenden. Er selbst werde genauso verfahren und dieser Austausch des Blutes werde das Zeichen einer treuen, festen Freundschaft sein.

Unsere Gesandten versprachen dem Generalkapitän diese Botschaft zu überbringen. Bevor sie aufbrachen, gab ihnen der König von Zubu noch zu verstehen, dass er es gewöhnt sei, von den Kapitänen aller Schiffe, die seinen Hafen anliefen, Geschenke zu empfangen. Der Schreiber antwortete ihm, dass er mit Geschenken selbst den Anfang machen solle, wenn er auf diese Gewohnheit so großen Wert lege. Damit erklärte sich der König zufrieden.

Der Generalkapitän versucht den König von Zubu einzuschüchtern

Am Dienstag, dem 9. April, kehrte der König von Massao auf unser Schiff zurück. Er hatte den maurischen Kaufmann bei sich und überbrachte dem Generalkapitän die Grüße des Königs von Zubu. Zugleich berichtete er, dass der König von Zubu im Augenblick damit beschäftigt sei, große Mengen von Lebensmitteln aufhäufen zu lassen, um uns ein Geschenk machen zu können.

Am Nachmittag besuchte uns ein Neffe des Königs und teilte uns mit, dass zwei Minister auf unser Schiff kommen würden, um ein Bündnis zu schließen. Der Generalkapitän dankte dem Gesandten und zeigte ihm einen vom Kopf bis zu den Füßen mit einem Stahlpanzer bekleideten Soldaten, nicht ohne zu bemerken, dass wir alle eine solche Rüstung anlegen würden, falls wir gezwungen werden sollten, gegen Zubu Krieg zu führen. Der Neffe des Königs erschrak sehr, als er den Gepanzerten sah, aber der Generalkapitän beruhigte ihn und versicherte ihm, dass unsere Waffen nützlich für unsere Freunde seien. Würden wir allerdings gezwungen werden, die Bewohner Zubus als Feinde anzusehen, würde uns ihre Vernichtung nicht schwerer fallen als etwa die Beseitigung eines Schweißtropfens von der Stirn. Magaglianes sagte dies in einem stolzen, drohenden Ton und weil er annahm, dass der Neffe das alles dem König von Zubu erzählen werde.

Gesandtschaft des Königs von Zubu

Noch vor Einbruch der Dunkelheit kam der Neffe wieder. Zusammen mit ihm erschienen der maurische Kaufmann, der Oberrichter und acht Häuptlinge der Insel. Sie gaben uns zu verstehen, dass sie mit uns einen Bündnisvertrag schließen wollten. Der Oberbefehlshaber empfing die Gesandtschaft mit viel Würde und auf einem Armstuhl aus rotem Samt sitzend. Dem König von Massao und dem Neffen des Königs von Zubu, der zugleich auch der Erbe der Königswürde war, wurden ebensolche Sitze zugewiesen. Für alle anderen wurden Decken ausgebreitet.

Bündnisvertrag

Der Generalkapitän ließ die Gesandten nun durch den Dolmetscher fragen, ob sie hinreichend Vollmacht besäßen, mit ihm einen Vertrag abzuschließen, und ob es bei ihnen üblich sei, solche Verträge in aller Öffentlichkeit zu besprechen. Beide Fragen wurden bejaht. Daraufhin legte der Generalkapitän vor allem dem Neffen des Königs alle Vorteile dar, die aus diesem Bündnis für beide Teile erwachsen würden, und bat Gott im Himmel, dieses Bündnis zu segnen. Er fügte einige Worte hinzu, die angetan waren, unseren Gästen Achtung vor uns und unserer Religion einzuflößen.

Die Alten werden missachtet

Der Generalkapitän fragte die Gesandten, wem nach dem Tode des Königs die Herrschaft über die Insel zufalle. Man antwortete ihm, dass der Neffe diese Herrschaft antreten werde, da der König nur Töchter besitze. Bei dieser Gelegenheit erfuhren wir, dass Väter rechtlos würden, wenn sie ein gewisses Alter erreicht hätten. Die Herrschaft gehe dann auf ihre Söhne über.

Der Generalkapitän erklärte, dass diese Gepflogenheit unwürdig sei, da Gott, der Himmel und Erde geschaffen habe, den Kindern ausdrücklich befehle, Vater und Mutter zu ehren. Er sprach auch davon, dass alle, die dieses Gebot nicht befolgten, mit dem ewigen Feuer bestraft werden würden. Um den Insulanern die Stärke dieses göttlichen Gebotes deutlicher werden zu lassen, belehrte er sie, dass wir alle den göttlichen Geboten zu gehorchen hätten, da wir ohne Ausnahme von Adam und Eva abstammten. Er fügte noch verschiedene Abschnitte aus der biblischen Geschichte hinzu, und wir sahen alle, dass die Insulaner angespannt zuhörten und das Verlangen zeigten, von den Lehren unserer Religion mehr zu erfahren. Als sie das Schiff verließen, baten sie den Generalkapitän sogar, er möge zwei Männer auf der Insel zurücklassen, welche die Fähigkeit besäßen sie zu unterweisen. Sie versprachen diese Männer hoch in Ehren zu halten.

Magaglianes schlägt den Insulanern vor, sich taufen zu lassen

Der Generalkapitän ließ die Gesandten wissen, dass es für sie unerlässlich sei, sich taufen zu lassen. Dies könne noch vor seiner Abreise geschehen. Zurücklassen könne er von seiner Mannschaft niemanden, aber er sei bereit eines Tages wiederzukommen und einen Priester mitzubringen, der das Volk von Zubu in der christlichen Religion unterweisen werde.

Die Gesandten erklärten sich damit einverstanden und versicherten, dass sie sich gerne taufen lassen würden, nachdem sie mit ihrem König gesprochen hätten. Magaglianes ermahnte sie daraufhin, sie sollten sich zu diesem wichtigen Schritt nicht aus Furcht vor uns oder wegen der Hoffnung auf irdische Vorteile entschließen. Es sei nicht seine Absicht irgendwem die Taufe aufzuzwingen oder die Bewohner Zubus vom Glauben ihrer Väter abzubringen. Er verhehlte den Insulanern allerdings auch nicht, welche Vorteile ihnen das Christentum bringen würde und dass sie, wenn sie einmal Christen seien, von allen geliebt und geachtet würden. Alle riefen nun aus, dass sie weder aus Angst noch uns zu Gefallen unsere Religion annehmen wollten, sondern einzig und allein aus freien Stücken.

Teufelsaustreibung

Der Generalkapitän gab nun das Versprechen, dass er gemäß einem Befehl seines Königs eine vollkommene Rüstung auf Zubu zurücklassen werde. Zugleich eröffnete er den Gesandten allerdings, dass auch für die Frauen die Taufe unumgänglich notwendig sei, da sich andernfalls ihre Männer von ihnen trennen müssten. Ein Zusammenleben zwischen Getauften und Ungetauften verbiete nämlich die neue Religion.

Er sprach auch davon, dass er erfahren habe, wie sehr die Insulaner an häufige Erscheinungen des Teufels glaubten und deshalb in beständiger Furcht lebten. Von dieser Plage, sagte er, würden sie für immer befreit sein, wenn sie die Taufe empfangen hätten, denn dann werde es der Teufel nicht mehr wagen, sich zu zeigen.

Die Insulaner versicherten, dass sie uns voll vertrauten und alles Gehörte glaubten. Noch einmal äußerten sie den Wunsch, sich taufen zu lassen. Daraufhin umarmte der Generalkapitän jeden Einzelnen von ihnen. Er war sehr gerührt und hatte Tränen in den Augen.

Friede und ein Bündnis für alle Zeiten

Der Generalkapitän ergriff nun die Hände des königlichen Neffen und des Königs von Massao und sagte mit bewegter Stimme, er verspreche bei seinem heiligen Glauben, bei der Treue gegenüber seinem Kaiser und dem Kleide des heiligen Jago[39], das er trage, dass zwischen dem König von Spanien und dem König von Zubu Friede für alle Zeiten herrschen werde. Die Gesandten gaben dasselbe Versprechen ab.

Geschenke

Nach diesem feierlichen Friedensschluss wurde ein Frühstück aufgetragen. Anschließend überreichten die Gesandten dem Generalkapitän die Geschenke des Königs von Zubu. Es waren dies Körbe voll Reis, Schweine, Ziegen und Hühner. Der Neffe entschuldigte sich wegen dieser Gaben und erklärte, dass der König von Zubu wohl wisse, dass sie eines so mächtigen Kriegers und Besitzers solch gewaltiger schwimmender Häuser nicht würdig seien. Der Generalkapitän überreichte dem Prinzen ein Stück weiße Leinwand, eine rote Mütze, mehrere Schnüre Glasperlen und einen vergoldeten Glaspokal, wohl

39 Jakob.

wissend, dass das Glas von diesen Völkern sehr geschätzt wird. Der König von Massao erhielt kein Geschenk, weil er erst vor kurzem ein Oberkleid aus indischem Stoff bekommen hatte. Hingegen wurden die anderen Gesandten des Inselkönigs reich mit Glasperlen und Schellen beschenkt.

Ansprache

An diesem Tage sprach der Generalkapitän zu uns allen. Er sagte, dass wir nun den Lohn für unsere Mühen ernten würden, und gedachte zugleich jener, die während der Fahrt verstorben waren. Es waren dies nicht wenige, aber wir waren noch immer genug, um die Schiffe richtig bedienen und navigieren zu können. Bei dieser Gelegenheit dankte der Generalkapitän dem König von Massao für seine Hilfe und Freundschaft und versprach ihm, dem König von Spanien von seiner Treue zu berichten.

Zum Schluss forderte uns der Generalkapitän auf, nie zu vergessen, dass wir es nur der Heiligen Jungfrau zu verdanken hätten, wenn wir allen Gefahren mit heiler Haut entkommen seien. Zum Zeichen seines Dankes an die Heilige Jungfrau ließ er die Gefangenen frei, die sich im Schiffsgefängnis befanden.

Ich überbringe dem König von Zubu die Geschenke des Generalkapitäns

Etwa eine Stunde, nachdem die Gesandten unser Schiff verlassen hatten, gab der Generalkapitän mir, einem anderen und dem Dolmetscher den Befehl, an Land zu gehen, um dem König von Zubu die für ihn bestimmten Geschenke zu überbringen. Sie bestanden aus einem Seidenkleid, das zur einen Hälfte gelb, zur anderen Hälfte violett war, einer roten Mütze und einigen Schnüren Glasperlen. Das Kleid war nach türkischer Art gemacht. Außerdem gab uns Magaglianes nach einigem Zögern eine silberne Schüssel und zwei vergoldete Glaspokale mit und sagte zu uns, wir sollten diese Geschenke nur dann überreichen, wenn wir von dem König wohlwollend empfangen würden.

Rebellion

Mein Gefährte war ein spanischer Ritter, der mich sofort, als wir an Land gegangen waren, bat, den Dolmetscher in angemessener Entfernung hinter uns zu lassen. Ich erfüllte ihm seinen Willen und dann sagte er zu mir, es sei ihm unerträglich, unter einem Portugiesen dienen zu müssen. Er schlug mir vor, eine Versammlung aller Kapitäne einzuberufen, um die Absetzung des Generalkapitäns zu beschließen. Ich hielt ihm Magaglianes' große Verdienste um das Gelingen dieser Fahrt vor Augen, aber davon wollte er nichts hören und meinte, ich könne das nur glauben, weil ich kein Spanier sei. Nie und nimmer hätte der König von Spanien einem Portugiesen den Oberbefehl über eine so große Armada anvertrauen dürfen und dies sei nur deshalb geschehen, weil der König von Spanien selbst kein Spanier sei. Ich riet dem Ritter, dies nicht noch einmal und vor anderen Ohren verlauten zu lassen, wenn er nicht wegen Rebellion geköpft werden wolle.

Empfang beim König

Der König empfing uns, umgeben von einem großen Hofstaat, in seinem Palast. Er saß auf einer Decke aus Palmblättern, die auf der Erde ausgebreitet lag. Er war, von einem baumwollenen Tuch abgesehen, das seine Hüften bedeckte, völlig nackt. Ein gestickter Schleier hing von seinem Kopf herunter, von seinen Ohren baumelten zwei große goldene, mit wertvollen Steinen verzierte Ringe herab. Seinen Hals zierte eine kostbare Kette. Er war klein, sehr dick und am ganzen Körper tätowiert.

Auf einer anderen Decke, die gleichfalls auf der Erde ausgebreitet lag, befanden sich in Porzellanschalen Schildkröteneier, vier mit Palmwein gefüllte Krüge, die mit wohlriechenden Kräutern bedeckt waren, und ein Schilfrohr, dessen man sich beim Trinken bedient.

Übergabe der Geschenke

Wir begrüßten den König und ließen ihm durch den Dolmetscher sagen, dass der Generalkapitän, unser Herr, ihm für seine Geschenke danke und nun durch uns die Gegengeschenke übersende, die er als Beweise einer aufrichtigen Freundschaft ansehen möge. Alsdann legten wir dem König das Kleid an, setzten ihm die Mütze auf den Kopf und überreichten ihm die anderen Gaben. Ich hob die beiden Pokale, bevor ich sie überreichte, über meinen Kopf und küsste sie sodann. Der König tat dasselbe.

Er forderte uns auf, von den Eiern zu essen und Wein zu trinken. Während wir aßen und tranken, berichteten die anderen, die uns auf dem Schiff besucht hatten, von den Vorschlägen des Generalkapitäns und den Vorteilen, welche die Annahme unserer Religion versprach. Der König hörte aufmerksam zu und lud uns ein, auch das Abendessen gemeinsam mit ihm einzunehmen. Wir dankten ihm dafür, hielten es aber doch für besser, auf unser Schiff zurückzukehren.

Musik

Bevor wir die Insel verließen, mussten wir noch dem Schwiegersohn des Königs einen Besuch abstatten. Er führte uns in ein Haus, wo vier Mädchen auf uns warteten, die nach Landessitte Musik machten. Das eine Mädchen schlug eine am Boden stehende Trommel, ein anderes hatte eine mit Palmrinde besetzte kleine Keule in der Hand, mit welcher es zwei

Pauken schlug. Das dritte bearbeitete eine große Pauke, das vierte zwei dreieckige Scheiben, die, wenn sie gegeneinander geschlagen wurden, einen angenehmen Ton von sich gaben. Alle hielten sie den Takt so genau, dass wir ihnen eine große Kenntnis der Musik nicht absprechen konnten. Die Pauken, aus Metall verfertigt, stammten aus dem Lande des Signio Magno[40]. Bei einem späteren Besuch auf der Insel konnten wir auch feststellen, dass die Bewohner Glocken benutzen, die sie Agon[41] nennen. Auch diese Glocken geben einen sehr angenehmen Klang von sich.

Tanz

Diese Mädchen waren sehr schön und fast so weiß wie Europäerinnen. Obwohl sie schon erwachsen waren, gingen zwei von ihnen vollkommen nackt, während die beiden anderen von den Hüften bis zu den Knien mit einem Stück Baumrinde bedeckt waren. In ihren Ohren, die sehr stark durchlöchert waren, baumelten große Ringe aus Holz. Sie hatten lange schwarze Haare und trugen kleine Schleier auf dem Kopf. Der Prinz ließ drei von ihnen tanzen, die vierte machte die Musik dazu. Nachdem wir nochmals einen Krug Wein geleert hatten, kehrten wir auf unser Schiff zurück.

10. April 1521

In der Nacht vom 10. zum 11. April starb einer unserer Matrosen. Magaglianes erteilte mir deshalb den Befehl, zusammen mit dem Dolmetscher abermals an Land zu gehen und den König zu bitten, er möge die Zustimmung zu einem Begräbnis geben und den Platz bestimmen, wo der Tote der Erde übergeben werden könne. Der König war auch diesmal

40 China.
41 Gong.

von seinen Vornehmen umgeben, als er uns in seinem Palast empfing. Als ich ihm die Bitte des Generalkapitäns vorgetragen hatte, antwortete er: »Wenn ich und mein Volk Untertanen deines Herrn sind, wie viel mehr muss da auch mein Land ihm gehören.« Ich erklärte darauf, dass es bei uns Sitte sei, die Grabstätte zu weihen und auf dem Grab ein Kreuz aufzupflanzen. Der König war damit einverstanden und versprach, das Kreuz zu ehren.

Am Nachmittag weihten wir, so gut das möglich war, den öffentlichen Platz der Stadt und begruben unseren Toten. Am Abend mussten wir noch einen Zweiten begraben.

Völlerei

Die beiden Matrosen waren gestorben, weil sie zu viel gegessen und getrunken hatten. Ihre Körper waren nach den Entbehrungen in vielen Monaten dem nicht gewachsen gewesen. Deshalb ließ Magaglianes verkünden, dass alle mit dem Essen und Trinken Maß zu halten hätten und dass er alle, die sich seinen Befehlen widersetzen sollten, streng bestrafen würde. Magaglianes aß nie mehr, als er zur Erhaltung seines Körpers notwendig hatte, dafür trank er gerne zu jeder Mahlzeit ein Glas Wein. Der Wein jedoch, der auf den Inseln erzeugt wurde, war nicht nach seinem Geschmack.

Waagen

An diesem Tage hatten wir auch einen Großteil unserer Tauschwaren an Land geschafft und in einem Haus untergebracht, das der König in seinen besonderen Schutz nahm. Vier Männer wurden dazu bestimmt, den Handel zu eröffnen.

Dieses Volk, das Ehrlichkeit sehr schätzt, kennt Gewichte und Maße. Die Waagen bestehen aus einem hölzernen Stab, der an einer Schnur befestigt ist und von dieser gehalten wird.

An einem Ende hängt an drei Schnüren die Waagschale, am anderen ein Gegengewicht aus Blei. Hier werden die Gewichte angehängt, während auf die Schale die Waren gelegt werden, deren Gewicht bestimmt werden soll. Auch Längen- und Inhaltsmaße sind auf der Insel Zubu zu sehen.

Zerstreuungen

Die Insulanerinnen hängen an Vergnügungen und lieben den Müßiggang. Wie die Pauken geschlagen werden, habe ich bereits beschrieben. Dazu blasen sie auch Dudelsäcke, die den unsrigen ähnlich sind, und spielen auf Instrumenten mit Saiten aus Kupfer. Den Dudelsäcken geben sie den Namen Subin.

Häuser

Ihre Häuser sind aus Balken, Brettern und Schilf zusammengesetzt und weisen Gemächer wie die unsrigen auf. Sie werden auf Pfählen erbaut, sodass man nur unter Zuhilfenahme einer Leiter imstande ist, in ihr Inneres zu gelangen. Der Raum, der sich unten befindet, dient vor allem als Stall für Schweine, Ziegen und Hühner. Auch Lebensmittel werden in diesem Raum aufbewahrt.

Raben im Rachen der Walfische

Man erzählte uns, dass es hier schwarze, rabenähnliche Vögel gebe, die, wenn ein Walfisch auf der Oberfläche des Meeres erscheint, den Augenblick abwarten, da dieser seinen Rachen öffnet. Ist das geschehen, fliegen sie rasch hinein und reißen dem Walfisch das Herz aus. Der Walfisch bleibt tot und ohne Herz im Wasser liegen, während die Vögel sein Herz, das sie für einen großen Leckerbissen ansehen, verzehren. Dieser Vogel besitzt einen gezahnten Schnabel, eine schwarze Haut und ein

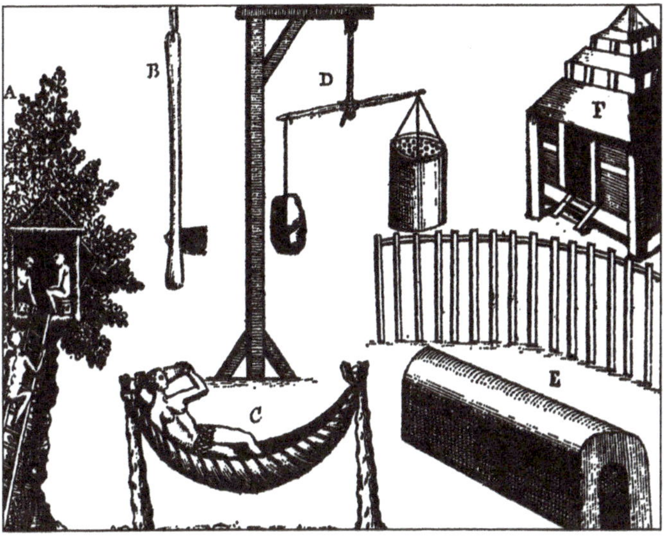

Behausungen und Gerätschaften der Eingeborenen: Häuser (A, E, F), Beil (B), Hängematte (C), Waage (D)

weißes, schmackhaftes Fleisch. Die Insulaner geben ihm den Namen Lagan[42].

HANDEL, 12. APRIL 1521

Am Freitag, dem 12. April, öffneten wir unseren Speicher und legten unsere Tauschwaren aus. Die Insulaner betrachteten sie mit Erstaunen, wagten es aber nicht, sie zu betasten. Für Messing und Eisen gaben sie uns Gold. Für Glasperlen und Schellen erhielten wir Reis, Schweine, Ziegen und andere Lebensmittel. Der Generalkapitän verbot aber, zu viel Begierde nach dem Golde zu zeigen. Hätte er diesen Befehl nicht erlassen, würden die Matrosen ihren gesamten Besitz verkauft und den ganzen Handel verdorben haben.

42 Wahrscheinlich Madenhacker.

Nachricht von der Insel Burney und den Molukken

Wir erfuhren von einer Insel mit dem Namen Burney[43], auf der es viele große Häuser und sogar Schiffe geben soll, die den unseren ähnlich sind. Die Bewohner Burneys, versicherte man uns, wussten den genauen Weg nach Malucco. Als wir das hörten, waren wir vor Freude außer uns, und der Generalkapitän beschloss diese Insel anzulaufen.

13. April 1521

Der Generalkapitän hatte nicht vergessen, dass ihm der König von Zubu versprochen hatte, die christliche Religion anzunehmen. Als Tag für die Zeremonie wurde ein Sonntag, und zwar der 14. April, festgesetzt. Auf dem Platz, den wir schon geweiht hatten, wurde ein Gerüst errichtet, das mit bunten Tüchern und Palmzweigen geschmückt wurde.

Grosse Vorbereitungen für die Taufe

Zwei von Kopf bis Fuß bewaffnete Matrosen brachten die königliche Fahne an Land, vierzig von uns folgten ihnen. Als wir aus den Booten stiegen, gaben alle Geschütze Feuer und die Insulaner, die sich an diesen Donner nicht gewöhnen konnten, gerieten abermals in großen Schrecken und Verwirrung. Der Generalkapitän und der König umarmten einander. Dann nahmen sie auf dem Gerüst Platz, wo zwei Stühle bereitstanden, der eine aus grünem, der andere aus blauem Samt. Die anderen Häuptlinge setzten sich auf Kissen oder Decken, während wir stehen blieben.

---

43 Burney und Burne = Borneo.

Vorteile durch den Übertritt zum Christentum

Nun teilte der Generalkapitän dem König mit, dass er neben anderen Vorteilen, in deren Genuss er käme, auch seine Feinde leichter besiegen werde, wenn er das Christentum annehme. Der König gab zur Antwort, dass er nicht deshalb Christ werden wolle, es aber doch begrüßen würde, wenn er sich bei einigen Häuptlingen der Insel Ansehen verschaffen könnte, die ihm nicht gehorchten und meinten, nicht weniger als er zu sein.

Sofort ließ der Generalkapitän diese Häuptlinge herbeirufen. Er ließ ihnen durch den Dolmetscher sagen, dass er sie vernichten und ihre Güter einziehen werde, wenn sie dem König von Zubu weiter den Gehorsam verweigerten. Diese Drohung verfehlte ihre Wirkung nicht. Die Häuptlinge gelobten, den König als ihr Oberhaupt anzuerkennen.

Magaglianes versprach nun, nach seiner Rückkehr nach Spanien mit einer viel größeren Streitmacht wiederzukehren und den König von Zubu zum mächtigsten König aller dieser Inseln zu machen, als Belohnung dafür, dass sich der König von Zubu als Erster dazu entschlossen habe, die christliche Religion anzunehmen. Der König dankte dafür, indem er die gefalteten Hände zum Himmel hob, und bat den Generalkapitän inständig, er möge mehrere Männer auf Zubu zurücklassen, die imstande wären, ihn in die Geheimnisse und Pflichten der christlichen Religion einzuweihen. Dies versprach Magaglianes unter der Bedingung, dass ihm zwei Söhne aus vornehmer Familie anvertraut würden. Diese wolle er mit nach Spanien nehmen, damit sie dort die spanische Sprache erlernten und nach ihrer Rückkehr alles zu beschreiben vermöchten, was sie im mächtigsten Land der Erde gesehen hätten.

Guter Wille der Insulaner

In der Mitte des Platzes wurde nun ein großes hölzernes Kreuz aufgerichtet und dann wurde bekannt gemacht, dass jeder, der sich dazu entschlossen habe die christliche Religion anzunehmen, alle seine Götzenbilder vernichten müsse und dafür zu sorgen habe, dass in seiner Behausung anstelle der Götzenbilder ein Kreuz zu finden sei. Dieses Symbol müsse jeden Tag angebetet werden, jeder Eingeborene müsse sich morgens nüchtern vor ihm auf die Knie werfen und ein Gebet sprechen, das Magaglianes sie lehren werde. Außerdem werde es ihre Pflicht sein, ihren Glauben an Christus durch gute Werke zu bestätigen. Alle Eingeborenen versprachen, sich an diese Weisungen zu halten.

Der König und viele andere werden getauft

Hierauf fasste der Generalkapitän den König bei der Hand und versicherte ihm, dass er sich nur deshalb ganz weiß gekleidet habe, um seine aufrichtige Liebe zu den Völkern dieser Inseln zu beweisen. Dann führte er ihn zu dem Gerüst. Der König, der König von Massao, der Prinz, der maurische Kaufmann und fünfhundert andere wurden getauft. Der König, der auf den Namen Raja Humabon gehört hatte, erhielt nun denselben Namen wie der König von Spanien, der Prinz wurde Fernando getauft, der König von Massao Johannes, ein anderer Vornehmer Fernando, der Maure Cristoforo. Die Übrigen erhielten andere Namen.

Eine feierliche Messe folgte der Zeremonie. Dann lud der Generalkapitän alle Getauften zum Mittagessen ein, aber sie entschuldigten sich und brachten uns zu unseren Booten. Als wir sie bestiegen, gaben die Kanonen abermals eine Salve ab.

Taufe der Königin und ihres Gefolges

Nach der Mittagsmahlzeit begaben wir uns mit unserem Priester abermals an Land, um die Königin und andere Frauen zu taufen. Etwa vierzig Frauen bestiegen das Gerüst. Ich zeigte der Königin eine kleine Statue, welche die Heilige Jungfrau mit dem Jesuskinde darstellte, und sie bat mich unter Tränen, ich möge ihr dieselbe schenken, damit sie sie an die Stelle der Götzenbilder setzen könne. Die Königin wurde auf den Namen Juana getauft. So heißt die Mutter des Königs von Spanien. Der Frau des Prinzen gaben wir den Namen Katharina, der Königin von Massao den Namen Elisabeth. Wir tauften an diesem Tage beinahe achthundert Menschen – Männer, Weiber und Kinder.

Aussehen und Kleidung der Königin

Die Königin, eine sehr junge und sehr schöne Frau, trug ein Kleid aus weißem und schwarzem Tuch und auf dem Kopf einen großen, aus Palmblättern verfertigten Hut, welcher der Tiara des Papstes ähnelte. Ohne diesen Kopfschmuck, der die Form eines Sonnenschirms besitzt, geht die Königin nie aus. Ihr Mund und ihre Nägel waren lebhaft rot gefärbt.

Feuerwerk

Gegen Abend kamen der König und die Königin, gefolgt von einer großen Volksmenge, zum Strand. Der Generalkapitän ergötzte sie mit einem Feuerwerk und mit Kanonendonner, der ihnen jetzt sogar Spaß machte. Der Generalkapitän und die Könige nannten einander Brüder.

April 1521

Acht Tage brauchten wir, bis wir alle Bewohner Zubus und der benachbarten Inseln getauft hatten. Auf einer dieser Inseln befand sich ein Dorf, dessen Bewohner sich weigerten, dem

König und uns zu gehorchen. Wir brannten dieses Dorf nieder und errichteten auf dem öffentlichen Platz ein Kreuz, zum Zeichen, dass die Bewohner Heiden waren. Wären sie Mauren gewesen, würden wir eine Säule aus Stein errichtet haben, um die Härte ihrer Herzen zu bezeichnen. Denn die Mauren sind viel schwerer zu bekehren als die Heiden.

Neue Christen

Der Generalkapitän begab sich tagtäglich an Land, um die Messe zu hören. Stets fanden sich hierzu neue Christen ein. Magaglianes entwarf für sie einen Katechismus und erklärte ihnen die Lehren unserer Religion. Besonders eifrige Zuhörer erhielten Glasperlen zum Geschenk.

Die Königin kommt zur Messe

Eines Tages kam auch die Königin zur Messe. Vor ihr her gingen drei junge Insulanerinnen, von welchen eine jede einen Hut der Königin in der Hand hielt. Die Königin selbst trug ein schwarzweißes Kleid und einen großen seidenen, mit goldenen Streifen durchwirkten Schleier, der bis zu den Hüften herabreichte. Hinter ihr schritten zehn andere Frauen, deren ganze Bekleidung in einem schmalen, die Hüften bedeckenden Blättergürtel und einem kleinen Hut aus Palmblättern bestand. Die Königin verneigte sich vor dem Altar und setzte sich dann auf ein Kissen aus gestickter Seide. Der Generalkapitän besprengte sie mit Rosenwasser, dessen Duft die Frauen dieses Landes besonders lieben. Da Magaglianes wusste, dass der Königin das Jesuskind besonders gefiel, schenkte er ihr eine Statue und bat sie, dieselbe in Ehren zu halten und anstelle der Götzenbilder, von welchen sie sich noch immer nicht hatte trennen können, in ihrer Behausung aufzustellen.

Unterwerfung

Es war die Absicht des Generalkapitäns, dem christlichen König mehr Ansehen und Macht zu verschaffen. Deshalb befahl er ihm, in einem Seidenkleid zur Messe zu kommen und seine beiden Brüder mitzubringen. Der eine, der Vater des Thronfolgers, hieß Bendara, der andere Cadaio. Zugleich wurden mehrere Häuptlinge zu der Messe befohlen. Es waren dies Simiut, Sibuaja, Sisacai, Magalibe und einige andere.

Nach der Messe befahl ihnen Magaglianes zu beschwören, dass sie dem König von Zubu immer gehorsam bleiben würden. Das taten sie, indem sie dem christlichen Herrscher die Hand küssten.

Anschließend ließ der Generalkapitän den König von Zubu beschwören, dass er dem König von Spanien immer gehorchen und treu bleiben werde. Nachdem der König diesen Schwur geleistet hatte, zog der Generalkapitän vor dem Muttergottesbild seinen Degen und erklärte dem König, dass man den Tod einem gebrochenen Schwur vorziehen müsse. Dies bekräftigte er beim Bild der Heiligen Jungfrau, beim Leben seines Herrn, des Kaisers, und bei dem heiligen Kleide, das er dem heiligen Jago zu Ehren trug.

Ein Thronsessel für den König

Nach dieser Zeremonie schenkte der Generalkapitän dem König einen Sessel aus rotem Samt. Er forderte ihn auf, nun nie wieder auf der Erde zu sitzen und diesen Sessel immer dorthin tragen zu lassen, wohin er sich begebe. Zugleich erklärte er ihm, wie er sich dabei zu benehmen habe.

Wertvolle Geschenke für den Generalkapitän

Der König gab das feierliche Versprechen ab, dies alles genau zu erfüllen. Um dem Generalkapitän zu beweisen, wie sehr er ihm dankbar sei und wie sehr er ihn liebe, ließ er ihm wertvolle Geschenke, die schon bereitlagen, überreichen. Es waren dies zwei sehr große goldene Ohrgehänge, zwei goldene Armbänder und zwei goldene Fußringe. Alle diese Schmuckstücke waren mit wertvollen Steinen besetzt. Die Fußringe sind die vornehmste Zierde der Könige dieser Länder. Denn alle diese Regenten gehen nackt und barfuß und ihre einzige Bekleidung ist ein Baumwolllappen, der ihre Hüften bedeckt und bis zu den Knien reicht.

Aberglaube

Der Generalkapitän hatte dem König und den anderen neuen Christen den Befehl erteilt, ihre Götzenbilder zu verbrennen und alle hatten das feierliche Versprechen abgegeben, dies zu tun. Wir mussten aber feststellen, dass die Insulaner nicht nur ihre Bilder behielten, sondern auch nicht davor zurückscheuten, ihnen wie bisher Fleischopfer zu bringen. Zur Rede gestellt, leugneten sie nicht und hatten eine Entschuldigung zur Hand: Sie brächten diese Opfer nicht für sich selbst, sondern für einen Kranken dar, der schon seit vier Tagen nicht mehr sprechen könne. Dieser Kranke war der Bruder des Königs, den man nicht nur für den klügsten, sondern auch für den tapfersten Mann der Insel hielt.

Der Generalkapitän ließ sie wissen, dass sie, wenn sie den wahren Glauben an Jesum Christum hätten, die Götzenbilder auf der Stelle verbrennen und den Kranken taufen lassen müssten. Nur in diesem Fall könne der Kranke seine Gesundheit wiedererlangen. Treffe dies nicht zu, sei er bereit, sich den Kopf abschlagen zu lassen. Der König erklärte sich sofort bereit, darauf einzugehen. Er hatte den wahren Glauben.

Wir bewegten uns nun in einer feierlichen Prozession von dem Platze aus, auf dem wir uns befanden, zu dem Haus des

Kranken, der tatsächlich nicht mehr sprechen konnte und außerstande war seine Glieder zu gebrauchen. Der Priester taufte ihn, seine zwei Frauen und seine zehn Töchter und besprengte auch den Raum, in dem er lag, mit dem geweihten Wasser. Dann fragte der Generalkapitän den, wie es schien, zu ewiger Stummheit verurteilten Kranken, wie es ihm ergehe. Der Kranke antwortete sofort, dass er sich besser fühle. Das war ein wirkliches Wunder, ein Wunder unserer Zeit.

Der Generalkapitän kniete nieder und dankte Gott für den Beistand. Dann gab er dem Prinzen einen kühlenden Trunk, Rosenwasser, Rosenöl und ein wenig Zucker. Auch mit einer Matratze, Betttüchern, einem Kopfkissen, einer Decke von gelber Wolle und einem Krug besonders kräftigenden Weines beschenkte er ihn.

Verbrennung der Götzenbilder

Fünf Tage nach der Taufe verließ der Prinz, nun wieder im Vollbesitz seiner Kräfte, das Krankenlager. Seine erste Tat war es, in Gegenwart des Königs und des gesamten Volkes ein Götzenbild zu verbrennen, das, von einigen alten Frauen im Hause sorgfältig verborgen, besonders verehrt worden war. Auch die am Ufer des Meeres gelegenen Tempel, in welchen sich das Volk versammelt hatte, um das den Götzen dargebrachte Fleisch zu verzehren, ließ der Prinz zerstören. Die Insulaner nahmen die Zerstörung beifällig auf und fassten den Entschluss, alle Götzenbilder, vor allem die im königlichen Palast, nun tatsächlich zu vernichten. Als wir uns zerstreuten, riefen sie zu Ehren des Königs von Spanien: »Es lebe Kastilien!«

Götzenbilder

Die Götzenbilder dieses Landes sind bemalt, aus Holz und hinten ausgehöhlt. Sie strecken Arme und Beine von sich weg und die Füße in die Höhe. Ihre Gesichter sind groß, vor allem der Mund ist von außergewöhnlicher Breite. Aus ihm stehen vier Zähne heraus, die den Hauern eines Ebers ähnlich sind. Da ich von den Götzenbildern dieser Insulaner spreche, will ich auch ihre abergläubischen Zeremonien schildern, deren eine die Einsegnung eines Schweines ist.

Einsegnung eines Schweines

Diese abscheuliche Zeremonie beginnt mit Paukenschlägen. Drei große porzellanene Schüsseln werden herbeigetragen. Auf der einen befinden sich gebratene Fische, Reis und Kuchen, auf der zweiten Tücher aus Cambajarinde und zwei Binden aus Palmenrinde, auf der dritten liegt gebackene Hirse. Nachdem eine Weile Musik gemacht worden ist, wird eines der Tücher auf der Erde ausgebreitet und zwei alte Frauen, die große Trompeten aus Schilfrohr in der Hand halten, stellen sich darauf. Zuerst grüßen sie die Sonne, dann hüllen sie sich in die Tücher, die auf den Schüsseln liegen. Die eine Alte bedeckt auch ihren Kopf mit einem Tuch, schwenkt mit den Händen ein anderes und entlockt der Trompete schrille Töne, zu welchen sie zu tanzen beginnt. Zwischendurch ruft sie immer wieder die Sonne an. Die andere bedeckt sich mit einer der Binden aus Palmenrinde und spricht, während auch sie zu tanzen beginnt, einige unverständliche Worte zu der Sonne. Nach einer Weile wird wieder ein Tuch ausgebreitet und auf dieses wird ein gefesseltes Schwein gelegt.

Nachdem die beiden Alten lange getanzt und mit der Sonne gesprochen haben, wird von einer Dienerin eine Schale mit Wein gebracht. Eine der Alten greift nach dieser Schale, führt sie viermal zum Mund, als ob sie trinken wolle, gießt aber dann den Inhalt über das Herz des Schweines. Die Dienerin trägt die Schale wieder fort und der Alten wird eine Lanze gereicht. Diese schwenkt sie lange hin und her, dann und wann gegen das Herz des Schweines zielend, während die andere Alte immer rascher tanzt und der Trompete immer schrillere Töne entlockt. Endlich sticht die Alte, welche die Lanze hält, zu.

Mit einem schnellen, genau abgemessenen Stoß trifft sie das Herz des Schweines.

Obwohl das Schwein tot ist, wird die Wunde mit heilenden Kräutern bedeckt. Die Alte, die das Tier getötet hat, greift nun nach einer Fackel, die schon zu Beginn der Zeremonie entzündet worden ist, und steckt diese in den Rachen des Schweines. Die andere taucht ihre Trompete in das ausströmende Blut und bespritzt damit die Umstehenden. Ist das alles geschehen, entkleiden sich die beiden Alten und machen sich über den Inhalt der Schüsseln. Was übrig bleibt, dürfen die anderen essen, nicht aber die Männer. Am Ende wird das Schwein gesengt und gebraten. Nie essen diese Insulaner von diesem Tier, wenn es nicht auf diese Weise getötet und gereinigt worden ist. Die Durchführung dieser Zeremonie obliegt nur alten Frauen.

Begräbnis

Ist ein Häuptling gestorben, wird sein Tod ebenfalls sehr feierlich begangen. Mehrmals habe ich solch eine Feierlichkeit gesehen. Die angesehensten Frauen des Landes begeben sich in das Haus des Toten. Der Leichnam liegt in einem in der Mitte der Behausung stehenden Kasten. Rings um ihn sind mit Palmblättern geschmückte Seile gezogen, eine Art Umzäunung bildend. Darüber werden in Form eines Zeltes baumwollene Tücher gespannt, unter welche sich die in weiße Tücher gehüllten Frauen setzen. Jede dieser Frauen hat eine Dienerin mitgebracht, die ihr mit einem Fächer aus Palmblättern Kühlung verschafft. Die übrigen, nicht so vornehmen Frauen sitzen traurig rings um das Totenzelt.

Eine der Frauen beginnt nach einer Weile damit, dem Toten mit einem Messer die Haare abzuschneiden. Eine andere, und zwar diejenige, die seine vornehmste Gattin gewesen ist, streckt sich über dem Toten so aus, dass sie Mund auf Mund, Hand auf Hand und Fuß auf Fuß auf ihm liegt. Die eine schneidet indes weiter die Haare ab und die Zweite beginnt schließlich abwechselnd zu weinen und zu singen. Das dauert viele Stunden lang.

Rings um das Zelt stehen Gefäße aus Porzellan, in welchen sich Feuer befindet. Dienerinnen werfen von Zeit zu Zeit Myrrhen, Storax und Benzoe in die Flammen, wodurch ein sehr angenehmer Geruch verbreitet wird. Rings um das Haus stehen andere Frauen, die Tränen vergießen, obwohl sie mit dem Toten in keiner Weise verbunden gewesen sind.

Diese Zeremonie dauert fünf, oft auch sechs Tage. Der Tote bleibt solange in seiner früheren Behausung. Ich vermute aber, dass man ihn mit Kampfer einbalsamiert, um die Fäulnis abzuhalten. Dann legt man den Toten in den schon erwähnten Kasten, der mit hölzernen Nägeln verschlossen wird, und beerdigt ihn auf einem mit Brettern umzäunten Platz.

Infibulation

Junge Männer sowohl als auch alte haben das Geschlechtsteil entweder mit einer goldenen Nadel oder einer Gänsefeder durchbohrt. Manche verwenden auch nur einen zugespitzten Nagel. Diesen Schmuck entfernen sie nie, und sie behaupten, dass er sie weder beim Urinieren noch beim Verkehr mit ihren Frauen stört. Ferner erzählten sie mir, dass ihre Frauen dies sogar verlangten.

Alle diese Völker haben eine schwächliche Natur. Dies ist sicher auf die erwähnte Unsitte zurückzuführen. So viel ist jedenfalls gewiss: Trotz dieser seltsamen Vorkehrung zogen die

Frauen dieses Stammes uns ihren eigenen Männern gegenüber bei weitem vor.

Der schwarze Vogel

Nacht für Nacht ließ sich ein schwarzer Vogel, der die Größe eines Raben besaß, auf einem der Häuser nieder und begann krächzende Töne von sich zu geben, die zur Folge hatten, dass weit und breit alle Hunde zu heulen begannen. Dieser Lärm dauerte stets vier bis fünf Stunden. Niemand wollte uns aber sagen, welche Bewandtnis es mit diesem Vogel hatte.

Entschlossenheit Magaglianes', April 1521

Am Freitag, dem 26. April, schickte Zula, einer der Häuptlinge der Insel Matan, einen seiner Söhne mit zwei Ziegen und der Botschaft zum Generalkapitän, dass es nicht seine Schuld sei, wenn er nicht alles Versprochene übersende, sondern die des Häuptlings Cilapulapu, der sich weigere, die Macht des Königs von Spanien anzuerkennen und der Tributpflicht nachzukommen. Er schlug vor, wir sollten ihm in der nächsten Nacht einige Bewaffnete zu Hilfe schicken, dann werde es für ihn ein Leichtes sein, seinen Nebenbuhler entweder zu erschlagen oder zumindest zu unterjochen.

Diese Nachricht veranlasste den Generalkapitän, selbst mit drei Booten zur Insel Matan zu fahren. Wir baten ihn, er möge sich dieser Gefahr nicht aussetzen, doch er antwortete uns, dass ein guter Hirte seine Herde nicht verlassen dürfe. Zula hatte uns drei Ziegen, drei Schweine, drei Ladungen Reis und drei Ladungen Hirse versprochen, die wir dringend benötigten.

Angriff auf die Insel Matan

Wir verließen Zubu um Mitternacht, an der Zahl sechzig Mann, mit Panzern und Helmen bewaffnet. Der christliche

König, sein Schwiegersohn und mehrere Häuptlinge Zubus begleiteten uns, gefolgt von fast tausend Bewaffneten. Drei Stunden vor Sonnenaufgang erreichten wir Matan. Der Generalkapitän, der versuchen wollte, Blutvergießen zu vermeiden, schickte den maurischen Kaufmann an Land und ließ Cilapulapu und seinen Kriegern mitteilen, dass wir sie als Freunde ansehen wollten, wenn sie die Oberherrschaft des Königs von Spanien anerkennten und sich dem christlichen König von Zubu unterwürfen. Andernfalls allerdings würden wir sie die Macht unserer Lanzen fühlen lassen.

Die Insulaner machten sich aus unseren Drohungen nichts. Sie antworteten, dass sie Lanzen besäßen, so wie wir, auch wenn es sich nur um zugespitzte Rohre oder im Feuer gehärtete Pfähle handle. Sie baten bloß, wir möchten sie nicht während der Nacht angreifen, weil sie noch eine Verstärkung erwarteten und dann die Übermacht besitzen würden. Dies war nichts als Heimtücke. Sie wollten uns zu einem sofortigen Angriff verlocken, weil sie hofften, dass wir in die Gräben stürzen würden, die sie zwischen dem Meeresufer und ihren Häusern gezogen hatten.

KAMPF AUF MATAN, 27. APRIL 1521

Wir warteten aber tatsächlich den Tag ab. Da sich unsere Boote der Klippen und Untiefen wegen dem Ufer nicht nähern konnten, sprangen neunundvierzig von uns ins Wasser, während elf zur Bedeckung der Boote zurückblieben. Bis zu den Hüften im Wasser, mussten wir zwei Armbrustschussweiten waten, ehe wir festen Boden unter den Füßen hatten.

Ehe wir die Boote verließen, erinnerte uns Magaglianes daran, dass vor kurzem der Kapitän Fernando Cortez in Yukatan mit zweihundert Getreuen dreihunderttausend Indianer besiegt hatte, und richtete daher die Aufforderung an uns, wir sollten uns von der Überzahl des Feindes nicht verwirren lassen.

Diese Überzahl war groß. Es standen uns mehr als 1500 Insulaner gegenüber, die in drei Scharen geteilt waren. Alle drei warfen sich gleichzeitig mit einem schrecklichen Geschrei auf uns. Zwei Haufen griffen uns von der Seite an, der dritte stürmte von vorne auf uns los. Magaglianes teilte unsere Schar in zwei gleich starke Trupps und so begannen wir den Kampf. Zuerst schossen die Musketen- und Armbrustschützen etwa eine halbe Stunde lang von weitem auf den Feind, ohne ihm großen Schaden zuzufügen. Denn obgleich die Kugeln und Pfeile die dünnen Schilde der Eingeborenen durchschlugen, waren die Wunden, die sie hinterließen, zu gering, als dass der Feind ihretwegen gewichen wäre. Der Generalkapitän schrie: »Nicht schießen, nicht schießen!« Aber seine Rufe gingen in dem Geheul der Wilden unter. Als wir unsere Geschosse abgefeuert hatten, griffen die Insulaner sogar an. Eine Wolke von Pfeilen und Rohrlanzen, von welchen manche aus Fischknochen verfertigte Spitzen besaßen, im Feuer gehärtete Pfähle, Steine und Erdbrocken prasselten auf uns so heftig nieder, dass wir uns kaum verteidigen konnten.

Magaglianes befiehlt, das Dorf in Brand zu stecken

Magaglianes befahl, das Dorf in Brand zu stecken, um den Feind zu zerstreuen und in Angst zu versetzen. Dies gelang uns, aber sonst stellte sich kein Erfolg ein. Der Anblick der Flammen machte die Insulaner noch wilder und blutgieriger. Einige von ihnen fielen den Trupp an, der die Behausungen in Brand gesteckt hatte, und töteten zwei der Unsrigen.

Die Zahl des Feindes und die Wut, mit der er angriff, schienen sich zu vermehren. Ein vergifteter Pfeil durchbohrte den rechten Oberschenkel des Generalkapitäns. Nun gab er den

Befehl zu einem geordneten Rückzug. Aber der größere Teil der Unsrigen begann Hals über Kopf zu fliehen, sodass nur acht Männer bei dem Generalkapitän blieben. Die Insulaner richteten jetzt alle ihre Pfeile, Lanzen und anderen Wurfgeschosse gegen unsere nackten Schenkel. So blieb uns kein anderer Weg, als zu weichen. Die Kanonen waren uns nicht von Nutzen, weil sie zu weit vom Schlachtfeld entfernt waren.

Der Tod des Generalkapitäns

Wir wehrten uns unserer Haut, so gut wir das vermochten, und zogen uns, ständig fechtend, zur Küste zurück. Aber auch als wir schon im Wasser standen, ließen die Insulaner nicht von uns ab. Weiter prasselten ihre Geschosse auf uns nieder. Da sie unseren Befehlshaber kannten, richtete sich ihr Angriff vor allem gegen ihn. Zweimal wurde ihm der Helm vom Kopf gerissen. Aber er wich nicht, obwohl nur noch wenige an seiner Seite kämpften.

Länger als eine Stunde dauerte dieser ungleiche Kampf. Magaglianes wich noch immer nicht und so gelang es einem der Insulaner, ihn mit der Spitze seiner Lanze im Gesicht zu verwunden. Der Generalkapitän durchbohrte seinen Gegner sofort mit seiner Lanze, die im Körper des Getöteten stecken blieb. Er wollte nun seinen Degen ziehen, vermochte ihn aber nur noch halb aus der Scheide zu bringen, weil ihm der verwundete rechte Arm kaum mehr gehorchte. Als die Insulaner dies sahen, drangen sie alle auf ihn ein und einer von ihnen stieß unserem Generalkapitän die Lanze so heftig in den linken Schenkel, dass er aufs Gesicht fiel. In demselben Augenblick warfen sich alle Feinde auf ihn und hieben mit ihren Waffen auf ihn ein. So kam unser treuer Führer, unser Licht, unsere Stütze, ums Leben.

Magellan wird im April 1521 bei einem Kampf mit Eingeborenen auf der Philippineninsel Matan getötet

Scan

Rettung

Magaglianes wandte sich, nachdem er verwundet worden war, mehrmals uns zu, um zu sehen, ob wir uns auf die Boote hatten retten können. Als es für uns nicht mehr zweifelhaft war, dass er den Tod gefunden hatte, stürmten wir auf die Boote zu, die schon dabei waren abzusegeln. So verdankten wir dem Generalkapitän unsere Rettung, da die Insulaner uns nun nicht verfolgten, sondern weiter auf seine Leiche einhieben.

Der christliche König weint

Der christliche König wäre imstande gewesen, uns mit seinen Kriegern zu Hilfe zu kommen. Er hätte es wohl auch getan, wenn ihm der Generalkapitän, weit davon entfernt zu ahnen, was sich ereignen würde, nicht vor Beginn des Kampfes den Befehl erteilt hätte, sein Boot nicht zu verlassen und nur zuzusehen, wie wir den Feind vernichteten. Als er erfuhr, dass der Generalkapitän den Tod gefunden hatte, weinte er.

Alle Tugenden

Fernando Magaglianes ist tot. Aber ich hoffe, dass ihn sein Ruhm überleben wird. Er besaß alle Tugenden. Mitten in der größten Gefahr bewies er seine unerschütterliche Standhaftigkeit. Auf dem Meer unterwarf er sich selbst größeren Beschränkungen als die Mannschaft. Er besaß eine genauere Kenntnis der Seekarten und der Schifffahrtskunst als jeder andere Mensch auf Erden. Das geht schon daraus hervor, dass außer ihm niemand den Wagemut besaß, die Erde zu umsegeln, was ihm beinahe geglückt ist.

Die Insulaner weigern sich, den Leichnam herauszugeben

Am Nachmittag ließ der christliche König mit unserer Zustimmung den Bewohnern Matans mitteilen, dass wir ihnen jede Menge von Waren überlassen würden, wenn sie die Leichname unseres Oberbefehlshabers und der anderen getöteten Soldaten herausgäben. Dies schlugen sie uns jedoch ab und ließen uns wissen, dass alle Reichtümer der Welt nicht imstande sein würden, sie zu bewegen das Denkmal ihres Sieges über uns auszuliefern.

FN?

Die Verluste

Diese unglückselige Schlacht wurde am 27. April 1521 geschlagen. Diesen Tag, einen Samstag, hatte der Generalkapitän ausdrücklich gewählt, weil er ihm heilig war. Mit ihm fanden acht von unseren Leuten und vier getaufte Insulaner den Tod. Die meisten von uns kehrten verwundet auf die Schiffe zurück.

Die in den Booten Zurückgebliebenen ließen sich, als die Schlacht schon entschieden war, dazu verleiten, näher heranzurudern und das Feuer zu eröffnen. Sie brachten uns mehr Verluste bei als dem Feind, der fünfzehn Tote auf dem Schlachtfeld zurückließ.

Die neuen Kapitäne

Die vier Matrosen, die sich des Tauschhandels wegen auf Zubu aufhielten, brachten sofort alle Waren auf die Schiffe, als sie vom Tode des Generalkapitäns erfahren hatten. Wir wählten nun zwei Oberhäupter, nämlich den Portugiesen Duarte Barbosa und den Spanier[44] Juan Serrano.

44 Hier irrt Pigafetta. Juan Serrano war Portugiese.

Treuloses Verhalten des Dolmetschers

Enrico, der Dolmetscher und Magaglianes' Sklave, hatte in dem Gefecht eine leichte Verwundung davongetragen. Diese nahm er zum Anlass, sich nicht mehr an Land zu begeben, wo uns seine Dienste unentbehrlich waren. Er lag den ganzen Tag auf einer Decke und tat so, als litte er heftige Schmerzen. Duarte Barbosa, der Kapitän des Schiffes, das vorher von Magaglianes befehligt worden war, stellte ihn zur Rede und ließ ihn wissen, dass er noch immer ein Sklave sei. Außerdem drohte er ihm, er werde ihn auf der Stelle mit Ruten züchtigen lassen und nach unserer Rückkehr nach Spanien Dona Beatriz, der Gemahlin des toten Generalkapitäns, ausliefern, wenn er nicht unverzüglich seinen Dienst an Land wieder antrete.

Der Sklave erhob sich von seiner Decke und setzte seine Verstellung fort, indem er die Drohungen des Kapitäns gelassen hinnahm. Aber als er sich an Land begeben hatte, änderte er sein Verhalten sofort. Er begab sich zum christlichen König und gab ihm den Rat, sich aller unserer Schiffe, Waren und Waffen zu bemächtigen, noch bevor wir wieder in See stachen. Der König lieh dem Sklaven bereitwillig Gehör und die beiden entwarfen nun ihren Plan, uns zu verraten. Als der Sklave wieder an Bord zurückgekehrt war, zeichnete er sich durch besonderen Fleiß und große Willfährigkeit aus.

Verrat, 1. Mai 1521

Am 1. Mai, schon am frühen Morgen, ließ der christliche König durch einen Boten den beiden neuen Kapitänen mitteilen, er habe sich entschlossen dem König von Spanien mehrere besonders kostbare Edelsteine zu schenken. Zugleich lud er die beiden Kapitäne zum Mittagessen ein.

Barbosa nahm die Einladung an, Serrano jedoch meinte, der König könnte uns in eine Falle locken wollen und es wäre klüger, wenn wir ihn aufforderten, die Edelsteine an Bord zu bringen. Barbosa glaubte nicht daran, dass uns der christliche König verraten könnte und Serrano folgte ihm, um nicht der Feigheit geziehen zu werden.

Vierundzwanzig Mann folgten der Einladung, unter ihnen der Kosmograph San Martino de Sevilla. Ich schloss mich dem Zuge nicht an, weil mir eine Wunde, die mir ein vergifteter Pfeil an der Stirn beigebracht hatte, noch immer heftige Schmerzen bereitete. Juan Carvajo und der Schiffsprofos kamen, kaum dass sie an Land gegangen waren, wieder auf das Schiff zurück, nachdem sie gesehen hatten, dass der auf so wunderbare Art Geheilte unseren Priester in seine Behausung gestoßen hatte. Obwohl sie Verrat witterten, warnten sie die anderen nicht.

Juan Serranos Ende

Es dauerte nicht sehr lange, als wir auch schon Hilferufe und Geschrei hörten. Sogleich lichteten wir die Anker, näherten uns mit der Flotte der Küste und begannen die Behausungen der Insulaner unter Feuer zu nehmen. Unsere Gefährten sahen wir nicht, wohl aber Juan Serrano, der verwundet und nur mit einem Hemd bekleidet zum Ufer gezerrt wurde. Auf unsere Frage, was aus unseren vierundzwanzig Mann und dem Dolmetscher geworden sei, antwortete er, die Insulaner hätten außer dem Dolmetscher, der zum Feind übergelaufen sei, alle erschlagen. Er beschwor uns, ihn auf der Stelle durch Waren loszukaufen. Aber Carvajo weigerte sich, obwohl er Serranos Pate war, und auch einige andere wollten von diesem Handel nichts wissen, weil sie sich errechneten, dass ihnen durch den Tod der beiden Kapitäne das Kommando über das Geschwader zufallen würde. Sie gaben den Befehl, dass kein Boot ins Wasser gelassen werden dürfe. Juan Serrano fuhr fort, seinen Paten anzuflehen, er möge ihn doch nicht diesem grausamen Schicksal überlassen. Als er endlich einsah, dass seine Klagen umsonst waren, brach er in Verwünschungen aus und bat Gott, am Tage des allgemeinen Gerichtes von Juan Carvajo, seinem Paten, Rechenschaft zu fordern. Doch auch das rührte Carvajo nicht. Wir segelten ab und überließen Serrano seinem Schicksal.

Produkte der Insel

Diese Insel hat Überfluss an Lebensmitteln. Außer den Tieren, die ich schon genannt habe, finden sich Hunde und Katzen, die gleichfalls verzehrt werden. Auch Reis, Hirse, Fenchel, Mais, Pomeranzen, Zitronen, Zuckerrohr, Kokosnüsse, Knoblauch, Ingwer und Honig gibt es im Überfluss. Ferner bereitet man einen sehr schmackhaften Palmwein. Gold gibt es so viel, dass man eine ganze Flotte damit beladen könnte.

Wenn einer von uns an Land ging, mochte es nun Tag oder Nacht sein, fand er immer Insulaner, die ihn zum Essen und Trinken einluden.

Diese Insulaner verzehren ihre Speisen halb roh, wobei sie mit Salz nicht sparen. Das wieder veranlasst sie, häufig und viel zu trinken. Die meisten von ihnen bringen täglich fünf bis sechs Stunden mit dem Essen zu.

Die Insel ist groß. Sie besitzt einen guten Hafen mit zwei Zugängen, einem von Westen, dem anderen von Ostnordosten. Sie liegt unter 10° nördlicher Breite und 164° Länge von der Demarkationslinie.

Dörfer und Häuptlinge

Es finden sich auf dieser Insel mehrere Dörfer, von denen ein jedes einen eigenen Häuptling hat. Die Häuptlinge heißen Cilaton, Ciguibucan, Cimaninga, Cimaticat und Cicanbul. Allen jenen, die später einmal in diese Gegend kommen sollten, gebe ich bekannt, welchem Häuptling die Dörfer unterstehen und wie sie heißen: Häuptling von Mandani ist Aponoan, Häuptling von Lalan ist Teteu, Häuptling von Lalutan ist Japau, Häuptling von Lubucin ist Cilumai.

Die Häuptlinge, die ich zuerst genannt habe, regieren die Landschaft Cingapola, welche die größte von allen ist. Alle diese Dörfer waren uns untertan und leisteten uns Tribut.

Matan

Matan ist von Zubu nicht weit entfernt. Der Hauptort heißt gleichfalls Matan, die Häuptlinge hören auf die Namen Zula und Cilapulapu. Auf dieser Insel erhielten wir vor Magaglianes' Tod gute Nachrichten von den Molukken.

Niedergeschlagenheit

Als wir uns ein Stück von der Küste entfernt hatten, sahen wir, dass das Kreuz, das wir auf einem Hügel errichtet hatten, von den Insulanern in Stücke geschlagen worden war. Auf den Schiffen herrschte große Niedergeschlagenheit, nicht nur wegen des Todes des Generalkapitäns, sondern auch deshalb, weil unsere Zahl nicht mehr ausreichte, um die Schiffe richtig zu bedienen und zu navigieren.

Vom Abschied von Zubu bis zum Abschied von den Molukken

Abschied von Zubu

Wir verloren Zubu bald aus den Augen und ankerten nach 10 Leghe Fahrt an der Spitze einer Insel, die den Namen Bohol trägt. Da wir einsehen mussten, dass die Mannschaft nun nicht mehr für die Bedienung der Schiffe ausreichte, beschlossen wir, die »Concepcion«, die auf der Fahrt am meisten gelitten hatte, zu verbrennen. Bevor wir darangingen, sie den Flammen zu übergeben, brachten wir alles, was wir gebrauchen konnten, auf die beiden anderen Schiffe.

Mit vier Schiffen hatten wir den Hafen von Sevilla verlassen. Nun waren es nur noch zwei. Manchen standen Tränen in den Augen, als die »Concepcion« zuerst lichterloh brannte und dann im Meer versank. Sie war ein gutes Schiff gewesen.

Schlechte Stimmung

Nun sprach niemand mehr davon, dass Magaglianes ein Portugiese gewesen war. Manche nahmen sogar ihre Kopfbedeckung vom Haupt, wenn sie seinen Namen aussprachen. Aber es ist ja immer so, Euer Hochwohlgeboren, dass einer besser wird, wenn er gestorben ist.

Die Stimmung auf beiden Schiffen war schlecht. Daran war nicht nur der Tod des Generalkapitäns schuld, denn die meisten hatten während der Fahrt, vor allem aber auf der Insel Matan, ihren besten Freund verloren. Zu den beiden Kapitänen hatte die Mannschaft wenig Vertrauen. Aber sie hielt von dem Spanier noch immer mehr als von dem Portugiesen. Von Heimkehr sprach jetzt niemand mehr.

Panilongon, Juni 1521

Wir steuerten, die Fahrt fortsetzend, nach Südsüdwesten und fuhren entlang einer Insel mit dem Namen Panilongon. Hier sind die Menschen schwarz wie die Äthiopier. Sie standen am Ufer, als wir vorüberfuhren, auf lange Speere gestützt, und zeigten uns eine drohende Haltung. Wahrscheinlich hatten sie schon Kunde davon, dass auch wir verwundbar waren und sterben konnten. Wenn diese Nachricht mit uns fuhr, von Insel zu Insel, war das für uns sehr gefährlich.

Seltsame Freundschaftsbezeugung

Drei Tage später stießen wir abermals auf eine große Insel. Vor ihrer Küste warfen wir Anker. Der König besuchte uns an Bord unseres Schiffes und zum Zeichen seiner Zuneigung und Freundschaft für uns verwundete er sich an der linken Hand und benetzte dann mit dem Blut seine Brust und die Spitze seiner Zunge. Wir taten dasselbe. Als dies geschehen war, verließ uns der König, der allein gekommen war. Er hatte während des Aufenthaltes auf unserem Schiff kein einziges Wort gesprochen. Auch wir hatten uns schweigend verhalten.

Angst der Kapitäne

Der König hatte die Kapitäne mittels der Zeichensprache eingeladen, ihm einen Besuch abzustatten. Aber keiner der Kapitäne noch sonst jemand zeigte Neigung, dieser Einladung Folge zu leisten. Alle behaupteten, sie seien krank und ermattet. Die Wahl fiel nun auf den spanischen Ritter, der es gewagt hatte, den großen und edlen König von Spanien, seinen obersten Kriegsherrn, zu tadeln. Aber auch dieser weigerte sich, an Land zu gehen. Schließlich wurde ich auserkoren, dieses gefährliche Abenteuer auf mich zu nehmen. Ich erklärte mich bereit, dem König einen Besuch abzustatten, obwohl mir von den Kapitänen keine Begleiter zugebilligt worden waren.

Ich gehe an Land

Ich begab mich also allein an Land. Bald erreichten wir einen Fluss, an dessen Ufer wir viele Fischer antrafen, die dem König, der mich am Ufer empfangen hatte, Fische anboten. Der König ging nackt wie die anderen Bewohner dieser und der benachbarten Inseln, nur ein nicht sehr großer Lappen bedeckte seine Hüften. Ihn nahm er ab, als wir in ein Boot stiegen und den Fluss aufwärts fuhren. Die Bootsleute sangen während der ganzen Fahrt. Um zwei Uhr nachts trafen wir bei der zwei Leghe von unserem Ankerplatz entfernten Behausung des Königs ein. Sie lag dicht am Ufer des Flusses, zwischen zwei anderen Häusern. Sie war größer als diese beiden und auch die anderen, die ich vorher gesehen hatte.

Empfang

Kaum hatten wir das Haus des Königs betreten, kamen uns Diener entgegen, die Fackeln aus Rohr und Palmblättern in den Händen hielten. Die Blätter waren zusammengerollt und mit dem von mir schon erwähnten Anime ausgefüllt. Während auf einem offenen Feuer die Abendmahlzeit zubereitet wurde, trank der König mit zwei der Vornehmen, die seinen Palast betreten durften, und seinen beiden Frauen, die überaus wohlgestaltet waren, ein großes Gefäß voll Palmwein aus, ohne etwas dazu zu essen. Ich wurde zum Trinken eingeladen, trank aber, weil ich die Wirkung dieses Weines schon kannte, nur ein einziges Mal. Beim Trinken gab es dieselbe Zeremonie wie seinerzeit beim König von Massao.

Mahlzeit

Das Essen, aus Reis, Ziegenfleisch und stark gesalzenem Fisch bestehend, wurde in Schüsseln aus Porzellan aufgetragen. Reis isst man hier anstatt des Brotes, seine Zubereitung erfolgt so: In einen irdenen Topf, der die Form unserer Kochtöpfe hat, werden zuerst Reis und Wasser getan. Hierauf deckt man das Gefäß mit einem großen Blatt zu und lässt alles so lange kochen, bis der Reis dick und fest wie Brot geworden ist und aus dem Topf genommen werden kann. Überall auf diesen Inseln wird der Reis so zubereitet.

Vertrauen zu dem König

Ich bereute es nicht, allein an Land gegangen zu sein, und hatte volles Vertrauen zu dem König und seinem Volk. Er war ein großer kräftiger Mann und zeigte gern seine Zähne, die mit Goldplättchen geziert waren. Er aß und trank mehr, als dies bei uns zehn Männer vermögen, und besaß eine Vorliebe für gebratenes Ziegenfleisch. Jedes Mal, wenn er ein großes Stück Ziegenfleisch oder Fisch verzehrt hatte, sah ich, wie sein Bauch anschwoll. Ich musste befürchten, dass der König platzen könnte.

Bett

Nach dem Essen ließ der König zwei Schilfmatten, zwei Kokosmatten und zwei aus Blättern verfertigte Kissen bringen. Sie wurden so nebeneinander gelegt, dass sie zwei Betten darstellten. Nun fragte mich der König mittels der Zeichensprache, ob ich für die Nacht eine Gefährtin haben wolle. Ich dankte ihm für sein Anerbieten und zeigte ihm, dass ich allein bleiben wolle. Daraufhin kam einer seiner Vornehmen in den Raum und schlief die ganze Nacht bei mir. Der König ruhte mit seinen beiden Frauen anderswo.

Besuch in verschiedenen Behausungen

Am folgenden Tag erkundete ich, während das Mittagessen zubereitet wurde, die Insel. Ich betrat mehrere Hütten, die in der gleichen Weise wie auf den anderen von uns besuchten Inseln erbaut sind, und bekam viele goldene Geräte, aber nur wenig Lebensmittel zu sehen.

Nach meiner Rückkehr wurde ich abermals mit Reis, Ziegenfleisch und Fischen bewirtet. Als Geschenk überreichte mir der König den Pokal, aus dem ich getrunken hatte. Er war aus Gold und so schwer, dass ich ihn nur mit Mühe zum Munde führen konnte.

Besuch bei der Königin

Ich gab dem König durch Gebärden zu verstehen, dass es mein Wunsch sei, die Königin zu sehen, worauf er mir durch ein Kopfnicken andeutete, dass er damit einverstanden sei. Wir machten uns daher zum Gipfel eines Berges auf, wo sich die Behausung der Königin befindet. Ich verbeugte mich, nachdem ich eingetreten war, und die Königin erwiderte auf dieselbe Weise meinen Gruß. Ich setzte mich neben sie und sah ihr zu, wie sie Kokosmatten für Betten verfertigte. Die Wände des ganzen Hauses waren mit porzellanenen Gefäßen geziert, auch vier Pauken verschiedener Größe bemerkte ich. Die Königin ergötzt sich, wie ich erfuhr, tagtäglich damit, auf ihnen zu spielen. Zahlreiche Sklaven und Sklavinnen standen zu ihrer Bedienung bereit. Da es mir nicht gelang, mich ihr verständlich zu machen, kehrte ich bald zu der Behausung des Königs zurück. Dort wurde ich mit Zuckerrohr bewirtet.

Gold

Es gibt auf dieser Insel – wie auf allen anderen hier – Schweine, Ziegen, Reis und Ingwer. Einen Überfluss an Gold jedoch, wie ich ihn hier zu sehen bekam, weist keine andere Insel auf. Die Bewohner zeigten mir Täler und gaben mir durch Zeichen zu verstehen, dass es dort mehr Gold gebe, als sie Haare auf dem Kopf hätten. Allein sie besitzen keine Werkzeuge, mit welchen sie das Gold gewinnen können, und verspüren außerdem keine Lust, sich seinethalben viel Arbeit zu machen. Sie schätzen es überhaupt nicht.

Galgen

Nach Beendigung der Mahlzeit bat ich den König, mich wieder zu unserer Flotte zurückzubringen. Er begleitete mich selbst mit einigen Vornehmen. Als wir den Fluss hinabfuhren, sah ich auf dem rechten Ufer drei Männer, die, nackt und der sengenden Sonne ausgesetzt, an einem Baum hingen. Als ich fragte, welche Bewandtnis dies habe, gab man mir zur Antwort, es handle sich um Missetäter und es würden auf der Insel alle, die sich eines Verbrechens schuldig gemacht hätten, auf diese Weise bestraft.

Verbrechen

Auf dieser Insel wird der Ehebruch streng bestraft. Der Ehebrecher wird öffentlich ausgepeitscht oder fünf Tage lang an einen Baum gehängt. Die Ehebrecherin hingegen wird in dem Fluss ertränkt, wobei das ganze Volk zusieht. Diebstahl wird nicht bestraft, es sei denn, dass es sich um das Eigentum des Königs oder eines Vornehmen handelt. Die Kinder von Ehebrechern lässt man ungeschoren.

Lage von Chipit

Dieser Teil der Insel, der den Namen Chipit trägt, hängt mit Butuan und Calagan zusammen. Die Insel erstreckt sich über Bohol hinaus bis gegen Massao und hat einen guten Hafen, der unter 8° nördlicher Breite und 167° Länge von der Demarkationslinie liegt und etwa 50 Leghe von Zubu entfernt ist. Im Nordwesten erstreckt sich die große Insel Lozon, ungefähr zwei Tagereisen entfernt. Dorthin fahren Jahr für Jahr die Lequier[45] mit sechs bis acht Dschunken, um Handel zu treiben.

Cagaian

Nachdem wir ein paar Tage lang in Richtung Westsüdwest gesegelt waren, sichteten wir eine öde Insel, die den Namen Cagaian trägt. Vor ihr warfen wir Anker. Die wenigen Einwohner, die wir zu sehen bekamen, waren Mauren, Seeräuber, die von der Insel Burney vertrieben wurden. Sie gehen nackt, ihre Waffen sind Blasrohre, Köcher mit Pfeilen und vergiftete Kräuter. Auch Dolche tragen sie, deren Handgriffe mit Gold und Edelsteinen verziert sind, ferner Lanzen, Keulen und Panzer aus Büffelhaut. Sie hielten uns für Götter oder Heilige. Es gibt auf dieser Insel große flache Bäume, aber keine Lebensmittel und nur eine einzige Quelle.

Lage der Insel

Die Insel liegt unter 7° 30' nördlicher Breite und 43 Leghe von Chipit entfernt. Als wir auf Palaoan waren, erfuhren wir, dass die maurischen Seeräuber von anderen Inseln sogar Wasser stehlen, das sie in große Beutel füllen, die aus Ziegenhaut verfertigt sind. Sie schrecken auch nicht davor zurück, Frauen anderer Völker auf ihre Insel zu bringen.

Palaoan

Auf der Weiterfahrt fanden wir nach etwa 25 Leghe eine große Insel, auf der es Lebensmittel genug gab. Das war ein großes

45 Chinesen.

Glück für uns, denn wir waren schon mehrmals daran gewesen, unserer knurrenden Mägen wegen die Schiffe zu verlassen und uns auf irgendeiner Insel niederzulassen, um dort das Ende unserer Tage abzuwarten. Auf dieser Insel, die den Namen Palaoan trägt, verkaufte man uns Reis, Ingwer, Schweine, Ziegen, Hühner und verschiedene Arten von Pisangs[46]. Manche davon waren über einen Fuß lang und dick wie ein Männerarm, andere wieder nur eine Spanne lang oder noch kleiner. Die Kleinen schmecken besser als die Großen. Ferner gab man uns Kokosnüsse, Pataten, Zuckerrohr und Wurzeln, die eine große Ähnlichkeit mit Rüben besaßen. Den Reis kocht man hier in einem Rohr oder in hölzernen Gefäßen unter einem Feuer. So hält er sich länger, als wenn er in Töpfen zubereitet wird. Man versteht es auch, aus dem Reis einen Wein zu machen, der nicht nur stärker, sondern auch schmackhafter als Palmwein ist. Mit einem Wort, diese Insel war für uns ein gelobtes Land. Sie liegt unter 9° 20' nördlicher Breite und 171° 20' von der Trennungslinie.

Der König schloss mit uns ein Freundschaftsbündnis. Zu diesem Zweck verlangte er ein Messer von uns, ritzte sich damit die Brust und bestrich sich mit seinem Blut Stirn und Zunge. Wir taten dasselbe.

Waffen

Die Bewohner Palaoans gehen zwar nackt, zieren sich aber gern mit Ringen, Kettchen aus Messing und Schellen. Am besten gefiel ihnen Kupferdraht, den sie zur Befestigung ihrer Fischangeln verwenden konnten.

Fast alle bebauen ihre eigenen Felder. Sie verwenden Blasrohre und dicke hölzerne Pfeile, deren Spitze aus einer Fischgräte

46 Bananen (malaiisch).

oder einem vergifteten Rohr besteht. Die Pfeile sind nicht gefiedert, sondern mit einem sehr leichten, weichen, biegsamen Holz versehen. An das Ende ihrer Blasrohre stecken sie ein Stück Eisen, das sie als Lanze verwenden, wenn ihnen die Pfeile ausgegangen sind. Sie züchten große, zahme Hähne, die sie aus purem Aberglauben nicht essen, sondern gegeneinander kämpfen lassen. Es werden Wetten abgeschlossen und die Eigentümer der siegreichen Hähne erhalten Preise.

Juli 1521

Von Palaoan segelten wir in südwestlicher Richtung und sichteten nach etwa 10 Leghe abermals eine Insel[47]. Alle hatten wir den Eindruck, dass sie uns, während wir ihrer Küste entlangfuhren, entgegenkam. Kaum hatten wir Anker geworfen, erhob sich ein Sturm, der Himmel wurde schwarz. Auf den Masten sahen wir wieder das St-Elms-Feuer.

Diese Nacht war eine der schwersten, die wir erleben mussten. Der Sturm peitschte die Wellen derart, dass unsere Schiffe wie welke Blätter in die Höhe gewirbelt wurden. Manchmal glaubten wir den Sternen schon ganz nahe zu sein und einmal gerieten wir in die große Gefahr, dass die Schiffe gegeneinander prallten. Dies hätte unser Ende bedeutet. Der Sturm ging so plötzlich, wie er gekommen war, und nun war der Himmel voll von Sternen. Die meisten von uns sanken in die Knie und dankten der Heiligen Jungfrau für unsere Rettung.

9. Juli 1521

Schon am nächsten Tag kam eine schöne Prau, die an Bug und Heck goldene Verzierungen besaß, zu unserem Schiff.

---

47 Es war Borneo. Im nachfolgenden Text ist der alte Name Burne beibehalten.

Vorne flatterte eine blauweiße Fahne, daneben befand sich ein Stock, an dessen Ende Pfauenfedern angebracht waren. In dem Boot befanden sich Musikanten, die den Dudelsack und die Trommel spielten, und andere Eingeborene. Die Prau, eine Art Ruderschiff, wurde von zwei Fischerkähnen begleitet.

Acht Vornehme der Insel kamen an Bord unseres Schiffes und setzten sich auf einen Teppich, der auf dem Hinterkastell für sie ausgebreitet worden war. Wir erhielten reiche Geschenke: ein Gefäß gefüllt mit Betre[48] und Arecanüssen, Wurzeln, welche diese Eingeborenen ohne Unterlass kauen, Orangenblüten und Jasmin. Alle diese Gaben waren mit einem Tuch aus gelber Seide bedeckt. Ferner schenkte man uns zwei Käfige, in welchen sich Hühner befanden, zwei Ziegen, drei Gefäße voll Reiswein und eine Menge Zuckerrohr. Das andere Schiff erhielt dieselben Geschenke. Nachdem uns die Vornehmen umarmt hatten, entfernten sie sich wieder.

Der Reiswein ist klar wie Wasser, aber sehr kräftig. Ein Teil des Schiffsvolkes wurde davon betrunken. Die Eingeborenen nennen ihn Arach und trinken ihn von Jugend an.

Ein zweiter Besuch und Geschenke, 15. Juli 1521

Sechs Tage später schickte der König drei andere Praue zu uns, die um unsere Schiffe herumfuhren und dabei mit Dudelsäcken, Pauken und Trommeln Musik machten. Die Eingeborenen grüßten uns, indem sie ihre Mützen aus Leinwand abnahmen und schwenkten. Diese Mützen sind so klein, dass sie kaum den Scheitel bedecken.

Wir erwiderten den Gruß mit unseren blind geladenen Geschützen. Als Geschenk erhielten wir verschiedene Speisen,

48 Kaumittel aus der Betelnuss.

die alle aus Reis zubereitet waren. Manche waren länglich und in Blätter gehüllt, andere glichen einem Zuckerhut und die Dritten sahen wie flache Kuchen aus. Letztere schmeckten uns am besten, da der Reis mit Eiern und Honig vermischt war.

Geschenke für den König und die Königin

Nachdem wir die Geschenke entgegengenommen hatten, wurde uns erklärt, dass der König uns gerne erlaube, auf seiner Insel Holz und Wasser zu fassen. Auch Handel durften wir nach Belieben treiben. Dies veranlasste uns, an Land zu gehen und dem König, der Königin und dem Minister Geschenke zu überbringen. Sieben von uns, darunter ich, übernahmen diese Aufgabe.

Das Geschenk für den König bestand aus einem grünen türkischen Samtkleid, einem Stuhl aus violettem Samt, fünf Ellen roten Tuches, einer Mütze, einem vergoldeten Glaspokal, einer mit einem Deckel versehenen Schale, die sehr stark glänzte, und drei Buch Papier.

Der Königin überbrachten wir drei Ellen gelben Tuches, ein Paar silbergestickte Schuhe und eine silberne Büchse, die mit Stecknadeln gefüllt war.

Geschenke für die anderen

Der Minister erhielt drei Ellen rotes Tuch, eine Mütze und einen vergoldeten Glaspokal.

Dem Wappenherold, der mit der Prau gekommen war, schenkten wir einen türkischen Anzug, der zur Hälfte rot, zur anderen Hälfte grün war, eine Mütze und ein Buch Papier. Die sieben Häuptlinge, die ihn begleitet hatten, erhielten Leinwand, Mützen und Papier. Nachdem wir die Geschenke überreicht hatten, stiegen wir in eine der drei Praue.

Besuch beim Minister

In der Stadt mussten wir zunächst zwei Stunden warten. Dann wurden zwei reich geschmückte Elefanten herbeigeführt, auf die wir uns setzten. Die Geschenke wurden in porzellanene Gefäße gelegt und mit Seidentüchern bedeckt. Zwölf Männer trugen sie. Diese gingen vor uns her und so gelangten wir zu der Behausung des Ministers, der uns ein reichliches Abendessen auftragen ließ. Die Nacht verbrachten wir auf baumwollenen, mit Seide überzogenen Lagern.

Besuch im Königspalast, 16. Juli 1521

Den Vormittag verbrachten wir müßig im Hause des Ministers. Mittags wurden wir zum Palast des Königs geführt, wobei wir wieder auf Elefanten ritten, während die zwölf Männer, welche die Geschenke trugen, vor uns hergingen. Auf unserem ganzen Wege, vom Hause des Ministers bis zum Königspalast, waren alle Straßen mit Soldaten besetzt, die mit Lanzen, Degen und Keulen bewaffnet waren. Dies hatte der König angeordnet.

Wir sehen den König

Wir ritten auf unseren Elefanten in den Hof des Palastes und wurden, nachdem wir abgestiegen waren, vom Minister und einigen Offizieren begleitet, über eine Treppe in einen großen Saal geführt, in dem Hofleute standen, die man bei uns Hidalgos nennen würde. Dort mussten wir uns auf einen Teppich setzen; die Geschenke wurden neben uns auf den Boden gestellt. An diesen Saal grenzte ein kleinerer, dessen Wände mit Seide verkleidet waren. Hier wurden zwei schwere seidene Vorhänge aufgezogen, sodass der Saal durch zwei Fenster Licht empfing. In dem Saal befanden sich dreihundert Mann der königlichen Leibwache, alle mit blanken Dolchen bewaffnet.

Am Ende des Raumes lag eine Tür, die gleichfalls durch einen seidenen Vorhang verhängt war. Nun wurde sie geöffnet, und wir sahen den König. Er saß an einem Tisch neben einem kleinen Kind. Ohne Unterlass kaute er Betre und hinter ihm lagerten die Hofdamen.

Des Königs Art zu sprechen

Einer der Hofleute machte uns darauf aufmerksam, dass wir den König selbst nicht ansprechen dürften, sondern alles, was wir zu sagen hätten, ihm mitteilen müssten. Er werde unsere Mitteilung dann an einen Hofmann von höherem Rang weitergeben und dieser wieder an den Bruder des Ministers, der sich in dem kleinen Saal befinde. Wir befolgten diese Vorschrift und sahen, dass der Bruder des Ministers unsere Worte mittels eines Rohres an einen der vornehmsten Offiziere des Königs weitergab, der sie dann dem Regenten selber vortrug. Auch an eine andere Vorschrift hielten wir uns, nämlich vor dem König drei Verbeugungen zu machen und dabei die Hände gefaltet über dem Kopf zu halten. Als wir dies getan hatten, ließen wir dem Regenten sagen, dass wir Abgeordnete des Königs von Spanien seien, mit ihm in Frieden leben wollten und nichts anderes wünschten, als auf seiner Insel Handel zu treiben. Der König ließ uns antworten, dass es ihn freue, den König von Spanien zum Freund zu haben. Er hätte nichts dagegen einzuwenden, wenn wir uns in seinen Staaten mit Wasser und Holz versorgten und nach Belieben Handel trieben.

Geschenke und Gegengeschenke

Wir übergaben dem König nun unsere Geschenke. Bei jedem Stück, das er erhielt, machte er eine kleine, kaum merkbare Bewegung mit dem Kopfe. Ein jeder von uns erhielt ein Stück

Brokat und seidene, goldbestickte Tücher, die man uns zuerst über die linke Schulter hängte und dann wieder abnahm, um sie für uns aufzubewahren. Anschließend wurde für uns ein Frühstück aufgetragen. In allen Speisen befanden sich Gewürznelken und Zimt. Hierauf wurden die Vorhänge wieder vor die Fenster gezogen.

Alle im Palast des Königs trugen goldene Gürtel um den Leib, Dolche mit goldenen Griffen, die mit Perlen und Edelsteinen besetzt waren, und mehrere Ringe an den Fingern.

Wieder beim Minister

Wir bestiegen wieder die Elefanten und kehrten zu der Behausung des Ministers zurück. Sieben Männer gingen mit den Geschenken, die wir vom König erhalten hatten, vor uns her. Im Hause des Ministers erhielten wir erneut Geschenke, die man uns, wie vorhin, zuerst auf die linke Schulter legte. Zur Belohnung gaben wir den sieben Männern Messer und zwar einem jeden zwei.

Mahlzeit

Nun betraten neun Männer das Haus des Ministers, von welchen ein jeder einen hölzernen Teller trug, auf dem sich elf mit Fleisch gefüllte Schalen aus Porzellan befanden. Insgesamt setzte man uns dreißig verschiedene Fleischsorten vor, darunter Kalbfleisch, Kapaune, Hühner, Pfauen und Fische. Zu jedem Bissen, den wir zu uns nahmen, mussten wir aus einer porzellanenen Tasse, die nicht größer als ein Ei war, Reiswein trinken. Wir aßen auch Reis und andere, nur aus Zucker zubereitete Gerichte. Zum Essen gab man uns goldene Löffel, die den unsrigen ähnlich sind. Während der ganzen Mahlzeit, die zwei Stunden dauerte, saßen wir auf der Erde auf dicken und bequemen Kokosmatten.

Die Nacht verbrachten wir an demselben Ort. Neben unseren Lagern brannten zwei weiße Wachskerzen, die in silbernen Leuchtern steckten, und zwei große Öllampen, von denen eine jede vier Dochte hatte. Zwei Krieger des Königs hielten Wache.

Am Morgen ritten wir auf den Elefanten zur Küste zurück, wo zwei Praue auf uns warteten, um uns zu den Schiffen zu bringen. Zwei Matrosen der »Victoria« gefiel es auf der Insel so gut, dass sie zu den Mauren überliefen.

Beschreibung der Insel

Die Stadt ist, vom Palast des Königs und den Häusern einiger Vornehmer abgesehen, gleichsam ins Meer hineingebaut. Sie zählt 25 000 Feuerstellen oder Familien. Die Häuser sind aus Holz und ruhen auf starken Pfählen. Wenn die Flut kommt, fahren die Weiber in Kähnen durch die Stadt und verkaufen Lebensmittel. Das Haus des Königs ist von einer großen, aus Backsteinen gebauten Mauer umgeben, die, ganz wie bei einer Festung, längliche Schießscharten besitzt. Wir sahen 56 metallene und 6 eiserne Kanonen. Während der Tage, die wir in der Stadt zubrachten, wurde mehrmals daraus geschossen.

Der König

Der König, ein Maure, heißt Raja Siripada. Er ist sehr dick und etwa vierzig Jahre alt. Bedient wird er nur von Frauen, den Töchtern der Vornehmsten der Insel. Niemand darf mit ihm anders als durch ein Rohr sprechen, wie auch wir es tun mussten. Zehn Schreiber, Xiroteles genannt, sind einzig und allein damit beschäftigt, seine Angelegenheiten auf dünne Baumrinden zu schreiben. Er verlässt sein Haus nie, außer wenn er sich auf Jagd begibt.

25. Juli 1521

Da wir kein Pech mehr besaßen, um die Schiffe auszubessern, sandten wir fünf Mann in die Stadt, welchen wir verschiedene Waren mitgaben, die sie gegen Harz eintauschen sollten. Als sie nach drei Tagen noch nicht zurückgekommen waren, befürchteten wir, dass uns der König doch nicht wohlgesinnt sei.

Angst vor Verrat, 29. Juli 1521

Am Montag, dem 29. Juli, näherten sich gleich nach Sonnenaufgang mehr als hundert Praue unseren Schiffen. Sie waren in drei Keile geteilt und wurden von vielen kleinen Booten, die Tungulis heißen, begleitet. Da wir befürchteten verräterischerweise angegriffen zu werden, gingen wir auf der Stelle unter Segel und das so rasch, dass wir genötigt waren, einen Anker zurückzulassen. Unser Verdacht vermehrte sich, als wir bemerkten, dass sich verschiedene große Fahrzeuge, die hinter unseren Schiffen Anker geworfen hatten, in Bewegung setzten. Wir glaubten allen Grund zu besitzen, vor einer Umzingelung Angst haben zu müssen. Daher war es unsere erste Sorge, uns diese Schiffe, die Dschunken heißen, vom Halse zu schaffen. Wir beschossen sie und töteten einen Großteil der Mannschaft. Vier Dschunken fielen uns in die Hände, die anderen retteten sich, indem sie auf den Strand liefen.

Auf einer der erbeuteten Dschunken befand sich der Sohn des Königs der Insel Lozon[49], der dem König von Burne als Feldherr diente und mit seinen Dschunken soeben von der Eroberung einer großen Stadt namens Laoe zurückgekommen war. Diese Stadt liegt auf einer Spitze der Insel in Richtung Groß-Java. Der Feldherr hatte die Stadt bekriegt und geplündert, weil ihre Bewohner lieber dem heidnischen

49 Luzon.

Herrscher von Java als dem maurischen von Burne untertan sein wollten.

Bestechlichkeit Carvajos

Unser Steuermann, Juan Carvajo, schenkte dem Feldherrn die Freiheit, ohne uns etwas davon zu sagen. Später erfuhren wir, dass er sich durch eine beträchtliche Summe Goldes hatte bestechen lassen. Hätten wir den Königssohn in Gewahrsam gehalten, würde uns der König von Burne gewiss jede Forderung erfüllt haben, da sich der junge Krieger um das Königreich Burne sehr verdient gemacht hatte.

Bestrafung Carvajos

Nachdem der maurische König von dem Unglück erfahren hatte, das seinen Dschunken durch uns widerfahren war, ließ er uns eiligst durch einen der beiden Matrosen, die sich des Handels wegen auf dem Lande aufhielten, mitteilen, dass die Schiffe nicht uns, sondern heidnische Völker hätten angreifen wollen. Zum Beweis, dass diese Behauptung der Wahrheit entsprach, wurden uns Köpfe von in der Schlacht getöteten Heiden gezeigt. Unsere Antwort an den König lautete, dass er uns unsere beiden Matrosen an Bord schicken möge, wenn er uns tatsächlich nicht feindlich gesinnt sei. Dies lehnte der König jedoch ab. Auch der Sohn Juan Carvajos, der eines Weibes wegen an Land geblieben war, wurde von ihm nicht freigegeben.

So wurde Carvajo durch den Verlust seines Sohnes dafür bestraft, dass er sich hatte bestechen lassen. Wir behielten sechzehn Männer, durchweg Vornehme, und drei Frauen an Bord. Die Frauen, die von sehr schönem Wuchs waren, wollten wir mit nach Spanien nehmen, um sie der Königin zum Geschenk zu machen. Aber Carvajo beanspruchte sie für sich.

Stadt und Volk der Heiden

In dem Hafen, in dem wir vor Anker lagen, befand sich außer der Stadt des Königs von Burne noch eine zweite, die gleichfalls ins Wasser gebaut war. Sie wurde von Heiden bewohnt und war noch größer als die maurische Stadt.

Die Feindschaft zwischen den beiden Völkern ist so groß, dass es tagtäglich zu Streitigkeiten und Kämpfen kommt. Der heidnische König ist nicht weniger mächtig als der maurische, aber nicht so stolz und ich glaube, dass es nicht schwer fallen würde, ihn zum Christentum zu bekehren.

Diese Heiden verehren die Sonne und den Mond: die Sonne als Herrin des Tages, den Mond als Gottheit der Nacht und der Finsternis. Die Sterne gelten ihnen als kleinere Götter, die den beiden mächtigsten untertan sind. Sie begrüßen die aufgehende Sonne und den Vollmond mit Gesang und erflehen von diesen Gestirnen Kindersegen, Viehherden, Feldfrüchte und was sie sonst noch zum Leben brauchen.

Die Mauren

Die Mauren von Burne gehen nackt wie alle übrigen Bewohner dieses Landstrichs. Sie schätzen das Quecksilber sehr und trinken es auch, weil sie glauben, dass es die Gesundheit erhalte und Krankheiten heile. Sie beten einen Gott an, der Mohammed heißt, und halten sich auch an seine Gebote. Deshalb essen sie kein Schweinefleisch. Ihren Körper reinigen sie mit der linken Hand, die sie niemals zum Essen gebrauchen, das Gesicht jedoch mit der rechten. Sie halten wie die Juden starr an der Beschneidung fest und töten weder Ziegen noch Hühner, ohne vorher die Sonne anzurufen. Den Hühnern schneiden sie das Ende der Flügel und die Haut unter den Füßen weg, bevor sie sie schlachten. Sie essen von keinem Tier, das sie nicht selbst getötet haben.

Kampfer

Die Insel bringt den Kampfer hervor, eine Art Balsam, der tropfenweise zwischen der Rinde und dem Holz eines Baumes hervorquillt. Der Baum, der ihn erzeugt, heißt Capor.

Pflanzen und Tiere

Man findet hier Zimt, Ingwer, Mirobolanen, Pomeranzen, Zitronen, Zuckerrohr, Melonen, Kürbisse, Rettiche, Zwiebeln und andere Früchte. An Tieren gibt es Elefanten, Pferde, Büffel, Ziegen, Schweine, Hühner, Gänse, Raben und viele andere Vogelarten.

Perlen des Königs

Man erzählte mir, dass der König von Burne zwei Perlen besitze, die so groß wie Hühnereier und so vollkommen rund seien, dass sie auf einer ebenen Tischplatte niemals ruhig lägen. Als wir ihm unsere Geschenke überbrachten, gab ich ihm durch Gebärden zu verstehen, dass ich diese Perlen gerne sehen wollte. Er versprach sofort, sie uns zu zeigen, aber wir bekamen sie nie zu Gesicht. Einige der Vornehmen versicherten mir allerdings, sie gesehen zu haben.

Geld und Handel

Die Mauren von Burne besitzen kupferne Münzen, die durchlöchert sind, damit sie auf einer Schnur aufgezogen werden können. Die eine Seite ist leer, auf der anderen sieht man vier Buchstaben, die Initialen des großen Königs von China.

Als Gewicht dient der Bahar[50], der in 203 Cathils zerfällt. Ein Cathil wieder hat 20 Tabils. Die kupfernen Münzen nennt man Picis.

50 ca. 235 kg.

Wir erhielten für 1 Buch Papier 100 Picis, für 1 Cathil Quecksilber 6 Porzellanschüsseln, für 1 Cathil Bronze 1 Porzellanschale, für 3 Messer 1 größere Porzellanschale, für 160 Cathil Bronze 1 Bahar Wachs, für 80 Cathil Bronze 1 Bahar Salz, für 40 Cathil Bronze 1 Bahar Anime.

Am meisten werden hier Bronze, Quecksilber, Zinnober, Glas, wollene Tücher, Leinwand, Eisen und Brillen begehrt.

Porzellan

In Burne wird das Porzellan aus einer sehr weißen Erde gewonnen, die man ein halbes Jahrhundert lang vergraben liegen lässt, damit die gewünschte Feinheit erzielt wird. Der Vater vergräbt die Erde für den Sohn. Man behauptet, dass eine porzellanene Schale sofort in Stücke bricht, wenn man Gift in sie tut.

Schiffe

Die Dschunken, die ich schon erwähnt habe, sind die größten Fahrzeuge dieser Meere. Der Teil, der unter dem Wasser liegt, besteht aus Brettern, die durch hölzerne Nägel miteinander verbunden sind, der obere Teil aus sehr starkem Rohr. Aus demselben Rohr sind die Masten verfertigt, die Segel sind aus Baumrinde. Diese Dschunken können eine ebenso große Ladung wie unsere Schiffe tragen.

Lage der Insel

Die Insel Burne ist so groß, dass man zu ihrer Umschiffung drei Monate braucht. Sie liegt unter 5° 15' nördlicher Breite und 176° 40' Länge von der Trennungslinie.

Abschied von Burne

Von der Insel Burne fuhren wir wieder zurück, um einen Ort zu finden, der uns die Ausbesserung unserer Flotte erlaubte. Das eine Schiff hatte nämlich ein großes Leck, das andere war beschädigt worden, als es in der Nähe der Insel Bibalon durch eine Unachtsamkeit des Steuermannes auf Grund geriet. Zu unserem Glück konnten wir es wieder flottmachen. Ein noch größeres Unglück hätte uns treffen können, als ein Matrose, der ein Licht putzte, die glühende Schnuppe versehentlich in ein Pulverfass warf. Er konnte sie aber noch herausziehen, bevor das Pulver Feuer fing.

Angenehme Begegnung

Unterwegs stießen wir auf vier Praue, die sich auf der Fahrt nach Burne befanden. Eine von ihnen, die mit Kokosnüssen beladen war, brachten wir auf. Die Mannschaft rettete sich auf eine kleine Insel. Die drei übrigen gingen uns aus dem Wege und zogen sich hinter andere kleine Inseln zurück.

Die Insel Cimbombon

Zwischen der nördlichen Spitze von Burne und der Insel Cimbombon fanden wir einen Hafen, der uns zur Ausbesserung unserer Schiffe geeignet schien. Da es uns aber an dem nötigen Material fehlte, brauchten wir 42 Tage, bis die beiden Schiffe wieder seetüchtig waren. Ein jeder von uns griff bei der Arbeit zu. Am beschwerlichsten fiel es uns, das Holz aus den Wäldern zu holen, da der Boden mit Dornensträuchern und stacheligen Gewächsen geradezu überwuchert war und wir barfuß gehen mussten. Keiner von uns besaß nämlich noch Schuhe.

Wilde Schweine

Auf dieser Insel wohnen sehr große wilde Schweine. Wir erlegten eines, als es von einer Insel zu der anderen schwamm. Sein Kopf war zweieinhalb Palmo[51] lang, seine Fangzähne waren dicker als ein Mannesarm.

Krokodile, August 1521

Auch Krokodile sahen wir hier, sowohl im Wasser als auch auf dem Lande, ferner Austern, Muscheln und sehr große Schildkröten, von denen wir zwei erlegten. Ihr Fleisch allein wog 70 Pfund. Auch einen kleinen, mit einer knöchernen Masse bedeckten Fisch fanden wir, der zwei Hörner und den Kopf eines Schweines hatte.

Lebende Bäume

Ich begegnete hier seltsamen Bäumen, deren Blätter, wenn sie abgefallen sind, leben. Diese Blätter besitzen Ähnlichkeit mit jenen des Maulbeerbaumes und haben einen kurzen, spitzen Stiel und am unteren Ende auf beiden Seiten Füße. Berührt man sie, laufen sie fort, zertritt man sie, kommt kein Blut heraus. Ich bewahrte solch ein Blatt neun Tage lang in einer Schatulle auf. Wenn ich die Schatulle öffnete, spazierte das Blatt umher. Ich glaube, dass diese seltsamen Blätter von der Luft leben[52].

Neue Kapitäne, September 1521

Als die Schiffe wieder seetüchtig waren, beschlossen wir, Juan Carvajo wegen des Verrates, den er an uns begangen hatte,

51 1 Palmo = 21 cm (altes spanisches Maß). Pigafetta sah das auf Borneo und Celebes heimische Riesenschwein (Hirscheber oder Babirusse genannt). Die Hauer dieser Tiere sind nach oben gebogen und werden bis zu 30 cm lang.

52 Es handelte sich um Gespensterschrecken.

seines Amtes zu entheben. Wir wählten an seiner Stelle zwei Kapitäne und zwar Gonzalo Gomez de Espinosa und Juan Sebastian del Cano.

Wir bringen eine Dschunke auf

Bald nachdem wir unseren Hafen verlassen hatten, stießen wir auf eine Dschunke, die von Burne nach der Insel Palaolan unterwegs war. Wir forderten sie auf beizulegen und da ihre Insassen nicht gehorchten, besetzten und plünderten wir sie. An Bord fanden wir den Minister von Palaolan, dessen Sohn und seinen Bruder. Wir forderten für die drei ein Lösegeld, bestehend aus 400 Maß Reis, 20 Schweinen, 20 Ziegen und 150 Hühnern und ließen nicht offen, was geschehen würde, wenn unsere Forderung nicht binnen sieben Tagen erfüllt würde.

Friede, Oktober 1521

Wir erhielten nicht nur alles, was wir verlangt hatten, sondern darüber hinaus noch Kokosnüsse, Bananen, Zuckerrohr und Palmwein. Um diese Großmut zu erwidern, gaben wir dem Minister einen Teil seiner Dolche und Flinten zurück und schenkten ihm eine Fahne, ein Kleid aus gelbem Damast und 15 Ellen Leinwand. Seinem Sohn gaben wir einen Mantel aus blauem Tuch. Auch den anderen machten wir Geschenke und so schieden wir als gute Freunde voneinander.

Wir setzen unsere Fahrt fort

Wir fuhren nun wieder zurück, an der Insel Cagayan und dem Hafen von Chipit vorüber, um endlich die Molukken aufzusuchen. Nachdem wir etwa 40 Leghe zurückgelegt hatten, sichteten wir einige kleine Inseln, in deren Umgebung das Meer, obwohl sehr tief, mit Gras bedeckt war. Wir glaubten deshalb, in einen anderen Ozean geraten zu sein.

Zolo und Tagima

Chipit im Osten zurücklassend, erblickten wir gegen Westen die beiden Inseln Zolo und Tagima, wo die schönsten Perlen gefunden werden. Manche sind so groß wie Schildkröteneier, einige erreichen sogar die Größe von Hühnereiern. Die kleineren befinden sich nahe der Küste, die großen draußen im Meer und in großer Tiefe. Wir fanden eine Muschel, deren Fleisch allein 47 Pfund wog.

Die Perlen des Königs von Burne

Von hier stammten auch die Perlen des Königs von Burne, die ich früher erwähnt habe. Dieser König hatte nämlich eine Tochter des Königs von Zolo zur Frau genommen, und von ihr erfuhr er, dass ihr Vater zwei große Perlen besäße. Dies erregte seinen Neid und er überlegte lange, wie er sich in den Besitz der Perlen bringen könne. Schließlich überfiel er mit 500 Fahrzeugen voll bewaffneter Männer Zolo und setzte seinen Schwiegervater und dessen beide Söhne gefangen. Erst nachdem er die Perlen erhalten hatte, gab er den dreien die Freiheit wieder.

Cavit, Subanin, Monoripa

Wir setzten unseren Kurs mit vollen Segeln fort und kamen an den Dörfern Cavit und Subanin und der Insel Monoripa vorüber, die gleichfalls bewohnt ist. Die Bewohner besitzen aber keine Häuser, sondern leben das ganze Jahr in Kähnen.

Zimt

Die Dörfer Cavit und Subanin liegen auf Butuan und Calagan, wo der beste Zimt wächst. Wären wir dort zwei Tage geblieben, hätten wir unsere Flotte damit beladen können. Wir wollten jedoch keine Zeit verlieren, sondern den günstigen Wind nutzen, um ein Kap und einige kleine, in der Nähe befindliche Inseln hinter uns zu bringen. Unterwegs kamen Insulaner auf unser Schiff, von denen wir 17 Pfund Zimt erhielten. Wir gaben ihnen dafür zwei große Messer, die wir dem Minister von Palaolan weggenommen hatten.

Der Zimtbaum, Oktober 1521

Der Zimtbaum ist fünf bis sechs Fuß hoch, fingerdick und besitzt nie mehr als drei oder vier Zweige. Seine Blätter ähneln jenen des Lorbeerbaumes. Der Zimt, der bei uns verwendet wird, ist nichts anderes als die Rinde dieses Baumes, die zweimal jährlich eingesammelt wird. Das Holz selbst und die grünen Blätter besitzen denselben Geschmack wie die Rinde. Der Baum trägt den Namen Cainmana, denn Cain heißt Holz und mana süß.

Oktober 1521

Wir segelten nun nach Nordosten, um die Stadt Maingdanao[53] zu erreichen, wo wir Erkundigungen über die Lage der Molukken einziehen wollten. Unterwegs begegneten wir aber einem Biguadei, einer Barke, die einer Prau ähnlich ist, und beschlossen, kaum dass wir sie gesichtet hatten, das Fahrzeug aufzubringen. Dies war nicht ohne Kampf möglich, sodass wir genötigt waren, sieben Mann, die uns Widerstand leisteten, zu töten. Die anderen nahmen wir gefangen.

Diese Insulaner waren größer und stärker als alle, die wir bisher gesehen hatten, und wir erfuhren, dass sie aus Maingdanao stammten. Unter ihnen befand sich der Bruder des dortigen Königs. Er versicherte uns, die Lage der Molukken genau zu

53 Mindanao.

kennen, und erzählte uns dann später auch, dass er sich im Hause Francisco Serranos aufgehalten hatte.

Da wir keinen Grund besaßen ihm zu misstrauen, änderten wir unseren Kurs und segelten nach Südosten.

Menschen mit grossen Ohren

Man erzählte uns, dass im gebirgigen Teil der Insel Quipit Menschen lebten, die am ganzen Körper behaart, sehr kriegerisch und gute Bogenschützen wären. Werden diese Krieger eines Feindes habhaft, erschlagen sie ihn und verzehren sein Herz roh mit einer aus Pomeranzen und Zitronen zubereiteten Brühe.

Auch von einer Insel namens Gilona hörten wir, deren Bewohner so lange Ohren besitzen, dass sie ihnen bis auf die Schultern herabreichen. Als wir uns deshalb erstaunt zeigten, berichtete man uns von einer anderen, in der Nähe liegenden Insel, auf der Menschen mit noch größeren Ohren leben. So groß sollen ihre Ohren sein, dass es ihnen möglich ist, mit einem Ohr den ganzen Kopf zu bedecken. Wir hätten diese Menschen gern gesehen, mussten aber darauf verzichten, weil wir es eilig hatten, die Molukken zu erreichen.

26. Oktober 1521

Nachdem wir auf unserer Fahrt nach Südosten die Inseln Ciboco, Sarangani und Candigar hinter uns gelassen hatten, überfiel uns am 26. Oktober, einem Samstag, nach Einbruch der Dunkelheit plötzlich ein furchtbarer Sturm, der uns zwang, alle Segel einzuziehen. Wir beteten zu Gott, dass er uns erretten möge und erblickten sofort auf den Spitzen der Masten unsere drei die Finsternis erleuchtenden Heiligen: St. Elm auf dem Hauptmast, St. Nikolaus auf dem Fockmast und die heilige Clara auf dem Besanmast. Zwei volle Stunden strahlten sie und als sie verschwanden, verschwand mit ihnen der Sturm.

Zwei Lotsen

In der Mitte der Insel Sarangani, gegen Candigar zu, gingen wir vor einem Dorf vor Anker, in dem es viel Gold und viele Perlen gab. Dieser Hafen liegt unter 5° 9' nördlicher Breite und ist 50 Leghe von Cavit entfernt. Die Einwohner sind nackt wie die übrigen Völker dieser Gegenden. Wir hielten uns hier einen Tag auf und verschafften uns mit Gewalt zwei Lotsen, die uns zu den Molukken führen sollten.

Nachdem sie sich dazu bequemt hatten, uns die wahre Richtung zu weisen, fuhren wir nun nach Südsüdwesten und erreichten acht Inseln, die teils bewohnt, teils öde sind und gleichsam eine Straße bilden. Diese Inseln heißen Cheaua, Cauiao, Caciao, Camanuca, Cabaluzao, Cheai, Lipan und Nuza[54].

Sanghir, 1. November 1521

Am Ende dieser Inselkette liegt eine sehr schöne Insel namens Sanghir[55]. Wir wollten um ihre Spitze herumkommen, aber ein widriger Wind hinderte uns daran und so waren wir gezwungen, die ganze Nacht auf hoher See zu kreuzen. Die Dunkelheit nutzend, entsprang einer der Lotsen und mit ihm der Bruder des Königs von Maingdanao. Beide retteten sich durch Schwimmen. Der Sohn des Letzteren jedoch, der sich am Rücken seines Vaters anklammerte, ertrank. Auch nach Tagesanbruch war es uns nicht möglich die Insel zu umsegeln. Die Insel hat vier Könige, nämlich Raja Matandatu, Raja Laga,

54 Inselgruppe zwischen Celebes und den Philippinen.
55 Heutiger Name: Sangir.

Raja Bapti und Raja Parabu. Sie liegt unter 3° 30' nördlicher Breite und ist 27 Leghe von Sarangani entfernt.

Wir sichten die Molukken, 6. November 1521

Nachdem es uns endlich gelungen war, das Kap dieser Insel doch noch zu umschiffen, erblickten wir am 6. November, einem Mittwoch, im Osten, etwa 14 Leghe entfernt, vier andere hohe Inseln. Der Lotse sagte uns, dass dies die Molukken seien. Da dankten wir alle Gott und feuerten eine Salve aus allen unseren Geschützen ab. Die große Freude, die wir beim Anblick dieser Inseln empfanden, werden Euer Hochwohlgeboren zweifellos verstehen, wenn Sie bedenken, dass wir um ihretwillen 27 Monate weniger zwei Tage unter großen Entbehrungen und Verlusten auf unbekannten Meeren fuhren und unzählige Inseln aufsuchten. Die Gewürze waren die Veranlassung, diese unbekannte neue Welt zu suchen, und nur ihrethalben setzten wir uns so vielen Gefahren und Wagnissen aus.

Die geringsten Wassertiefen, die wir nun feststellten, waren 100 und 200 Faden und damit wurden die Portugiesen Lügen gestraft, die behauptet hatten, die Molukken würden in einem wegen seiner Untiefen unzugänglichen Ozean liegen, der beständig von dunklen Nebeln bedeckt sei.

Tadore, 8. November 1521

Am Freitag, dem 8. November, um drei Uhr nachmittags, liefen wir in den Hafen einer Insel ein, die den Namen Tadore[56] trägt. Sobald wir nahe dem Lande in 20 Faden Wasser vor Anker gegangen waren, feuerten wir erneut aus allen Geschützen eine Salve ab. Bald erschienen zwei Abgesandte des Königs

56 Heutiger Name: Tidore.

und fragten uns, wer wir seien und was wir hier wollten. Wir antworteten, dass wir mit ihrem König Frieden schließen und spanische Waren gegen Gewürznelken einhandeln wollten.

Der König besucht uns, 9. November 1521

Schon tags darauf kam der König selbst in einer Prau zu unseren Schiffen, um uns einen Besuch abzustatten. Um ihm unsere Achtung zu bezeugen, fuhren wir ihm in Booten entgegen und er lud uns ein, in seine Prau zu kommen. Er saß unter einem seidenen Sonnenschirm, vor ihm standen zwei Vornehme und einer seiner Söhne. Der Sohn hielt das königliche Zepter in der Hand, die Vornehmen hielten ein jeder ein mit Wasser gefülltes goldenes Gefäß bereit, in dem der König von Zeit zu Zeit seine Hände wusch. Neben ihm standen zwei andere Adelige, die mit Betre gefüllte goldene Kästchen trugen.

Der Traum des Königs

Der König hieß uns willkommen und erzählte uns, er habe vor langer Zeit geträumt, dass mehrere Schiffe aus fremden Ländern nach Malucco kommen würden. Um zu wissen, ob der Traum in Erfüllung gehen werde, habe er viele Nächte hindurch den Mond beobachtet und ersehen, dass die Schiffe tatsächlich erscheinen würden. Wir, meinte er, wären die, auf die er so lange gewartet habe.

Er begab sich hierauf an Bord unserer Schiffe, wo wir ihm alle die Hand küssten. Wir führten ihn zum Hinterkastell, doch weigerte er sich durch die Öffnung zu treten, die wir benutzten, weil er es unter seiner Würde fand sich zu bücken. So stellten wir einen Stuhl aus rotem Samt für ihn bereit und hingen ihm, nachdem er Platz genommen hatte, ein Kleid aus gelbem Samt um. Um ihm zu bezeugen, wie sehr wir ihn verehrten, setzten wir uns rings um ihn auf den Boden.

Grosse Höflichkeit des Königs

Als alle saßen, versicherte der König, dass er und seine Untertanen für alle Zeiten Freunde und Vasallen des Königs von Spanien sein wollten und dass er uns wie seine eigenen Kinder auf der Insel aufnehmen werde. Er bat uns an Land zu gehen und dort wie in unseren eigenen Häusern zu wohnen. Abschließend erklärte er, Tadore solle künftig nicht mehr Tadore, sondern Kastilien heißen. Auf diese Weise wollte er zum Ausdruck bringen, wie sehr er dem König von Spanien, unserem Herrn, anhing.

Geschenke

Diese Erklärung bewog uns, ihm den Stuhl zu schenken, auf dem er saß. Ferner überreichten wir ihm das Kleid, das wir ihm umgehängt hatten, ein Stück feines Tuch, vier Ellen Scharlach, eine Weste aus Brokat, ein Stück gelben Damastes und andere indische Stoffe, die mit Gold durchwirkt waren, ein Stück weiße, cambayische Leinwand, zwei Mützen, sechs Schnüre kleiner Glasperlen, zwölf Messer, drei große Spiegel, sechs Scheren, sechs Kämme, mehrere vergoldete Glasschalen und noch manches dazu. Seinen Sohn beschenkten wir mit einem Stück indischen Stoffes aus Gold und Seide, mit einem großen Spiegel, einer Mütze und zwei Messern. Die neun Vornehmen, die den König begleiteten, erhielten ein jeder eine Mütze und zwei Messer und auch den anderen machten wir kleine Geschenke. Schließlich gebot uns der König selbst Einhalt. Er bedauerte es zugleich, dass er dem König von Spanien außer seiner eigenen Person kein Geschenk machen könne, das dieses großen Herrschers würdig sei.

Er gab uns den Rat, die Schiffe näher an den Strand heranzuziehen und mit unseren Feuergewehren jeden seiner Untertanen zu töten, der es wagen sollte, uns zu bestehlen.

Hierauf verließ er uns, ein zufriedenes Gesicht zeigend. Aber er verneigte sich kein einziges Mal, obwohl wir uns immer wieder vor ihm verbeugten. Zu seinem Abschied feuerten wir wieder alle unsere Kanonen ab.

Aussehen und Kleidung des Königs

Der König ist ein Maure, ungefähr 45 Jahre alt, nicht übel gewachsen und von einer einnehmenden Gesichtsbildung. Sein Anzug bestand aus einem feinen Hemd, dessen Ärmel mit Gold bestickt waren. Um den Gürtel war ein Tuch geschlungen, das bis auf die Füße herabhing. Sein Name ist Raja Sultan Manzor. Er ist ein großer Astrologe.

10. November 1521

Am 10. November, einem Sonntag, hatten wir abermals eine Unterredung mit dem König. Er fragte uns, wie lange wir schon unterwegs seien, welchen Sold wir bekämen und was ein jeder von uns täglich esse und trinke. Wir befriedigten seine Neugierde. Er bat uns auch, wir möchten ihm ein Siegel unseres Königs und eine königliche Fahne übergeben, weil er den Wunsch hege, dass in Zukunft sowohl seine Insel als auch die Insel Tarenate[57], auf der er seinen Neffen Calanogapi zum König einsetzen wolle, dem König von Spanien untertan sei, für dessen Macht und Ehre er von nun an streiten werde. Sollte ihn dann das Unglück einer Niederlage treffen, werde er in einem seiner eigenen Schiffe nach Spanien segeln, um das Siegel und die Fahne zurückzugeben. Auch sprach er die Bitte aus, dass einige von uns bei ihm zurückbleiben möchten, denn Menschen würden bei ihm die Erinnerung an den König von Spanien länger aufrechterhalten als Waren und Geschenke.

57 Heutiger Name: Ternate.

Als er innewurde, dass wir Gewürznelken suchten, machte er sich erbötig, von der Insel Bachian[58] die Menge, die wir haben wollten, holen zu lassen. Auf seiner Insel, erklärte er uns, seien zu wenig trockene vorhanden, auf Bachian hingegen weit mehr, als unsere Schiffe fassen könnten.

Heute, an einem Sonntag, trieben wir keinen Handel. Die Eingeborenen feiern den Freitag als Sonntag.

Beschreibung der Molukken

Sicherlich wird es Euer Hochwohlgeboren angenehm sein, von den Inseln, auf welchen der Nelkenbaum wächst, einige genauere Nachrichten zu erhalten. Es sind deren fünf, Tarenate, Mutir[59], Tadore, Machian[60] und Bachian. Tarenate ist die vornehmste, ihr letzter König beherrschte auch die anderen vier Inseln fast zur Gänze. Tadore, wo wir uns aufhielten, hat seinen eigenen König. Mutir und Machian haben keinen König, auf diesen Inseln herrscht das Volk. Und wenn die Könige von Tadore und Tarenate miteinander Krieg führen, liefern diese Republiken beiden Parteien Soldaten. Bachian hat ebenfalls einen König. Diese ganze Provinz, in der der Nelkenbaum wächst, heißt Malucco.

Francisco Serrano

Kaum acht Monate vor unserer Ankunft in Tadore war der Portugiese Francisco Serrano[61] gestorben. Er hatte dem König von Tarenate, als dieser mit dem König von Tadore Krieg führte, als Generalkapitän gedient und Letzteren gezwungen, seine Tochter mit dem König von Tarenate zu verheiraten und

58 Heutiger Name: Batjan.
59 Heutiger Name: Morotai.
60 Heutiger Name: Majkan.
61 Italienische Schreibung für: Francisco Serrão.

außerdem alle Söhne seiner Häuptlinge als Geiseln zu stellen. Erst dann war der Friede zwischen den beiden Herrschern zustande gekommen. Aus dieser erzwungenen Ehe stammte der Enkel des Königs von Tadore, Calanopagi.

Vergiftet

Als Serrano einige Jahre später nach Tadore kam, um Gewürznelken zu kaufen, gab ihm der König Betreblätter, in denen sich Gift befand. Vier Tage später starb Serrano daran. Der König wollte ihn nach Landessitte beerdigen lassen, aber die drei Diener, die mit Serrano auf die Insel gekommen waren, widersetzten sich, da sie Christen waren. Serrano hinterließ einen Sohn und eine Tochter – beide waren noch sehr jung und hatten eine Javanerin zur Mutter – und ein Vermögen von 200 Bahars Gewürznelken.

Serranos Briefe an Magaglianes

Serrano war ein guter Freund und entfernter Verwandter unseres treuen Generalkapitäns gewesen und hatte ihn bewogen, diese Fahrt zu unternehmen. Denn als Magaglianes in Malakka war, hatte ihm Serrano von Tadore aus mehrmals geschrieben, dass auf keiner Insel ein günstigerer Handel zu treiben sei. Dom Manuel, der verstorbene König Portugals, hatte es dann abgelehnt, Magaglianes' Sold um einen einzigen Teston zu erhöhen – was Magaglianes wohl für seine der portugiesischen Krone erwiesenen Dienste verdient hätte –, und da war der Gekränkte nach Spanien gegangen, wo er von Ihrer Kaiserlichen Majestät alles erhalten hatte, was er verlangte.

Der König von Tarenate vergiftet

Zehn Tage nach dem Tode Serranos erklärte der König von Tarenate, Raja Abuleis, der eine seiner Töchter dem König von

König einer Molukken-Insel

Bachian verheiratet hatte, seinem Schwiegersohn den Krieg und verjagte ihn von seiner Insel. Die Tochter jedoch begab sich zu ihrem Vater unter dem Vorwand, Frieden zu vermitteln, und gab ihm ein Gift ein, an dem er zwei Tage später starb. Der König hinterließ neun Söhne und zwar Chechilimomuli, Jadorevimighi, Chechilideroix, Cilimanzur, Cilipagi, Chialinchechilin, Cataravaiechu, Serich und Calanopagi.

11. November 1521

Am 11. November, einem Montag, kam einer der Söhne des Königs von Tarenate, Chechilideroix, mit zwei Prauen, in welchen Paukenspieler saßen, zu unseren Schiffen. Er trug ein Kleid aus rotem Samt. Später erfuhren wir, dass ihn die Witwe und die Kinder Serranos begleitet hatten. Er besaß aber den Mut nicht, an Bord unserer Schiffe zu kommen, und wir wieder wagten es nicht, ihn ohne Zustimmung des Königs von Tadore, seines Feindes, in dessen Hafen wir uns befanden, einzuladen. Wir fragten daher bei dem König an, ob wir Chechilideroix auf unseren Schiffen bewirten dürften, und erhielten zur Antwort, wir könnten tun, was uns beliebe. In der Zwischenzeit hatte sich Chechilideroix, durch unser Zögern misstrauisch geworden, entfernt. Wir schickten ein Boot hinter ihm her und beschenkten ihn mit indischen Stoffen aus Gold und Seide sowie mit einigen Spiegeln, Messern und Scheren. Er nahm aber unsere Geschenke nur sehr ungnädig an.

Chechilideroix hatte einen getauften Inder bei sich, der Manuel hieß und dem Portugiesen Pedro Affonso de Lorosa diente, der nach dem Tode Serranos von Bandan nach Tarenate gekommen war. Dieser Manuel, der Portugiesisch sprach, bestieg unser Schiff und teilte uns mit, dass die Söhne des Königs von Tarenate, wenngleich Feinde des Königs von Tadore, der Krone Spaniens treu ergeben seien. Wir überreichten ihm einen Brief an de Lorosa, des Inhalts, dass de Lorosa ohne Besorgnis an Bord unserer Schiffe kommen könne.

Vielweiberei

Bei meinen Erkundigungen nach den Gebräuchen dieses Landes erfuhr ich, dass alle Könige hier nach Belieben viele Frauen haben dürfen. Dennoch ist immer eine die Hauptgemahlin und die anderen sind ihren Befehlen unterworfen. Der König von Tadore besitzt außerhalb der Stadt ein großes Haus, in dem die schönsten von seinen zweihundert Gemahlinnen wohnen. Er isst entweder allein oder mit seiner Hauptgemahlin auf einer Art Bühne, von der aus er seine übrigen Frauen immer im Auge behalten kann. Nach dem Essen erwählt er die Gefährtin für die nächste Nacht. Hat der König die Tafel aufgehoben, essen die anderen Frauen, sofern sie dazu die Erlaubnis erhalten haben, alle zusammen. Wünscht der König das nicht, isst jede allein in ihrem Gemach. Niemand darf die Frauen des Königs sehen und wenn irgendjemand so tollkühn wäre, sich bei Tag oder Nacht diesem Hause zu nähern, würde er auf der Stelle getötet werden. Jede Familie ist verpflichtet, den König mit Frauen zu versorgen und zwei Töchter an ihn abzugeben. Raja Sultan Manzor hat 26 Kinder, 8 Söhne und 18 Töchter. Der Mufti von Tadore hat 40 Frauen und so viele Kinder, dass er sie selbst nicht zählen kann.

Handel, 12. November 1521

Am 12. November ließ der König einen Schuppen für unsere Waren errichten, der in wenigen Stunden fertig gestellt war. Dorthin brachten wir alle unsere für den Tauschhandel bestimmten Waren und stellten drei unserer Leute als Wache auf. Auch über die Art, wie wir tauschten, wurden wir uns mit dem König einig.

Wir hatten für je ein Bahar Gewürznelken zu liefern: 10 Ellen gutes rotes Tuch oder 15 Ellen Tuch mittlerer Qualität oder 21 Ellen feine Leinwand oder 14 Ellen gelbes Tuch oder 35 Trinkgläser oder 150 Messer oder 17 Cathils Quecksilber oder 50 Scheren oder 15 Beile oder 40 Mützen oder 3 Pauken oder 1 Zentner Kupfer.

Spiegel hätten wir gut eintauschen können, aber die meisten waren unterwegs zerbrochen und die heil gebliebenen nahm uns alle der König weg. Einen Teil der Waren, die wir nun eintauschten, hatten wir von den Dschunken genommen, von welchen ich früher gesprochen habe. So machten wir gewiss einen guten Handel, aber er hätte für uns noch viel vorteilhafter sein können, wenn wir es nicht so eilig gehabt hätten, bald wieder nach Spanien zurückzukehren.

Heisses Wasser

Außer den Gewürznelken tauschten wir täglich verschiedene Kleinigkeiten gegen Ziegen, Hühner, Kokosnüsse, Feigen und andere Lebensmittel ein. Ferner nutzten wir die Gelegenheit und brachten einen großen Vorrat an Wasser auf die Schiffe. Das Wasser kommt hier heiß aus dem Boden, wird aber an der Luft schon in einer Stunde sehr kalt. Man erzählte uns, dies beruhe darauf, dass das Wasser auf den Bergen entspringe, auf welchen die Nelkenbäume wachsen. Auf jeden Fall stellten wir wieder fest, dass die Portugiesen versucht hatten, alle Welt zu belügen, indem sie behaupteten, auf den Molukken gebe es überhaupt kein Süßwasser.

13. November 1521

Heute entsandte der König seinen Sohn Mossahap nach der Insel Mutir, um von dort Gewürznelken für uns zu holen.

Obwohl er uns sicher gern noch lange auf seiner Insel gehabt hätte, tat er doch alles, um unsere Abreise zu beschleunigen.

Heute erzählten wir ihm, wie wir unterwegs Gefangene gemacht hatten. Er bat uns, wir möchten sie ihm schenken, damit er sie nach Hause schicken könne. Als Grund gab er an, dass diese Handlung dem König von Spanien zum Ruhme gereichen und seinen Namen bei diesen Völkern berühmt machen werde. Wir übergaben ihm die drei Frauen, die für die Königin von Spanien bestimmt gewesen waren, und alle Männer, ausgenommen jene, die wir auf der Insel Burne ergriffen hatten. Der König freute sich sehr, als er sah, dass wir seine Bitte erfüllten.

Schlachtung der Schweine

Der König bat uns ferner, alle Schweine zu töten, die wir an Bord hatten, und bot uns hierfür eine große Menge an Geflügel und Ziegen als Entschädigung an. Auch diesen Wunsch erfüllten wir ihm. Wir schlachteten die Tiere unter dem Verdeck, damit die Mauren nichts davon merkten. Denn diese seltsamen Menschen haben einen solchen Widerwillen gegen Schweine, dass sie sich die Augen und die Nase zuhielten, wenn ihnen zufällig eines begegnete, um sie ja nicht zu sehen oder bloß zu riechen.

De Lorosa

Am Abend kam der Portugiese Pedro Affonso de Lorosa zu uns an Bord. Wir wussten, dass ihn der König davor gewarnt hatte, uns zu belügen. In der Tat beantwortete er alle unsere Fragen und erzählte, dass er sich schon seit 16 Jahren in Indien aufhalte. Zehn davon, gab er zu, habe er auf den Molukken verbracht und genauso lange sei es her, dass die Portugiesen diese Inselgruppe entdeckt hätten, ohne davon irgendwem Mitteilung gemacht zu haben.

Er ließ uns ferner wissen, dass vor elfeinhalb Monaten ein großes Schiff von Malakka nach den Molukken gekommen war, um hier Gewürze zu laden. Es war aber, nachdem es seinen Bauch gefüllt hatte, durch heftige Stürme und schwere Regengüsse gezwungen, mehrere Monate in Bandan zu bleiben. Dieses Schiff war aus Europa gekommen, und sein portugiesischer Kapitän Tristan de Menezes hatte seinem Landsmann de Lorosa erzählt, dass ein aus fünf Schiffen bestehendes Geschwader unter dem Befehl eines Portugiesen namens Fernando Magaglianes Sevilla verlassen hätte, um von den Molukken im Namen des Königs von Spanien Besitz zu ergreifen. Der König von Portugal, empört, dass einer seiner Untertanen sich dazu hergebe, habe mehrere Schiffe nach dem Vorgebirge der Guten Hoffnung und dem Vorgebirge Santa Maria im Lande der Kannibalen[62] geschickt, um der spanischen Flotte den Weg abzuschneiden. Aber es sei diesen Schiffen nicht möglich gewesen, die Spanier zu finden. Später habe der König dann erfahren, dass Magaglianes seinen Weg durch ein anderes Meer genommen habe und da habe er sofort dem Oberbefehlshaber in Indien, Dom Diego Lopez de Sichera, den Befehl erteilt, mit sechs Kriegsschiffen nach den Molukken zu fahren und die spanischen Schiffe zu versenken.

Als wir fragten, wo de Sichera geblieben sei, erzählte uns de Lorosa weiter: »Sichera hat damals die Nachricht erhalten, dass die Türken eine Flotte gegen Malakka ausrüsteten, und sah sich daher gezwungen, alle verfügbaren Schiffe an die Straße von Mekka im Lande Juda zu schicken. Vor der Küste der Stadt Aden ist es zum Kampf gekommen, bei dem die Türken

62 An der Río-de-la-Plata-Mündung.

vernichtet worden sind.« Dadurch war de Sichera verhindert, etwas gegen uns zu unternehmen.

Etwas später, berichtete de Lorosa weiter, habe de Sichera ein großes, mit zwei Reihen Kanonen bestücktes Kriegsschiff gegen uns gesandt, aber auch dieses Schiff habe uns nicht gefunden und sei wieder in seinen Heimathafen zurückgekehrt.

Sieben Portugiesen ermordet

De Lorosa verheimlichte uns auch nicht, dass wenige Tage vor unserer Ankunft ein portugiesisches Schiff und zwei Dschunken nach den Molukken gekommen waren, um Nachrichten über uns einzuziehen. Vor Bachian waren sie vor Anker gegangen und hatten versucht, die Gelegenheit zu nutzen und Gewürznelken zu kaufen. Aber bei diesem einen Versuch war es nicht geblieben. Sieben der Portugiesen hatten, allen Warnungen ihres Kapitäns zum Trotz, Frauen des Königs aus ihrer Behausung geholt und gezwungen, ihnen zu Willen zu sein. Sie waren von den Leibwächtern des Herrschers ermordet worden, und der Kapitän hatte es für ratsam gehalten, so rasch als möglich das Weite zu suchen. Die mit Gewürznelken und Tauschwaren beladenen Dschunken waren in Bachian zurückgeblieben.

Wichtige Auskünfte

Ferner teilte uns de Lorosa mit, dass Jahr für Jahr mehrere Dschunken von Malakka zu den Molukken fuhren, um Gewürznelken zu kaufen. Dieser Handel sei für die Portugiesen am einträglichsten. Er bestätigte, dass sich der König von Portugal des Besitzes der Molukken schon seit zehn Jahren erfreue und dies dem König von Spanien verheimliche.

Diese Mitteilungen de Lorosas waren für uns von größter Wichtigkeit. Wir versuchten daher, ihn zu überreden, mit uns nach Spanien zu fahren, und machten ihm klar, dass dort eine ansehnliche Belohnung auf ihn warte. De Lorosa erklärte sich mit unserem Vorschlag einverstanden.

15. November 1521

Heute teilte uns der König mit, dass er sich nach Bachian begeben werde, um die Gewürznelken zu holen, welche die Portugiesen dort gelassen hatten. Wir gaben ihm Geschenke mit und baten ihn, diese im Namen des Königs von Spanien zu überreichen.

Er blieb eine Weile bei uns und ließ sich im Gebrauch unserer Waffen unterrichten. Mit einer Armbrust schoss er sogar dreimal, aber er war nicht zu bewegen, eine Flinte auch nur zu berühren.

Giailolo

Tadore gegenüber liegt eine große Insel namens Giailolo, die zum Teil von Mauren, zum Teil von Heiden bewohnt ist. Sie ist so groß, dass man mit einer Dschunke vier Monate brauchen würde, sie zu umsegeln. Die Mauren haben zwei Könige, von denen der eine, wie uns der König von Tadore erzählte, 600 und der andere 525 Kinder besitzt. Die Heiden haben nicht so viele Frauen wie die Mauren und sind weniger abergläubisch. Den Gegenstand, den sie am Morgen als ersten erblicken, beten sie den ganzen Tag an. Der heidnische König heißt Raja Papua. Er wohnt im Innern der Insel und isst von goldenen Tellern.

Man sieht auf dieser Insel ein Rohr[63], das zwischen Felsen wächst, so dick wie ein Mannesarm ist und innen ein sehr

63 Bambus.

Ein Krieger der Molukken-Insel

gutes Trinkwasser enthält. Davon tauschten wir sehr viel von diesen Völkern ein.

Besuch des Königs von Giailolo, 16. November 1521

Heute, an einem Samstag, kam der maurische König von Giailolo mit mehreren Booten zu unseren Schiffen. Wir beschenkten ihn mit einem grünen Damastkleid, zwei Ellen roten Tuches, einigen Spiegeln, Messern, Scheren, Kämmen und zwei vergoldeten Glaspokalen, die ihm besonders gefielen. Er war sehr freundlich gegen uns und erklärte, dass wir seine Freunde sein müssten, da wir Freunde des Königs von Tadore seien, den er wie seinen eigenen Sohn liebe. Er lud uns auch ein, an Land zu kommen, was wir ablehnten.

Dieser König ist sehr mächtig und genießt auf allen Inseln großes Ansehen. Er ist schon alt und heißt Raja Jussu.

17. November 1521

Heute kam der König wieder zu unseren Schiffen und bat uns, ihm zu Ehren alle Kanonen abzufeuern. Wir erfüllten seinen Wunsch und sahen, dass ihn der Donner der Geschütze nicht erschreckte. Er war in seiner Jugend ein sehr tapferer Krieger.

Die Gewürznelken

Heute begab ich mich an Land, um zu untersuchen, wie die Gewürznelken wachsen. Der Nelkenbaum erreicht eine große Höhe, sein Stamm ist ungefähr mannsdick. Die Äste breiten sich um die Mitte des Baumes stark nach der Seite aus, am Gipfel bilden sie eine Pyramide. Die Blätter gleichen den Lorbeerblättern, die Rinde ist olivenfarbig. Die Gewürznelken wachsen an der Spitze kleiner Zweige in Büscheln, manchmal zehn, manchmal sogar zwanzig. Je nach der Jahreszeit trägt der Baum auf der einen Seite mehr Früchte als auf der anderen.

Zuerst ist die Frucht weiß, während der Reife wird sie rötlich, dann, wenn sie trocken ist, schwarz. Geerntet wird zweimal jährlich, einmal zu Weihnachten, das andere Mal zu Johannis, wenn die Luft in diesen Gegenden am mildesten ist. Beim Winter-Solstitium herrscht die größte Hitze, weil die Sonne zu dieser Zeit im Zenit steht.

In warmen, trockenen Jahren beträgt die Ernte auf jeder Insel 300 bis 400 Bahars. Der Baum gedeiht nur auf Bergen, verpflanzt man ihn in die Ebene, stirbt er sofort. Blatt, Rinde und selbst das Holz haben denselben Geruch und denselben Geschmack wie die Frucht selbst. Nimmt man diese nicht zur Zeit der Reife ab, wird sie so dick und so hart, dass nur noch die Schale verwendbar ist. Nur auf den Molukken gibt es Nelkenbäume, ausgenommen Giailolo und die kleine, zwischen Tadore und Mutir gelegene Insel Mare. Aber die Früchte, die von diesen beiden Inseln stammen, sind nicht so gut.

Die Muskatnuss

Die Insel Giailolo bringt auch die Muskatnuss hervor. Diese besitzt mit unseren Nüssen viel Ähnlichkeit; das gilt sowohl für die Frucht als auch für die Blätter. Zur Zeit der Ernte hat sie die Farbe und den rauen Überzug einer kleinen Quitte. Die äußere Schale ist so dick wie die grüne Schale unserer Walnüsse. Unter dieser findet sich ein feines Gewebe und darunter wieder die lebhaft rote Macis. Die Macis umschließt die hölzerne Schale, in der sich die eigentliche Nuss befindet.

Ingwer

Ferner gedeiht auf dieser Insel Ingwer, den wir grün anstelle des Brotes aßen. Das Gewächs, von dem er stammt, ist kein Baum, sondern ein Strauch, der aus der Erde spannenlange Schösslinge und Blätter treibt, die dem Schilfrohr ähnlich, aber schmaler sind. Die Schösslinge sind nichts wert, nur die Wurzel macht den Ingwer aus, der gehandelt wird. Der grüne Ingwer ist nicht so scharf wie der getrocknete, den man mit Kalk vermischt, damit er haltbarer wird.

Häuser

Die Behausungen dieser Insulaner gleichen jenen, die wir auf den anderen Inseln gesehen haben. Nur sind sie nicht so weit vom Erdboden entfernt und von einer Bambushecke umgeben. Bevor die Insulaner ein neu erbautes Haus beziehen, zünden sie ringsum Feuer an und begehen ein Fest. Sie hängen von allem, was die Insel Gutes hervorbringt, etwas an das Dach und glauben, dass es den künftigen Bewohnern an diesen Dingen nie mangeln werde.

Schürzen aus Baumrinde

Die Frauen sind hässlich, gehen nackt und tragen nur eine kleine Schürze aus Baumrinde. Die Männer halten sich an dieselbe Tracht und sind trotz der Hässlichkeit ihrer Weiber sehr eifersüchtig. Sie gerieten jedes Mal in Zorn, wenn wir uns mit entblößtem Oberkörper an Land begaben, weil sie meinten, wir wollten auf diese Weise ihre Frauen in Versuchung führen.

Brot

Ihr Brot bereiten die Insulaner so: Sie nehmen ein Stück weiches Holz von einem palmenähnlichen Baum, suchen die langen schwarzen Dornen, die darin stecken, heraus, schlagen es und backen es dann über einem offenen Feuer. Sie nennen das Brot Sagu und verwenden es vor allem als Vorrat für ihre Fahrten auf dem Meer.

November 1521

Die Bewohner Tarenates kamen Tag für Tag mit ihren Booten und boten uns Gewürznelken an. Da wir auf die Rückkehr des Königs warteten, beschränkten wir uns aber darauf, Lebensmittel gegen Glasperlen einzutauschen. Bald merkten wir, dass die Eingeborenen damit nicht zufrieden waren und nicht nur einmal sahen wir drohend erhobene Fäuste.

24. November 1521

Am 24. November, einem Sonntag, kehrte der König unter Paukenschall zurück und fuhr zwischen unseren beiden Schiffen durch. Wir begrüßten ihn, um ihm unsere Achtung zu beweisen, mit mehreren Kanonenschüssen. Er teilte uns mit, dass wir gemäß seinem Befehl in Kürze genug Gewürznelken erhalten würden.

25. November 1521

In der Tat erhielten wir schon am Montag 791 Cathils[64] Gewürznelken. Da sie die ersten waren, die wir luden, feuerten wir zum Zeichen unserer Freude mehrere Kanonenschüsse ab. Die Gewürznelken heißen auf den Molukken Ghomoden, auf Sarangani Bongaloven und in Malakka Chianche.

Nebel

Tagtäglich sahen wir bald auf diesem, bald auf jenem Berg Nebel, welche die Form kleiner Wolken hatten. Diese Nebel sollen für die Vortrefflichkeit der Gewürze sorgen. Jeder Bewohner dieser Inseln besitzt mehrere Bäume, die er selber betreut und deren Früchte er selber erntet. Um ihr Wachstum kümmert er sich nicht.

---

64 Ungefähr 900 kg.

26. November 1521

Heute stattete uns der König wieder einen Besuch ab und wies darauf hin, dass er uns zuliebe etwas getan habe, was keiner seiner Vorgänger getan haben würde: nämlich seine Insel zu verlassen. Er habe dies aber gern getan, um seine Freundschaft für den König von Spanien unter Beweis zu stellen und es uns zu ermöglichen, früher nach Hause zurückzukehren. Er bat uns bald mit einer großen Streitmacht wiederzukommen und den Tod seines Vaters zu rächen, der auf der Insel Buru getötet und auch noch geschändet worden sei. Denn seine Feinde hätten seinen Leichnam ins Meer geworfen, anstatt ihn zu begraben.

Einladung des Königs

Er machte uns auch darauf aufmerksam, dass er die Absicht habe, für uns ein Fest zu geben. Hierzu wolle er den König von Bachian und dessen Bruder einladen. Als wir ihn nach dem Anlass fragten, erklärte er, dieses Fest werde immer abgehalten, wenn Kaufleute die ersten Gewürznelken geladen hätten, außerdem wolle er Gebete für unsere glückliche Heimkehr verrichten. Er habe schon alles vorbereiten und die Wege säubern lassen.

Verdacht

Diese Einladung gefiel uns nicht. Wir hatten erfahren, dass an dem Ort, wo wir uns mit Wasser versorgten, erst vor kurzem drei Portugiesen, Begleiter Serranos, von Insulanern, die sich im nahen Gehölz versteckt hatten, überfallen und ermordet worden waren. Außerdem sahen wir unsere Gefangenen oft mit Eingeborenen die Köpfe zusammenstecken. Aus diesem Grunde und weil wir uns auch noch zu sehr an Zubu erinnerten, schlugen wir die Einladung aus. Dafür luden wir den König an Bord unserer Schiffe ein und baten ihn, möglichst bald zu kommen, damit wir ihm die vier versprochenen Sklaven und einige andere Waren übergeben könnten. Wir ließen ihn auch wissen, dass wir nun bald in See stechen würden.

Beschwerde des Königs

Der König erschien, ohne das geringste Misstrauen zu zeigen, noch an demselben Tage. Er erklärte, er komme zu uns, wie wenn er sein eigenes Haus beträte, und versicherte uns, dass ihn unser Entschluss, so rasch und unvermittelt abzureisen, sehr betrübe, weil andere Schiffe zur Ladung immer dreißig Tage gebraucht hätten und er selbst dazu beigetragen habe, unseren Aufbruch zu beschleunigen. Er gab uns auch zu bedenken, dass die Jahreszeit der Schifffahrt nicht günstig sei, und warnte uns vor den Untiefen in der Nähe von Bandan. Zuallerletzt fügte er noch hinzu, dass wir gerade jetzt am ehesten Gefahr liefen, portugiesischen Schiffen zu begegnen und deshalb gut daran täten, noch ein wenig zu warten.

Der Schwur des Königs

Mit allen diesen Worten bezweckte der König, uns zum Bleiben zu bewegen. Als er sah, dass er uns nicht zurückhalten konnte, sagte er: »So will ich euch alles, was ihr mir im Namen des Königs von Spanien geschenkt habt, zurückgeben. Denn wenn ihr abreist, ohne zu warten, bis ich für euren König Geschenke ausgewählt habe, die seiner würdig sind, werden mich alle benachbarten Könige des Undanks und des Geizes zeihen. Außerdem werden sie behaupten, ihr hättet es so eilig gehabt, weil ihr Verrat von meiner Seite befürchtet hättet und so werde ich mein ganzes Leben den Namen eines Verräters tragen müssen.« Nach diesen Worten ließ er, um uns allen Verdacht zu nehmen, den Koran bringen. Er legte ihn viermal auf sein Haupt, nachdem er ihn ehrfürchtig geküsst hatte, und murmelte ein Zambehan genanntes Gebet. Hierauf verkündete er mit lauter Stimme, dass er bei Allah und beim Koran schwöre, immer ein treuer Freund des Königs von Spanien zu bleiben. Er war sehr gerührt bei diesen Worten und nun blieb uns nichts anderes übrig, als ihm zu versprechen, dass wir noch 14 Tage in Tadore bleiben würden.

Verschwörung

Wir übergaben ihm das Siegel des Königs und die königliche Fahne. Später erfuhren wir, dass ihm einige Häuptlinge der Insel den Rat gegeben hatten, uns alle ermorden zu lassen, wodurch er das Wohlwollen und die Dankbarkeit der Portugiesen gewinnen würde, die ihm besser als wir bei einem Feldzug gegen den König von Bachian beistehen könnten. Der König hatte aber entrüstet geantwortet, dass ihn niemand und nichts auf der Welt zu einer solchen Treulosigkeit bewegen könne.

27. November 1521

Heute ließ der König öffentlich verkünden, dass alle, die Gewürznelken besäßen, nun zu den Schiffen kommen dürften, um mit uns zu handeln. Wir kauften mit großer Hast alles, was uns angeboten wurde.

29. November 1521

Heute kam der König von Machian nach Tadore. Er wollte sich aber nicht an Land begeben, weil sich sein Vater und sein Bruder, die von Machian vertrieben worden waren, auf diese Insel geflüchtet hatten.

30. November 1521

Am Samstag brachte der König von Tadore seinen Neffen Humai, der mit 25 Jahren schon Minister war, auf die Schiffe mit. Als er hörte, dass wir kein rotes Tuch mehr besaßen, schickte er sofort einen Boten an Land, der drei Ellen holte. So gaben wir dem Minister ein Geschenk, das wir dem König von Tadore gemacht hatten. Außer Kanonenkugeln besaßen wir nichts mehr und so feuerten wir wenigstens unsere Bombarden ab, als uns der König und der Minister verließen.

Dezember 1521

Am Donnerstag und am Freitag kauften wir eine große Menge Gewürznelken, sowohl in der Stadt als auch von den Insulanern, die mit ihren Booten zu uns gekommen waren. Da sich herumgesprochen hatte, dass wir bald abzureisen gedachten, kauften wir sehr billig. Aber unsere Tauschwaren gingen nun gänzlich zur Neige. Und da jeder Matrose den ihm als Frachtbegünstigung zustehenden Teil nach Hause bringen wollte, kam es nur zu oft vor, dass mehr als einer sein Hemd, seine Kappe und seine Waffen für Gewürznelken gab.

De Lorosa geht an Bord

Am Samstag besuchten uns drei Söhne des Königs von Tarenate mit ihren Frauen, Töchtern des Königs von Tadore. Zusammen mit ihnen kam der Portugiese de Lorosa an Bord. Wir beschenkten die drei Brüder und ihre Frauen mit Scheren, da wir keine anderen Geschenke mehr besaßen.

Als sie uns verließen, feuerten wir wieder unsere Kanonen ab. Da der Tag unserer Abreise schon feststand, besuchte uns der König nun täglich. Wir sahen, dass ihm der Abschied von uns sehr schwer fiel. Unter anderem versicherte er uns, dass er sich wie ein Säugling fühle, den seine Mutter verlassen wolle. Gleichzeitig bat er uns, wir möchten ihm zwei oder drei von unseren Kanonen schenken. Er warnte uns auch vor einer Fahrt während der Nacht wegen der vielen Untiefen und Klippen in diesem Ozean. Als wir ihm erwiderten, dass wir bei Tag und bei Nacht segeln würden, um rascher nach Spanien zu gelangen, versicherte er uns, dass er Tag und Nacht für uns beten werde.

Chechilideroix will de Lorosa zurückhalten

Pedro de Lorosa hatte seine Frau und all sein Hab und Gut an Bord gebracht, um mit uns nach Europa zurückzukehren. Zwei Tage später erschien der Sohn des Königs von Tarenate, Chechilideroix, in einem Boot, in dem sich viele Bewaffnete befanden, und bat de Lorosa, zu ihm zu kommen. Aber der Portugiese, der Chechilideroix misstraute, weigerte sich und warnte uns auch, Chechilideroix und seine Krieger an Bord kommen zu lassen. Diesen Rat befolgten wir. Später wurde uns bekannt, dass Chechilideroix, eng befreundet mit dem portugiesischen Kapitän von Malakka, den Plan verfolgt hatte, de Lorosa zu ergreifen und auszuliefern. Er entfernte sich, als er sah, dass wir seine Absicht durchkreuzt hatten, mit einem wütenden Gesicht und sparte auch nicht mit Drohungen.

15. Dezember 1521

Der König hatte uns die Nachricht zukommen lassen, dass uns der König von Bachian besuchen werde und gebeten, wir möchten unserem Gast zu Ehren unsere Geschütze sprechen lassen. Der Besuch erfolgte am 15. Dezember gegen Abend, und wir willfahrten dem Wunsch des Königs. Die größeren Stücke feuerten wir allerdings nicht ab, weil die Schiffe schon allzu sehr beladen waren. Der König von Bachian erschien in Begleitung seines Bruders in einem großen Fahrzeug, in dem drei Reihen Ruderer, insgesamt 120, saßen. Das Boot war mit Flaggen geziert, die aus weißen, gelben und roten Papageienfedern kunstvoll verfertigt waren. Die Bewegungen der Ruderer wurden durch Pauken in einem regelmäßigen

Gang gehalten. In zwei anderen Booten saßen junge Mädchen, ein Geschenk für die Braut. Denn der Bruder des Königs von Bachian wollte eine der Töchter des Königs von Tadore zur Frau nehmen. Die Flotte begrüßte uns, indem sie um unsere Schiffe herumfuhr.

Patollen

Da es die Etikette nicht erlaubt, dass ein König das Land des anderen betritt, besuchte der König von Tadore den König von Bachian auf dem Meer. Auch in seinem Fahrzeug befanden sich mehr als hundert Ruderer. Als der König von Bachian sah, dass sich das andere Fahrzeug dem seinen näherte, erhob er sich von dem Teppich, auf dem er saß, um dem König von Tadore seinen Platz abzutreten. Dieser weigerte sich jedoch aus Höflichkeit, sich auf den Teppich zu setzen, und stellte sich auf der anderen Seite daneben, sodass der Teppich nun zwischen den beiden Königen lag und frei blieb. Dann überreichte der König von Bachian dem König von Tadore als Entschädigung für die Frau, die dieser seinem Bruder gab, 500 Patollen. Patollen sind Stoffe aus Gold und Seide, die in China verfertigt werden und von diesen Insulanern sehr geschätzt werden. Sie geben dafür drei Bahars Gewürznelken, oft sogar mehr, wenn der Stoff besonders schön gearbeitet ist. Ist ein Vornehmer gestorben, legen seine Verwandten ihm zu Ehren ein Kleid aus einem solch kostbaren Stoffe an.

16. Dezember 1521

Am Montag sandte der König von Tadore dem König von Bachian ein Festmahl, das von 50 Frauen getragen wurde. Diese trugen seidene, vom Gürtel bis zum Knie reichende Kleider und gingen immer zu zweit, von einem Mann begleitet. Jede trug eine große Schüssel, in der sich kleine Teller mit den verschiedensten Speisen befanden. Die Männer brachten in großen Gefäßen Wein. In dieser Ordnung näherten sie sich der Barke des Königs, der unter einem gelben Baldachin saß, und überreichten ihm alles. Beim Zurückgehen hingen sich die Frauen an einige von unseren Matrosen, die neugierig umherstanden, und ließen sie erst los, als sie kleine Geschenke von ihnen erhalten hatten. Viele der Matrosen gaben diese Geschenke allerdings nicht umsonst. Der König von Tadore schickte später auch Lebensmittel für uns und zwar Ziegen, Kokosnüsse und Wein.

Wahlspruch für die neuen Segel

Heute versahen wir unsere Schiffe mit neuen Segeln, auf welche wir das Kreuz des heiligen Jakobus von Galicien und die Inschrift: »Dies ist das Zeichen unserer glücklichen Fahrt« gemalt hatten.

17. Dezember 1521

Am Dienstag schenkten wir dem König die Flinten, die wir auf den erbeuteten Dschunken gefunden hatten, und eine Kanone samt vier Fässern Pulver. Auf jedes Schiff nahmen wir 80 Tonnen Wasser auf. Holz sollten wir auf der Insel Mare bekommen. Der König hatte bereits vor fünf Tagen hundert Mann dorthin geschickt, um es für uns schlagen zu lassen.

Bündnis mit dem König von Bachian

Heute erhielt der König von Bachian vom König von Tadore die Erlaubnis, sich an Land zu begeben und ein Bündnis mit uns zu schließen. Vier Insulaner, die aufwärts gerichtete Dolche in der Hand hielten, gingen vor ihm her. Er beteuerte in Gegenwart des Königs von Tadore, dass er alle Gewürznelken, welche die Portugiesen auf seiner Insel gelassen hatten, bis zur Ankunft einer neuen spanischen Flotte aufbewahren und niemand anderem aushändigen werde. Zum Zeichen, dass er gewillt war, dem König von Spanien immer zu dienen, übergab er uns als Geschenk für den Herrscher einen Sklaven und zehn Bahars Gewürznelken. Den Sklaven nahmen wir in Empfang, von den Gewürznelken aber nur zwei Bahars, da unsere Schiffe schon so beladen waren, dass wir eine größere Fracht nicht mehr aufnehmen konnten.

Vögel aus dem Paradies

Ferner bat uns der König von Bachian, dem König von Spanien in seinem Namen zwei sehr schöne tote Vögel zu überreichen. Diese Vögel haben die Größe einer Drossel, einen kleinen Kopf, einen langen Schnabel und Beine, die nicht dicker als eine Schreibfeder sind. Ihr Schwanz gleicht dem der Drossel, sie besitzen aber keine Flügel, sondern an ihrer Stelle verschiedenfarbige Federn, die Reiherfedern ähnlich sind. Die übrigen Federn sind dunkel. Diese Vögel können nur fliegen, wenn ein Wind weht. Man behauptet, dass sie aus dem Paradies kommen, und nennt sie Bolondinata, Vögel der Götter[65].

Ein niederträchtiger Brauch

Der König von Bachian mochte etwa 70 Jahre alt sein. Man erzählte uns von ihm, dass er vor einem Kampf gegen seine Feinde oder einem anderen wichtigen Unternehmen bei einem Diener, der ausdrücklich hierzu bestimmt sei, ein ähnliches Vergnügen suche, wie, wenn man Sueton Glauben schenken darf, es Nicomedes bei Caesar zu machen pflegte.

65 Es waren Paradiesvögel.

Zauberer

Eines Tages schickte der König von Tadore einen Boten zu den Matrosen, die bei unseren Waren Wache hielten, und ließ ihnen sagen, sie möchten des Nachts nicht ausgehen, da es unter den Insulanern Zauberer gebe, die es verstünden, durch gewisse Salben die Gestalt eines Menschen ohne Kopf anzunehmen. In diesem Zustand gingen sie während der Nacht umher und wenn sie einem Menschen begegneten, berührten sie seine Hand und bestrichen seinen Daumen mit einer der erwähnten Salben. Dieser Mensch werde dann krank und sterbe unweigerlich drei bis vier Tage danach. Der König fügte hinzu, dass er schon seit langem bemüht sei, diese Zauberer kennenzulernen. Einige habe er schon ertappt und hängen lassen.

18. Dezember 1521

Der König von Bachian anerkannte die Oberherrschaft des Königs von Spanien. Er und alle anderen Könige der Molukken richteten an den König von Spanien ein Schreiben, in dem sie versicherten, immer treue Untertanen der spanischen Krone sein zu wollen.

18. Dezember 1521

Am Mittwochmorgen war alles für unsere Abreise bereit. Die Könige von Tadore, von Giailolo und von Bachian und der Sohn des Königs von Tarenate hatten sich eingefunden, uns bis zur Insel Mare zu begleiten.

Das Schiff »Victoria« lichtete zuerst die Anker und gewann bald die offene See, wo es auf die »Trinidad« wartete.

Dieser jedoch fiel es schwer, den Anker zu heben. Dabei sahen die Matrosen, dass das Schiff im Boden des untersten Schiffsraumes ein starkes Leck hatte. Als dies auf der »Victoria« bekannt wurde, fuhr sie wieder zurück und legte sich an ihrem alten Platz vor Anker. Die »Trinidad« wurde zum Teil ausgeladen, um das Leck finden und verstopfen zu können. Obwohl das Schiff auf die Seite gelegt wurde und das Wasser fortwährend wie durch eine Röhre eindrang, waren wir doch außerstande, die schadhafte Stelle zu finden. An diesem und am folgenden Tage wurde unablässig gepumpt, alle Mühe war jedoch umsonst.

Taucher

Auf diese Unglücksbotschaft eilte der König von Tadore herbei, um uns beim Suchen des Lecks zu helfen. Er hatte nicht mehr Glück als wir. Darauf gab er fünf Insulanern, die lange unter Wasser bleiben konnten, den Befehl unter das Schiff zu tauchen. Sie blieben über eine halbe Stunde unter Wasser, aber auch sie konnten die Stelle, wo das Wasser eindrang, nicht finden. Da das Schiff trotz allen Pumpens immer mehr sank, ließ der König vom anderen Ende der Insel noch geschicktere Taucher holen. Diese fanden sich am nächsten Morgen ein und tauchten mit fliegenden Haaren unter, in der Meinung, dass das Wasser an der Stelle, wo das Schiff leck war, ihre Haare mit sich fortziehen und so die Öffnung anzeigen werde. Sie suchten über eine Stunde lang, aber trotzdem konnten auch sie das Leck nicht finden.

19. Dezember 1521

Nun sah auch der König keinen Ausweg mehr. Er sagte unter Tränen: »Wer wird nun nach Spanien segeln, um dem dortigen König, meinem Herrn, Nachrichten von mir und meine Geschenke zu überbringen?« Wir gaben zur Antwort, dass uns nichts anderes übrig bliebe, als die »Victoria« allein nach Spanien zu schicken. Diese müsse sogleich in See stechen, um die

Ostwinde zu nutzen, die nun zu wehen begännen. Unterdessen müsste die »Trinidad« ausgebessert werden. Sie könne dann mit den Westwinden nach der Landenge von Darien fahren, die auf der anderen Seite des Meeres im Lande Diucanan[66] liege. Der König versicherte uns, dass er 250 Zimmerleute in seinem Dienst habe, die unter unserer Anleitung sicher imstande sein würden, das Schiff auszubessern. Er versprach auch alle jene, die auf der Insel bleiben mussten, wie seine eigenen Kinder zu behandeln. Als er dieses Versprechen abgab, klang aus seiner Stimme so viel Rührung, dass die meisten von uns die Tränen nicht zurückhalten konnten.

Wir vermindern den Ballast der »Victoria«

Da wir befürchteten, die »Victoria« könnte infolge ihrer schweren Ladung mitten auf dem Meer leck werden und sinken, brachten wir 60 Zentner Gewürznelken an Land und stapelten sie in dem Haus auf, das für die Mannschaft der »Trinidad« rasch erbaut worden war. Nicht nur einer von der »Victoria« wäre lieber auf Tadore geblieben, anstatt nach Spanien zurückzukehren. Denn die meisten hatten Angst, das Schiff werde einer so weiten Fahrt nicht mehr gewachsen sein, außerdem hatte noch keiner die Mühsale vergessen, die wir auf der Fahrt zu den Molukken erduldet hatten. Vor allem aber befürchteten die meisten, mitten auf dem Meer vor Hunger umzukommen.

21. Dezember 1521

Am Samstag, dem St.-Thomas-Tag, schickte uns der König von Tadore zwei Lotsen, die uns aus diesem Gewirr von Inseln herausführen sollten. Sie erklärten, dass das Wetter für die

66 Yukatan.

Fahrt vortrefflich sei und wir gar nicht früh genug in See stechen könnten. Da wir aber noch auf die Briefe unserer zurückbleibenden Gefährten warten mussten, konnten wir erst mittags unter Segel gehen. Die beiden Schiffe nahmen voneinander Abschied, indem sie die Kanonen sprechen ließen, und unsere Freunde begleiteten uns noch in ihrem Boot. Schließlich schieden wir mit vielen Tränen und Umarmungen voneinander.

Juan Carvajo bleibt zurück

Juan Carvajo blieb mit 53 Europäern auf Tadore, unsere Mannschaft bestand aus 47 Europäern und 13 Indern.

Holz von der Insel Mare

Einer der Minister des Königs von Tadore begleitete uns bis zu der Insel Mare. Kaum hatten wir sie gesichtet, kamen auch schon vier Boote auf uns zu, die mit Holz beladen waren. In weniger als einer Stunde hatten wir es an Bord genommen und dann segelten wir in südwestlicher Richtung ab.

Reichtum der Molukken

Auf allen diesen Inseln gibt es außer Gewürznelken Ingwer, das Sagu genannte Holz, aus dem Brot bereitet wird, Reis, Kokosnüsse, Feigen, Mandeln, die weit größer als unsere sind, süße und saure Granatäpfel, Zuckerrohr, Melonen, Gurken, Kürbisse, eine sehr erfrischende Frucht von der Größe einer Wassermelone, die Comilicai heißt, andere schmackhafte Früchte und Kokos- und Sesamöl. An nutzbaren Tieren findet man Ziegen, Hühner und Bienen[67], die nicht größer als Ameisen sind und ihren vorzüglichen Honig in hohle

---

67 Sammelbienen. Es gibt davon rund 2000 Arten; sie sind 2 bis 20 mm groß.

(A) Zweig einer Pfefferstaude, (1) Frucht der Pfefferstaude, (B) Bananenbaum, (2) Banane, (C) Ananas, (D) Kokospalme, (3) Kokosnuss, (4) das Innere der Kokosnuss, (E) Gewürznelke, (5) Blüte, (6) Frucht

Bäume bauen. Auch verschiedene Papageien habe ich gesehen, darunter weiße, die Catara heißen, und rote, die Nori genannt werden und nicht nur wegen ihrer schönen Federn begehrt sind, sondern auch deshalb, weil sie am deutlichsten sprechen lernen. Ein solcher Papagei kostet einen Bahar Gewürznelken.

Eroberung durch die Mauren

Vor kaum fünfzig Jahren eroberten die Mauren diese Inseln. Sie besetzten sie und brachten ihre Religion mit. Vor ihnen wohnten hier Heiden, die sich nicht um die Nelkenbäume kümmerten. Heute gibt es nur noch wenige heidnische Familien. Diese leben im Gebirge in Gegenden, wo der Nelkenbaum am besten gedeiht. Die ganze Provinz, wo der Nelkenbaum wächst, heißt Malucco.

Lage der Inseln

Die Insel Tadore liegt unter 0° 27' nördlicher Breite und 161° der Länge von der Trennungslinie. Die Insel Tarenate liegt 1° 40' nördlich vom Äquator. Mutir liegt unter der Linie selbst, Machian 15' südlich.

Vom Abschied von den Molukken bis zur Ankunft in Spanien

Dezember 1521

Wir kamen auf unserer Weiterfahrt zwischen unzähligen Inseln durch, die Caioan, Laigoma, Sico, Giogi, Cafi, Laboan, Toliman, Titameti, Mago und Batuliga heißen. Man erzählte uns, dass die Menschen auf Cafi noch kleiner als die Pygmäen seien.

Wir passierten die Westküste von Batuliga und nahmen unsere Richtung gegen Westsüdwest. Im Süden sahen wir mehrere kleine Inseln. Unsere Lotsen rieten uns, hier in der Nähe vor Anker zu gehen, um nicht während der Nacht in die Untiefen zwischen diesen kleinen Inseln zu geraten. Wir steuerten daher gegen Südosten und gingen an der Küste einer Insel vor Anker, die unter 2° südlicher Breite liegt und 55 Leghe von Tadore entfernt ist.

Sulach

Diese Insel trägt den Namen Sulach. Ihre Bewohner haben keinen König und sind Menschenfresser und Heiden. Männer und Weiber gehen nackt, abgesehen von einem kleinen, zwei Finger breiten Riemen aus Baumrinde, der um die Hüften geschlungen wird. In der Nähe gibt es noch andere Inseln, auf welchen es gang und gäbe ist, Menschenfleisch zu essen. Diese Inseln heißen Silan, Noselano, Biga, Atulabaon, Leitimor, Tenetum, Gondia, Peilarurum, Manadan und Benaia.

Buru

Von Sulach segelten wir entlang der Inseln Lamatola und Tenetum weiter. Ab Abend ankerten wir bei einer großen Insel, die Buru heißt. Hier fanden wir Nahrungsmittel im Überfluss und zwar Schweine, Ziegen, Hühner, Zuckerrohr, Kokosnüsse, Sagu und Chiacaren[68], die hier Nanga heißen.

Früchte

Die Chiacaren haben eine sehr raue Schale und sehen wie Wassermelonen aus. Ihr Inneres ist mit kleinen roten, den Melonenkernen ähnlichen Samen angefüllt, ihr Geschmack ähnelt dem der Kastanien. Manche allerdings sind bitter und daher ungenießbar.

Bandan

35 Leghe von Buru entfernt befinden sich zwölf Inseln, die hier den Namen Bandan tragen. Sechs von ihnen bringen Muskatnüsse hervor, auf den anderen wachsen alle Fruchtbäume, die es in diesen Gegenden gibt. Alle diese Inseln liegen nahe beieinander und werden von Mauren bewohnt, die keinen König haben. Die Bandan-Inseln liegen unter 6° südlicher Breite. Da die Inseln nicht auf unserem Weg lagen, besuchten wir sie nicht.

8. Januar 1522

Unter 8° kamen wir zu drei nahe beieinanderliegenden Inseln, die Zlot, Nocemamor und Gahan heißen. Zwischen diesen Inseln überfiel uns ein furchtbarer Sturm. Um unser Leben bangend, gelobten wir eine Wallfahrt zur heiligen Maria de la Guida zu unternehmen, falls wir davonkämen. Wir legten uns gerade vor den Wind und steuerten einer hohen Insel zu, vor der wir Anker warfen.

68 Gurken.

Mallua

Die Einwohner dieser Insel, die Mallua heißt, sind Wilde und gleichen eher unvernünftigen Tieren als Menschen. Sie sind Menschenfresser und gehen völlig nackt. Nur wenn sie in den Kampf ziehen, bedecken sie Brust und Rücken mit Büffelfellen, die mit Carmiolen[69], Schweinszähnen und aus Ziegenfellen verfertigten Schwänzen geziert sind, von welchen sie einen vorne und einen hinten tragen. Ihre Kopfhaare werden zu einem Büschel zusammengefasst und von Rohrkämmen mit langen Zähnen gehalten. Den Bart umhüllen sie mit Blättern und stecken ihn dann in einen trichterförmigen Behälter aus Schilf. Dadurch wollen sie wohl Furcht erregend wirken, uns kamen sie aber nur komisch vor. Es waren die hässlichsten Menschen, die wir in diesem Teil Indiens antrafen.

Lebensmittel und Getränke bewahren sie in Säcken auf, die aus Palmblättern hergestellt werden. Ihre Bogen und Pfeile sind aus Rohr. Die Weiber kamen, ebenfalls bewaffnet, mit drohenden Mienen auf uns zu. Kaum hatten wir ihnen aber einige kleine Geschenke gemacht, zeigten sie sich freundlich und sogar willfährig.

Seltsamer Brauch

Diese Wilden durchbohren ihren Geschlechtsteil mit einer Feder, und zwar so, dass sie waagrecht zu beiden Seiten herausragt. Als wir sie fragten, weshalb sie dies täten, lachten sie über uns und gaben uns keine Antwort. Erst von ihren Weibern erfuhren wir den Grund für diesen absonderlichen Brauch. Die Weiber sagten, dies vermehre ihre Wollust und sie würden jeden Mann abweisen, der diesem Brauch nicht huldige. Sie hielten sich aber nicht daran. Treue und Ehebruch sind nämlich für sie

69 Muscheln.

unbekannte Begriffe und ihre Männer fanden nichts dabei, dass sie sich mit unseren Matrosen ergötzten.

Pfeffer

Wir blieben 14 Tage auf dieser Insel, um die Seiten unseres Schiffes, das durch Stürme viel gelitten hatte, zu kalfatern. Mangel litten wir nicht, wir fanden Ziegen, Hühner, Fische, Kokosnüsse, Wachs und Pfeffer. Für ein Pfund altes Eisen bekamen wir 15 Pfund Wachs oder Pfeffer.

Es gibt zwei Arten Pfeffer: langen und runden. Die Pflanze rankt sich wie Efeu an Baumstämmen empor und besitzt Blätter, die wie die des Maulbeerbaumes aussehen. Die Früchte des langen Pfeffers, Luli genannt, bilden Kätzchen wie die Haselnussstaude, die des runden Pfeffers – sie heißen Lada – sind ährenförmig wie die des Maises. Ihre Körner werden auf dieselbe Weise abgestreift. Überall sahen wir mit Pfefferstauden bedeckte Felder. Sogar Lauben gibt es daraus.

Lage von Mallua

Die Insel Mallua liegt unter 8° 30' südlicher Breite und 169° 40' Länge von der Demarkationslinie. Von Mallua nahmen wir einen Mann mit, der sich erbötig machte, uns nach einer Insel zu bringen, die, wie er behauptete, von Lebensmitteln geradezu überfloss.

Zwerge mit grossen Ohren

Unser alter molukkischer Lotse erzählte uns von einer in diesen Gewässern liegenden Insel namens Arucheto und behauptete, dass die dort lebenden Menschen nicht größer als eine Spanne seien und bis zum Boden reichende Ohren besäßen, sodass sie imstande seien, beim Schlafen das eine Ohr als Unterlage und das andere als Decke zu verwenden. Diese Zwerge laufen nackt umher und haben einen geschorenen Kopf, eine quiekende Stimme und einen schnellen Gang. Sie wohnen unter der Erde, leben von Fischen und einer zwischen der Rinde und dem Holz eines Baumes wachsenden Frucht, die Ambulon heißt und weiß und rund ist und überzuckertem Koriander gleicht. Wir hätten diese Zwerge gern besucht, aber Untiefen und widrige Strömungen hinderten uns daran, nach Arucheto zu fahren.

25. Januar 1522

Am 25. Januar verließen wir Mallua und erreichten nach nur 5 Leghe Fahrt am nächsten Tag eine im Südsüdwesten gelegene Insel. Von unserem Lotsen erfuhren wir, dass diese Insel den Namen Timor trägt.

Ich gehe allein an Land

Ich begab mich allein an Land, um mit dem Befehlshaber von Amaban wegen Lebensmitteln zu verhandeln. Er bot mir Büffel, Schweine und Ziegen an, verlangte aber dafür so viel, dass wir uns nicht einigen konnten. Deshalb ergriffen wir eine andere Maßnahme und nahmen den Häuptling eines anderen Ortes, der mit seinem Sohn ohne Argwohn an Bord gekommen war, fest. Wir eröffneten ihm, dass er uns 6 Büffel, 10 Schweine und 10 Ziegen bringen müsse, wolle er seine Freiheit wiedererlangen. Da er Angst hatte, wir könnten ihn töten, gab er den Befehl, uns alles Verlangte zu bringen. Es war ihm jedoch nur möglich, 5 Ziegen und 2 Schweine herbeizuschaffen. Dennoch waren wir zufrieden und beschenkten ihn sogar mit einem Beil und einem Spiegel. Auch er war mit diesem Tausch durchaus einverstanden.

Bekleidung

Der Befehlshaber von Amaban lässt sich nur von vollkommen nackten Frauen bedienen. Diese Weiber tragen in den Ohren kleine goldene Ringe, an welchen seidene Flocken befestigt sind, und an den Armen unzählige Ringe aus Gold oder Messing. Die Männer schmücken ihren nackten Körper mit runden Goldplättchen, ihre Haare werden von Rohrkämmen und goldenen Ringen zusammengehalten. Manche tragen auch einen getrockneten Kürbishals in den Ohren.

Produkte

Auf dieser Insel leben Büffel, Schweine, Ziegen, Hühner und unzählige Papageien, welche die verschiedensten Farben haben. An Lebensmitteln gibt es Reis, Feigen, Ingwer, Zuckerrohr, Pomeranzen, Zitronen, Mandeln, Schmalzbohnen und Wachs.

Handel, Februar 1522

Wir ankerten vor verschiedenen Dörfern und erfuhren, dass auf der anderen Seite der Insel die Könige dieses Eilandes zu Hause sind, vier Brüder, deren Wohnsitze Oibich, Lichsana, Suai und Cabanaza heißen. Oibich ist der größte Ort. Man berichtete uns auch, dass sich in der Nähe von Cabanaza ein Berg befindet, der ganz aus Gold besteht, und dass die Bewohner mit den Körnern dieses Metalls wie mit Geld bezahlen. Von hier beziehen die Bewohner Malakkas und Javas ihren ganzen Bedarf an Sandelholz und Wachs. Auch jetzt war eine Dschunke aus Lozon da, um Sandelholz einzuhandeln. Das weiße Sandelholz wird einzig und allein auf dieser Insel gefunden.

Aberglaube

Die Bewohner der Insel sind Heiden. Sie erzählten uns, dass ihnen beim Fällen der Sandelholzbäume schon oft der Teufel erschienen sei und gefragt habe, ob sie irgendeinen Wunsch hätten. Immer nach dieser Erscheinung seien sie viele Tage krank gewesen. Sie fällen das Holz nur, wenn der Mond voll ist, und meinen, dass sie der Vollmond vor bösen Krankheiten schützt. Am liebsten tauschen sie das Sandelholz gegen rotes Tuch, Leinwand, Beile, Eisen und Nägel ein.

Lage von Timor

Die Insel ist dicht bevölkert und erstreckt sich weit von Westen nach Osten. Von Süden nach Norden ist sie sehr schmal. Ihre südliche Breite ist 10° und ihre Länge von der Demarkationslinie 174° 30'.

Krankheit des heiligen Hiob

Keine andere Insel dieses Archipels ist mehr von der Krankheit des heiligen Hiob[70] heimgesucht als Timor. Man nennt sie hier For Franchi, das heißt portugiesische Krankheit.

Magepalier

Man erzählte uns, dass westnordwestlich von Timor, etwa eine Tagereise entfernt, eine Insel namens Ende liegt, auf der es viel Zimt gibt. Die Bewohner der Insel sind Heiden und haben keinen König. Nicht weit von da beginnt eine Inselkette, die sich bis nach Groß-Java und an die Spitze von Malakka erstreckt. Diese Inseln heißen Ende, Tanabutan, Crenochile, Birmacore, Aranaran, Mani, Zumbava, Lamboch, Chorum und Groß-Java, das die Bewohner nicht Java, sondern Jaoa nennen. Die bedeutendsten Städte liegen auf der Insel Java, die größte ist Magepalier, dessen König der mächtigste Regent weit und breit ist. Er hört auf den Namen Raja Patiunus Sunda.

---

70 Syphilis.

Man erntet hier viel Pfeffer. Eine halbe Meile von Groß-Java entfernt liegen die Inseln Bali, das auch Klein-Java genannt wird, und Madura. Beide Inseln sind gleich groß.

Witwenverbrennung

Auf Java ist es Sitte, die Körper der Vornehmen nach dem Tode zu verbrennen. Die Frau, die der Verstorbene im Leben am meisten geliebt hat, wird lebendig mit ihm verbrannt. Mit Blumenkränzen geschmückt, wird sie von vier Männern auf einem Stuhl durch die Stadt getragen und mit lachender Miene tröstet sie ihre Eltern und Freunde, die wegen ihres bevorstehenden Todes weinen, mit den Worten: »Ich werde noch heute Abend mit meinem Manne speisen und diese Nacht mit ihm zu Bette gehen.« Ist der Scheiterhaufen erreicht, ermutigt sie sich selbst mit ähnlichen Worten und stürzt sich dann in die Flammen, die sie verzehren. Würde sich eine Frau weigern, so zu handeln, hielte man sie für eine schlechte Gattin und ein verachtungswürdiges Geschöpf.

Ein schamloser Brauch

Unser alter Lotse erzählte uns von einem anderen seltsamen Brauch, der auf Java und den anderen Inseln hier gang und gäbe ist. Wenn ein Jüngling in eine Frau verliebt ist und ihre Gunst erringen will, befestigt er kleine Glocken auf seinem Geschlechtsteil und begibt sich dann zu der Wohnung der Geliebten. Dort bleibt er vor der Behausung stehen und versucht, die Frau durch das Klingeln der Glöckchen anzulocken.

Frauen, vom Wind befruchtet

Unser Pilot erzählte uns ferner von der Insel Ocoloro, die nicht weit von Java entfernt ist. Diese Insel wird nur von Weibern bewohnt, die vom Wind befruchtet werden. Bringt eine von ihnen einen Knaben zur Welt, wird dieser auf der Stelle getötet, ist es aber ein Mädchen, wird es aufgezogen. Kein Mann darf es wagen, sich dieser Insel zu nähern. Die Weiber brächten ihn um, würde er ihren Boden betreten.

Sinus Magnus

Nördlich von Groß-Java, im Meerbusen von China, den die Alten Sinus Magnus nannten, gibt es einen mächtigen Baum, auf dem Vögel nisten, die so groß und stark sind, dass sie einen Büffel und sogar einen Elefanten durch die Luft mit sich forttragen können. Diese Vögel heißen Garuda[71], der Ort, wo der Baum steht, wird Puzathaer genannt, der Baum besitzt den Namen Cam Panganghi und die Frucht, die größer als eine Wassermelone ist, wird von den Eingeborenen Buapanganghi genannt. Die Mauren von Burne, die wir an Bord hatten, behaupteten, zwei solche Vögel mit eigenen Augen gesehen zu haben.

Wunderbare Rettung

Es ist unmöglich, sich diesem Baum zu nähern, da das Meer bis auf eine Entfernung von drei bis vier Meilen Strudel bildet. Das erfuhr ich von Insulanern, die Augenzeugen eines grässlichen Schiffbruchs waren. Eine Dschunke war durch die Strudel in die Nähe des Baumes getrieben worden und zerschellte. Alle, die sich an Bord befanden, ertranken, nur ein Knabe konnte sich retten. Er klammerte sich an ein Brett, wurde an Land getragen, erkletterte den Baum und versteckte sich, ohne bemerkt zu werden, unter den Fittichen eines dieser Riesenvögel. Am nächsten Morgen flog der Vogel fort, um einen Büffel zu holen. Als er sich niedergelassen hatte, kroch

71 Fabelwesen der asiatischen Mythologie. Dieses sagenhafte Motiv erscheint auch bei Marco Polo in der Geschichte vom Vogel Rock.

Witwenverbrennung auf Java

der Knabe aus seinem Versteck hervor und lief, so rasch ihn seine Füße trugen, davon.

Malakka

Das Kap von Malakka erstreckt sich bis 1° 30' südlicher Breite. Östlich davon liegen verschiedene Orte und Städte, nämlich Cingapola, Pahan, Calantan, Patani, Bradlun, Benan, Lagon, Cheregigharan, Tumbon, Prhan, Cui, Brabri, Banga, India, Jandibum, Lanu und Langhonpifa. Alle diese Städte sind wie die unseren gebaut und dem König Siri Zacabedara untertan, der in Indien wohnt.

Camogia

Weiter über Ciam hinaus gelangt man nach Camogia, dessen König Saret Zerabedera heißt, dann folgt Chiempa, dessen König der Raja Brahami Maitri ist. Diese beiden Könige sind sehr mächtig und sehr reich.

Rhabarber

In diesem Lande wächst der Rhabarber[72], der auf folgende Weise gewonnen wird: 25 bis 30 Männer begeben sich in den Wald, wo sie die Nacht auf Bäumen zubringen, teils um sich vor Löwen und anderen wilden Tieren in Sicherheit zu bringen, teils um den Geruch des Rhabarbers, den ihnen der Wind zuträgt, besser wahrnehmen zu können. Am Morgen begeben sie sich dann zu dem Ort, den ihnen der Wind verraten hat, und finden den Rhabarber, der nichts anderes als das verfaulte Holz eines großen Baumes ist. Am besten schmeckt die Wurzel, aber auch der Stamm, der Calama heißt, besitzt dieselbe heilende Kraft.

72 Die fantastischen Auskünfte über den Rhabarber hatte Pigafetta von einem Eingeborenen, der auf das Schiff gekommen war.

Cochin

An Camogia schließt sich das Königreich Cocchi, das die Eingeborenen Cochin nennen, an. Sein König hört auf den Namen Raja Seribumni Pala und ist ebenfalls mächtig und reich.

Gross-China

An Cochin grenzt Groß-China, dessen König, Santoa Raja, der mächtigste Fürst der Erde ist. Siebzig gekrönte Häupter unterstehen seiner Botmäßigkeit und jeder dieser Fürsten hat wieder 10 bis 15 andere unter sich. Der Hafen des Reichs heißt Guantan[73]. Unter den vielen Städten sind die größten Nakhin[74] und Comlaha[75]. Der König residiert in Comlaha.

Hof des Herrschers von China

In seinem Palast sind auf den vier Flanken, welche die vier Himmelsrichtungen anzeigen, die vier vornehmsten Minister aufgestellt. Jeder derselben gewährt jenen Audienz, die von seiner Seite her auf ihn zukommen. Alle Könige und Häuptlinge Groß- und Ober-Indiens gehorchen diesem Herrscher und sind verpflichtet, zum Zeichen ihrer Abhängigkeit mitten in ihrer Residenz die marmorne Statue eines Tieres aufzustellen, das stärker als der Löwe ist und Chinga[76] heißt. Dieses Tier ist auch auf dem königlichen Wappen zu sehen und alle in den Hafen von China einlaufenden Schiffe müssen sich mit dieser Figur ausweisen, die sie, aus Elfenbein oder Wachs nachgebildet, mit sich führen.

---

73 Kanton.
74 Nanking.
75 Comlaha = Kambalu = Peking.
76 Drache.

Strafe

Ist einer der Vasallen des Königs ungehorsam gewesen, wird er zur Strafe lebendig geschunden. Seine Haut wird an der Sonne getrocknet, eingesalzt und ausgestopft. Dann wird die ausgestopfte Figur an einem erhabenen Ort der Stadt aufgestellt, mit niedergedrücktem Kopf und über dem Kopf zusammengebundenen Händen, so als wolle der Tote vor dem König eine Verbeugung machen. Diese Verbeugung nennt man in Groß-China Zongu.

Der Pfau des Königs

Den König darf niemand sehen. Will aber er einen seiner Untertanen sehen, lässt er sich auf einem mit großer Kunst verfertigten und reich gezierten Pfau tragen und von sechs Frauen begleiten, die genauso wie er gekleidet sind, damit man ihn nicht von ihnen unterscheiden kann. Hierauf stellt er sich in die kostbar gezierte Statue einer Schlange, die Raga heißt. In der Brust dieser Schlange befindet sich ein Kristall und durch ihn kann der König alles beobachten, ohne selber gesehen zu werden. Er verheiratet sich nur mit seinen Schwestern, damit das königliche Blut nicht vermischt werde.

Sein Palast

Sein Palast ist von einer siebenfachen Mauer umgeben. In jedem Zwischenraum wachen beständig 10 000 Mann, die alle 12 Stunden abgelöst werden. In jeder Mauer befindet sich ein Tor und jedes Tor hat seine eigene Wache. Vor dem ersten Tor steht ein Mann, der eine große Peitsche in der Hand hält, vor dem zweiten ein Hund, vor dem dritten ein Mann mit einer eisernen Keule, vor dem vierten ein Mann mit Bogen und Pfeilen, vor dem fünften ein riesiger Krieger mit einer Lanze, vor dem sechsten ein Löwe. Das siebente Tor wird von zwei weißen Elefanten bewacht.

In dem Palast befinden sich 79 beständig von Kerzen erleuchtete Säle, die nur von den zur Bedienung des Königs bestimmten Frauen bewohnt werden. Will man um den Palast herumgehen, braucht man dazu mindestens einen Tag. Am Ende des Palastes liegen vier Säle, in welchen sich die Minister einfinden, wenn sie mit dem König sprechen wollen. In dem einen Saal sind die Wände, die Decke und selbst der Fußboden ganz mit Erz belegt, in dem zweiten mit Silber, in dem dritten mit Gold und im vierten mit Perlen und Edelsteinen. In diesen Sälen werden alle Kostbarkeiten aufbewahrt, die der König als Tribut erhält.

Die Chinesen sind weiß und gehen bekleidet. Auch essen sie wie wir an Tischen. Man sieht sogar Kreuze bei ihnen, ich weiß aber nicht, wozu sie dieselben gebrauchen.

Moschus

Aus China kommt der Moschus. Das Tier, das ihn erzeugt, ist eine Katze, der Zibetkatze ähnlich. Es ernährt sich nur von einem fingerdicken süßen Holz, das Chamaru heißt. Um den Moschus zu erhalten, setzt man dem Tier einen Blutegel an und wenn sich dieser voll gesogen hat, zerdrückt man ihn. Dann sammelt man das Blut auf einem Teller und lässt es vier bis fünf Tage an der Sonne trocknen. Dadurch wird der Moschus erst recht gut[77].

Wer ein solches Tier hält, muss dem König eine Abgabe entrichten. Die Moschuskörner, die nach Europa kommen, sind nichts anderes als kleine Stückchen jungen Ziegenfleisches,

77 Ähnliches berichtet Marco Polo über die Gewinnung von Moschus. Dort wird er aus einer Drüse des männlichen Moschustieres gewonnen, die man früher für eine Eiterblase hielt.

die man in echten Moschus getaucht hat. Die den Moschus erzeugende Katze heißt Castor, der Blutegel Linta.

Baranaci

Längs der Küste Chinas stößt man auf verschiedene Völker, die auf Inseln wohnen. Hier werden Perlen gefischt, und hier gedeiht der Zimt am besten. Das feste Land bewohnen die Lechiis. Der Eingang in ihren Hafen führt durch einen großen Berg und so sind alle Schiffe und Dschunken, die in den Hafen gelangen wollen, gezwungen, vorher ihre Masten niederzulegen. Der König dieses Landes nennt sich Moni. Er hat 20 Könige unter sich und untersteht dem König von China. Die Hauptstadt heißt Baranaci. Hier ist das große orientalische Catail[78] gelegen.

Han

Han ist eine hohe, kalte Insel, die von Kupfer, Silber, Perlen und Seide überfließt. Der König hört auf den Namen Raja Zotru. In den Bergen wohnen Menschen, die ihre Eltern ermorden, wenn diese ein gewisses Alter erreicht haben, um ihnen die Beschwerden des Alters zu ersparen. Diese Insulaner sind Heiden.

Alle diese Nachrichten erhielt ich von einem Mauren, der mir versicherte, alles mit eigenen Augen gesehen zu haben.

Abschied von Timor, 15. Februar 1522

Am 11. Februar, einem Dienstag, reisten wir von der Insel Timor ab und segelten auf das große Meer hinaus, das den Namen Laut Chidol trägt. Wir nahmen Kurs Westsüdwest und ließen, da wir vor den Portugiesen Angst hatten, die Insel

78 China.

Zumatra, die früher Traprobana hieß, zur Rechten liegen, desgleichen Pegu, Bengala, Urizza, Chelim, wo die Malaien, Untertanen des Königs von Narsinga, zu Hause sind, ferner Calicut, das demselben König untersteht, Cambaja, den Sitz der Guzzeraten, Cananor, Goa, Ormus und die ganze Küste von Groß-Indien.

Klassen und Kasten

In Groß-Indien gibt es sechs Menschenklassen, nämlich die Nairi, die Panicali, die Franai, die Pangelini, die Macuai und die Poleai. Die Nairi sind die Vornehmen oder Befehlshaber, die Panicali die Bürger. Nur diese beiden Klassen verkehren miteinander. Die Franai sammeln den Palmwein und die Feigen ein, die Macuai sind Fischer, die Pangelini Matrosen und die Poleai säen und ernten den Reis. Letztere wohnen immer auf dem Land und dürfen eine Stadt nicht betreten. Wenn man ihnen etwas geben will, legt man diesen Gegenstand auf die Erde, von wo sie ihn aufheben. Gehen sie auf der Straße, rufen sie beständig »Po, po, po.«. Das heißt: »Hütet euch.« Es wurde mir erzählt, dass ein Nairi, der von einem Poleai berührt worden war, Selbstmord beging, um diesen Schimpf nicht überleben zu müssen.

9. März 1522

Nachdem wir viele Tage hindurch bei heiterem Wetter rasch vorwärts gekommen waren, überfiel uns am 9. März ein furchtbarer Orkan, der uns zwang, alle Segel einzuziehen. Er hinderte uns eine ganze Woche lang, unseren Kurs fortzusetzen. Vier Matrosen wurden vom Deck hinuntergespült und ertranken. Ich selbst entging einmal mit knapper Mühe dem Tode. Zwei Ziegen, die wir an Bord hatten, rissen sich, von Angst gepeinigt, los und sprangen ins Wasser.

18. März 1522

Heute erblickten wir eine hohe Insel[79]. Wir steuerten auf sie zu, waren aber außerstande, sie anzulaufen. Die Insel liegt in 38° südlicher Breite und scheint unbewohnt und unbewaldet zu sein. Sie hat einen Umfang von etwa 6 Leguas. Wir hatten gehofft, hier Lebensmittel finden zu können. Unsere Vorräte neigten sich schon wieder dem Ende zu, vieles war während des Orkans durch eindringende Wassermassen vernichtet worden.

7. Mai 1522

Nachdem wir einmal unter heftigen Stürmen und dann wieder unter völliger Windstille zu leiden gehabt hatten, errechneten wir am 7. Mai, dass das Kap der Guten Hoffnung schon etwa 57 Leghe hinter uns im Osten liegen musste. Dies richtete uns wieder etwas auf. Denn wir nährten uns nur noch von Korn, Reis und Wasser und die meisten von uns waren krank. Sie erbrachen, fieberten, und ihr Zahnfleisch war stark geschwollen. Ich litt unter Nesseln, die meinen ganzen Körper bedeckten und wie Feuer brannten. Am liebsten, Euer Hochwohlgeboren, wäre ich ins Meer gesprungen, um dort Kühlung zu finden.

Rio Infante

Heute sichteten wir zu unserer Überraschung Land. Es war keine angenehme Überraschung. Wir hatten den Rio Infante erreicht und waren vom Kap noch 160 Leghe entfernt.

Wir suchten die Küste nach einem Hafen ab, konnten aber keinen finden. Damit wurde unsere Hoffnung, Lebensmittel zu erhalten und endlich unseren Hunger zu stillen, abermals zunichte.

---

79 Es war Neu-Amsterdam.

In diesen Tagen hatten manche von den Unsrigen seltsame Erscheinungen. Sie sahen Stücke gebratenen Fleisches, Krüge voll Wein und erfrischende Früchte. Ein Matrose berichtete mir, er habe mitten auf dem Deck einen großen gebratenen Fisch gesehen und der Fisch sei, als er nach ihm greifen wollte, davongelaufen und ins Meer gesprungen. Ich hielt ihm vor, dass ein Fisch nicht laufen könne und er antwortete mir, der Fisch habe Beine gehabt. Dies habe er deutlich gesehen.

Durst

In diesen Tagen neigten sich auch unsere Wasservorräte dem Ende zu. Der Kapitän war gezwungen, das Wasser einzuteilen, und so erhielten wir nur noch einen Becher für einen ganzen Tag. Manche tranken ihre Portion aus, kaum dass sie sie erhalten hatten, andere verstanden es, mit ihrem dürftigen Vorrat so Haus zu halten, dass ihnen auch für den Abend ein Schluck blieb. Es kam häufig vor, dass einer dem anderen das Wasser stahl. Denn der Durst war noch grausamer als der Hunger.

Vorschlag in Mosambik anzulegen

Einige von uns, besonders die Kranken, wären gern nach Mosambik gesegelt, wo sich eine portugiesische Niederlassung befindet. Zu diesem Wunsch bewog sie teils der schlechte Zustand des Schiffes, das mehrere Lecks hatte, teils die heftige Kälte, der wir ausgesetzt waren, vor allem aber der Umstand, dass unser Proviant und der Trinkwasservorrat zu Ende gingen. Alles Fleisch war nämlich in Fäulnis übergegangen, weil wir keine Möglichkeit besessen hatten, es einzusalzen. Da jedoch dem größeren Teil der Mannschaft die Ehre mehr galt als das Leben, beschlossen wir, allen Gefahren, die noch auf uns warteten, zum Trotz nach Spanien zurückzukehren.

16. Mai 1522

Heute überfiel uns knapp nach Sonnenuntergang abermals ein schrecklicher Sturm, der den Fockmast und die Fockrahe in Stücke brach. Die Folgen dieses Unglücks zeigten sich schon am nächsten Tag. Wir konnten nur 10 Leghe zurücklegen.

19. Mai 1522

Um das Kap der Guten Hoffnung umschiffen zu können, waren wir gezwungen, bis 42° südlicher Breite zu segeln. Während dieser Zeit mussten wir wegen der beständigen West- und Nordwestwinde, die Ungetüme von Wellen gegen unseren Bug warfen, mit gerefften Segeln fahren. Das Kap liegt unter 34° 30' südlicher Breite und ist 1600 Leghe von dem Kap von Malakka entfernt. Es ist das größte und gefährlichste Vorgebirge der Erde.

Das Kap passiert

Endlich passierten wir mit Gottes Hilfe dieses fürchterliche Kap. Wir mussten uns aber dem Land bis auf 5 Leghe nähern, sonst wären wir nie daran vorbeigekommen.

8. Juli 1522

Wir waren nun ganze zwei Monate lang immer nordwärts gefahren, ohne ausruhen zu können, und in diesem Zeitraum starben 21 von uns, teils Christen, teils Inder. Wenn die Leichname ins Meer geworfen wurden, machten wir eine seltsame Beobachtung: Die Leichen der Christen kehrten das Gesicht gegen den Himmel, die der Heiden gegen das Wasser.

Nun besaßen wir überhaupt keine Lebensmittel mehr. Hätte uns der Himmel kein günstiges Wetter beschert, wären wir alle vor Hunger umgekommen.

9. Juli 1522

Am 9. Juli, einem Mittwoch, sichteten wir die Inseln des Grünen Vorgebirges und gingen an der Küste der Insel S. Jacobo vor Anker. Da wir wussten, dass wir uns in Feindesland befanden, schickten wir, um Lebensmittel zu holen, nur ein Boot an Land. Wir trugen der Besatzung auf zu erzählen, dass wir von unserem Wege abgekommen wären und diesen Hafen deshalb angelaufen hätten, weil unser Fockmast unter der Linie gebrochen sei. Unser Kapitän habe, während wir den Versuch unternahmen, den Schaden zu beheben, mit den übrigen Schiffen die Fahrt nach Spanien fortgesetzt. Auf keinen Fall, schärften wir den Männern ein, durften sie zugeben, dass wir das Kap der Guten Hoffnung umschifft hatten. Man glaubte uns, und wir erhielten mehrere Säcke Reis.

10. Juli 1522

Um festzustellen, ob unsere Tagebücher und das Logbuch richtig geführt wurden, erkundigten wir uns, welchen Tag man schrieb. Wir erhielten zur Antwort, es sei Donnerstag. Dies befremdete uns, denn unsere Rechnung zeigte erst Mittwoch und wir wollten nicht recht glauben, dass wir uns um einen Tag geirrt hatten. Ich selbst war deshalb am meisten erstaunt, denn ich hatte, da ich nie krank gewesen war, mein Tagebuch täglich führen können. Tagtäglich hatte ich das Datum vermerkt. Erst später erfuhren wir, dass unsere Rechnung tatsächlich fehlerhaft gewesen war und dies deshalb, weil wir die Erde von Osten nach Westen, dem Lauf der Sonne folgend, ganz umschifft und daher den Wechsel von Tag und Nacht im Ganzen einmal weniger gehabt hatten als die, die ununterbrochen auf derselben Stelle geblieben waren.

13 Spanier zurückbehalten

Als das Boot zum dritten Mal mit 13 Mann an Land ging, um Trinkwasser einzunehmen, bemerkten wir, dass man es zurückhielt. Aus den Bewegungen auf verschiedenen Karavellen nahmen wir wahr, dass sich die Portugiesen auch unseres Schiffes bemächtigen wollten. Dies bestimmte uns, auf der Stelle in See zu stechen. Wir erfuhren später, dass unser Boot und unsere Männer deshalb angehalten worden waren, weil einer der Matrosen unser Geheimnis verraten und erzählt hatte, dass unser Kapitän gestorben und unser Schiff allein von der Flotte übrig sei, die Magaglianes zu den Molukken geführt hatte. Nun waren wir nur noch 22 Mann und die Hälfte davon war krank.

6. September 1522

Am 6. September, einem Samstag, erreichten wir den Hafen von Sanlúcar. Nun waren nur noch 18 Mann am Leben, die anderen waren unterwegs vor Hunger gestorben. Von hier schrieb Juan Sebastian del Cano an den Kaiser folgenden Brief[80]:

An Seine Hochgeehrteste Majestät.

Eure Hohe Majestät möge wissen, dass wir angekommen sind, nur noch 18 Mann mit einem der fünf Schiffe, die Eure Majestät ausgesandt hat, um die Spezereien zu entdecken, dies unter des Kapitäns Ferrante de Magallanes glorreichem Angedenken. Damit Eure Hohe Majestät über die wichtigsten Ereignisse unserer Fahrt unterrichtet seien, schreibe ich, mich kurz fassend, Folgendes: Wir gelangten bis 54° über die Linie der Tagundnachtgleiche hinaus, woselbst wir eine Straße fan-

80 Dieser Brief ist nur in der englischen Kopie enthalten. Es ist nicht anzunehmen, dass Pigafetta eine Möglichkeit besaß, ihn zu sehen, bevor ihn del Cano absandte. Er wird hier eingefügt, weil er für den Leser aufschlussreich ist.

den, die in das Meer zwischen dem Festlande Eurer Majestät und Indien führt. Diese Straße besitzt eine Länge von 100 Leghuas.

In dieses Meer hineinsegelnd, stießen wir, obwohl uns die Winde günstig waren, während dreier Monate und 20 Tage auf kein Land, ausgenommen zwei kleine unfruchtbare und unbewohnte Inseln. Dann erreichten wir einen Archipel, in dem viele goldreiche Inseln liegen. Hier starb unser Kapitän Ferrante de Magallanes und viele andere folgten ihm in den Tod. Da wir wegen Mangels an Mannschaft außerstande waren, weiter zu navigieren, takelten wir ein Schiff ab und fuhren mit den zwei übrig gebliebenen von Insel zu Insel, bis wir mit Gottes Hilfe die Molukken entdeckten. Dies geschah acht Monate nach dem Tode unseres Kapitäns.

Wir befrachteten daselbst unsere zwei Schiffe mit Gewürznelken. Eure Majestät möge auch wissen, dass wir, als wir zu den Molukken segelten, auch Kampfer, Zimt und Perlen entdeckten. Als wir diese Inseln verlassen wollten, um nach Spanien zurückzukehren, entdeckten wir in einem Schiff ein großes Leck, das allen unseren Versuchen, es zu verstopfen, widerstand. Deshalb mussten wir es entladen. Da wir nicht warten konnten, bis das Schiff wieder seetüchtig war, beschlossen wir, entweder zu sterben oder Eurer Majestät ehrenvoll zu dienen und mit einem Schiff über Zabba[81] und Melaca[82] zurückzusegeln, um Eurer Majestät über die genannte Entdeckung berichten zu können. Wir stachen also in See, unser Schiff Gottes Gnade überlassend.

Auf diesem Wege entdeckten wir viele sehr reiche Inseln, darunter Bandam, wo die Muskatblüte und die Muskatnuss gedeihen, Zabba, wo der Pfeffer wächst, und Timor, wo das

81 Java.
82 Malakka.

Sandelholz zu finden ist. Auf allen diesen Inseln gibt es auch Ingwer. Muster aller dieser Spezereien, die von den betreffenden Inseln stammen, bringen wir mit, um sie Eurer Majestät zu zeigen. Desgleichen überbringen wir Friedensverträge aller Könige und Häuptlinge der genannten Inseln, von ihnen selber unterzeichnet, in welchen sie versprechen, Eurer Majestät untertänig zu sein und zu gehorchen.

Nachdem wir von der letzten Insel abgefahren waren, liefen wir fünf Monate lang, uns nur von Korn, Reis und Wasser nährend, kein Land an aus Furcht vor dem König von Portugal, der, wie wir erfuhren, in allen seinen Ländern Vorbereitungen getroffen hatte, unsere Flotte aufzubringen, weil er bestrebt war zu verhindern, dass Eure Majestät von unserer Entdeckung höre. Auf dieser Fahrt starben 22 Mann an Hunger. Mangel an Nahrungsmitteln zwang uns dann doch, an der Insel beim Kap Verde anzulegen.

Der Befehlshaber dieser Insel nahm uns unser Boot weg und hielt 13 Mann zurück. Er wollte mich und die ganze Besatzung auf einem Schiff, das, mit Spezereien beladen, aus Calocot[83] gekommen war, nach Lissabon schicken, unter dem Vorwand, dass niemand außer den Portugiesen das Recht besitze, Spezereien zu entdecken und zu führen. Um sich unser zu bemächtigen, sandte er vier Schiffe aus. Ich beschloss aber, mit meiner Mannschaft eher zu sterben, als in die Hände der Portugiesen zu fallen und so gelang es uns davonzukommen. Erschöpft wie nur Menschen sein können, Tag und Nacht bei der Pumpe stehend, segelten wir mit Gottes und der heiligen Maria Hilfe weiter und liefen nach einer dreijährigen Fahrt in den Hafen von Sanlúcar ein, von wo ich Eurer Majestät diesen Brief schreibe.

83 Calicut.

Ich bitte nun Eure Majestät, für die Befreiung der 13 Männer, die so lange ehrlich und treu gedient haben, besorgt sein zu wollen. Eure Majestät werden es zu schätzen wissen, dass wir die ganze Rundheit der Erde entdeckt und umfahren haben. Nach Westen ausfahrend, sind wir durch den Osten zurückgekehrt. Auch bitte ich Eure Majestät, in Anerkennung der harten Arbeiten, Schweißtropfen, Hunger und Durst, Kälte und Hitze, die unsere Mannschaft im Dienste Eurer Majestät ertragen hat, ihr den Zoll auf die heimgebrachten Waren zu erlassen.

Hiermit schließe ich, Eurer Majestät die Füße und die Hände küssend.

Geschrieben auf dem Schiff »Victoria« in Sanlúcar am 6. September 1522

Der Kapitän
Juan Sebastián del Cano

Länge der Fahrt

Von dem Tage unserer Abreise aus der Bai von Sanlúcar bis zu unserer Rückkehr haben wir nach meiner Rechnung 14460 Leghe[84] zurückgelegt und den Weg um die ganze Erde von Westen nach Osten gemacht.

Ankunft in Sevilla

Montag, den 8. September, warfen wir bei dem Molo von Sevilla Anker und feuerten alle unsere Geschütze ab.

Kirchenbesuch, 9. September 1522

Am Dienstag gingen wir alle, nur mit einem Hemd bekleidet, barfuß und eine Wachskerze in der Hand, an Land, um in der Kirche Unserer Lieben Frau Santa Maria della Victoria und in der Kirche der heiligen Maria dell' Antigua unsere Gebete zu verrichten.

Ich übergebe mein Tagebuch Kaiser Karl V.

Von Sevilla begab ich mich nach Valladolid, wo ich Seiner Majestät dem Kaiser weder Gold noch Silber übergab, aber dafür andere Dinge, die in seinen Augen viel kostbarer waren. Unter anderem überreichte ich ihm ein Buch, in dem ich Tag für Tag alles niedergeschrieben hatte, was uns auf unserer Reise zu den Molukken begegnet ist.

In Portugal

Ich verließ Valladolid sehr bald wieder und reiste nach Portugal, wo ich dem König ausführlich von allem, was ich gesehen und erlebt hatte, erzählte.

---

84 46300 Seemeilen.

In Frankreich

Hierauf reiste ich durch Spanien nach Frankreich, wo ich der Frau Regentin, der Mutter des allerchristlichsten Königs Franz I., Geschenke aus der anderen Hälfte der Erde überreichte.

In Italien

Endlich kehrte ich in meine Heimat zurück, wo ich mich ganz dem Dienste des sehr berühmten und vortrefflichen Großmeisters von Rhodos Monsignore Filippo des Villers L'Isle-Adam widmete. Ihm überreichte ich mein Tagebuch.

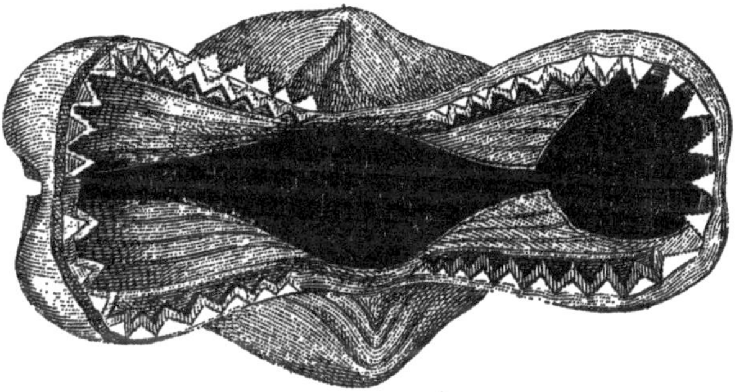

Sie ist doch eine Kugel. Das Schicksal der »San Antonio« und der »Trinidad«

– Nachwort des Herausgebers –

I

Am 8. November 1520 ist die »San Antonio« desertiert. Angst vor den Gefahren unbekannter Meere hat die siebzig Mann zählende Besatzung hierzu bewogen. Auch die Überredungskunst des Piloten Esteban Gómez hat zu dieser Flucht beigetragen. Gómez wäre bereit gewesen zu beschwören, dass das Ziel, die Molukken, auf dem von Magellan gewählten Weg niemals erreicht werden könne. Der Einzige auf dem Schiff, der anderer Meinung war, ist Álvaro de Mezquita, der Kapitän. Aber ihn haben die Aufrührer in Ketten gelegt.

Zum Kapitän wählt die Mannschaft Geronimo Guerra, einen Spanier. Guerra kehrt zunächst nach San Julián zurück, um Juan de Cartagena an Bord zu nehmen. Widrige Winde hindern ihn daran zu landen. So schickt er ein Boot zur Küste. Zwanzig Mann suchen viele Stunden lang vergeblich. Sie finden weder Cartagena noch Sanchez de Reina, den zurückgelassenen Priester. Die Öde dieses riesigen, schweigsamen Landes scheint die beiden verschlungen zu haben, denn nicht einmal eine Spur, nicht einmal der kleinste Hinweis, wohin sie sich gewandt haben könnten, ist zu sehen. Die beiden zu suchen und somit kostbare Zeit zu vergeuden, hat keinen Sinn. Man wird Magellan, dem für alles verantwortlichen Generalkapitän, die Schuld an dem Tode der beiden zuschieben. Das und noch mehr.

Das Wetter begünstigt die Flucht der »San Antonio«. Sie erreicht bald Afrika, segelt entlang der Küste von Guinea, wo sie niemand daran hindert, Holz und Wasser aufzunehmen, und fährt am 6. Mai 1521 in den Hafen von Sevilla ein. Seinen Plan hat Guerra unterwegs endgültig festgelegt: Er klagt, kaum an Land gegangen, den Generalkapitän nicht nur an, Juan de Cartagena ohne Grund grausam und wie ein Tyrann behandelt zu haben, sondern behauptet auch, der Portugiese habe sich nicht an den Befehl des Kaisers gehalten, einen Weg nach den Molukken zu suchen. Die ganze Mannschaft bezeugt, dass Guerras Behauptungen voll und ganz der Wahrheit entsprechen.

Dennoch ist Juan Rodríguez de Fonseca nicht so ganz von Guerras Liebe zur Wahrheit überzeugt. Er ahnt den tatsächlichen Grund für die Rückkehr des einen Schiffes und neigt mehr dazu, dem Bericht Álvaro de Mezquitas, dem Guerra knapp vor der Landung die Freiheit wiedergegeben hat, Glauben zu schenken. Eine strenge Untersuchung wird angeordnet. Nicht nur Mezquita wandert ins Gefängnis, auch Guerra, Gómez und die anderen Aufrührer werden hinter Schloss und Riegel gebracht. Nur die Mannschaft lässt man laufen.

Ein Verhör nach dem anderen wird angestellt. Aber die Verhöre, selbst Daumenschrauben, bringen kein Ergebnis. Guerra und Gómez behaupten, die Wahrheit zu sagen, Mezquita behauptet dasselbe. Schließlich greift der Kaiser ein. Er gibt den Befehl zur Aussendung eines Schiffes, das Magellan und die anderen Schiffe suchen soll. Durch Magellan wird man erfahren, wer die Wahrheit sagt, obwohl es – so denkt der Kaiser – gar nicht so bedeutungsvoll ist, die Wahrheit zu finden.

Ein Schiff auszurüsten kostet aber Geld. Einen zuverlässigen Kapitän für dieses Schiff zu finden scheint unmöglich. Keiner ist zuverlässig. Und was die Aufstellung einer Mannschaft betrifft, so verspürt niemand mehr Lust, sich auf ein Meer und in Regionen zu wagen, wo ewiger Winter herrscht, in Gegenden, deren Bewohner nach Menschenblut dürstende Riesen sind. Schließlich vergisst man Mezquita, Guerra und Gómez. Sie bleiben weiter im Gefängnis.

Man erinnert sich ihrer erst wieder, als am 8. September 1522, unvermutet, längst aufgegeben und vergessen, die von Würmern zerfressene, schon zerfallende »Victoria« in den Hafen von Sevilla einläuft und achtzehn ausgemergelte Matrosen an Land gehen, die von den wundersamsten Dingen zu erzählen wissen.

II

> Seit Gott den ersten Menschen erschuf, war diese Neuigkeit, die Juan Sebastián del Cano überbrachte, die größte.
>
> *Der spanische Geschichtsschreiber Antonio de Herrera*

Die Begeisterung ist grenzenlos. Zum ersten Mal hat ein Schiff, wahrhaftig eine zweite Sonne, die ganze Erdkugel umkreist. Jeder will von den kühnen Seefahrern aus ihrem eigenen Munde von den Gefahren hören, denen sie ausgesetzt waren, von den goldstrotzenden Inseln, auf die sie ihren Fuß gesetzt haben, von Frauen, die der Wind befruchtet, von Tieren, die bisher keiner gesehen hat, von den Glöckchen, welche die Insulaner an einem Körperteil befestigen, den ein guter Christ zwar kennt, aber nicht nennt. Jeder will auch die Gewürznelken sehen, welche die Seefahrer mitgebracht haben.

So ist der Weg nach Valladolid weit und mit vielen Einladungen gepflastert. Für zwei Matrosen, die den Gefahren der dreijährigen Fahrt entkommen sind, ist das der Tod. Ihre Mägen sind den Anstrengungen nicht gewachsen, die das Leben in der spanischen Heimat mit sich bringt.

Der Kaiser empfängt Juan Sebastián del Cano und seine Gefährten mit außergewöhnlichen Ehren. Er bestaunt die fünf am Leben gebliebenen Inder und die Geschenke der Könige der Gewürzinseln, er liest die Briefe, in welchen ihm diese Regenten, die er nicht kennt, versichern, dass sie seine treuen Diener sind. Mehr noch bedeuten ihm aber die Gewürznelken selbst. Sie – das weiß der Kaiser – sind der große, der größte Erfolg dieser Fahrt. Sie werden es ihm ermöglichen, seine leere Kasse zu füllen, wenn es gelingt, Schiff um Schiff zu entsenden und diese kostbarste aller Frachten, eine Fracht, die gleich viel wie Gold wiegt, heimzubringen. Noch ehe del Cano mit seinem Bericht fertig ist, erwägt Karl V. schon, welche Wege er beschreiten könnte, um diesen Plan Wirklichkeit werden zu lassen. Denn auch das hat er – auf den ersten Blick – erkannt: Die neuen Gewürznelken sind weit größer und besser als die von den Portugiesen und Venezianern aus Calicut herbeigeholten.

Wo Leistung ist, da ist Lohn. Juan Sebastián del Cano erhält eine Jahrespension von 500 Dukaten, die ihm bis an sein Lebensende ausbezahlt werden wird, Cristobal de Haro, den man zum Vorsteher des »Aufsichtshauses der Gewürze« ernennt, wird derselbe Betrag zugesprochen. Auch die anderen, der Schiffsmeister, der Steuermann und die Mannschaft der »Victoria«, gehen nicht leer aus. Es wird ihnen nicht nur der Zoll auf die mitgebrachten Waren geschenkt.

Die Helden ohne Namen, die Gewürznelken, wandern in das Haus, dem Cristobal de Haro nun vorsteht. Sie werden gewogen und als sie schließlich verkauft sind, erweist es sich, dass die erste Erdumseglung der spanischen Krone jetzt schon einen erfreulichen Gewinn eingebracht hat: 8 333 000 Maravedis hat die Expedition gekostet und 8 680 500 Maravedis hat der Verkauf der Gewürznelken eingebracht.

Der Kaiser tut, nachdem ihm die Abrechnung vorgelegt worden ist, was noch zu tun ist: Er verleiht del Cano ein prunkvolles Wappen, das als Helm eine Weltkugel mit der

Inschrift Primus Circumdedisti me trägt, befiehlt den Maestros de Cartas de Navegar, die neu entdeckten Inseln in die Landkarten einzutragen, und beauftragt den berühmten Geografen und Geschichtsschreiber Peter Martyr, die Geschichte dieser ersten Reise um die Erde niederzuschreiben[85]. Erst als ihn Fonseca erinnert, tut er auch das, was ihm unangenehm ist und überflüssig erscheint: Er versucht zu klären, welche Rolle jener Portugiese spielte, der auf den Namen Magallanes hörte.

III

Am 18. Oktober 1522 werden Juan Sebastián del Cano von einem Gerichtshof folgende Fragen vorgelegt:

1. Weshalb kam es zwischen Magallanes einerseits und Juan de Cartagena und den übrigen Kapitänen andererseits zu Streitigkeiten?
2. Weshalb ließ Magallanes Luis de Mendoza ermorden?
3. Was erhielt Gómez de Espinosa für diese Tat?
4. Weshalb verhängte Magallanes im Hafen San Julián so grausame Strafen?
5. Geschah dies, um die anderen Portugiesen zu Kapitänen zu machen?
6. Weshalb wurde Magallanes nicht gerettet?
7. Ist er von den Insulanern oder von einem Spanier getötet worden?

Sebastián del Cano hat seine Antworten rasch bereit. Er sagt knapp:

85 Martyr verfasste diesen Bericht tatsächlich. Er schickte ihn, als er fertig war, nach Rom, um ihn dort drucken zu lassen: in »De orbe novo et de rebus oceanicis«, in der fünften Dekade (1522/23).

»Magallanes hat die anderen Kapitäne wie die geringsten Matrosen behandelt. Er ließ niemanden neben sich gelten, sein Hochmut war unerträglich. Außerdem hasste er die Spanier. Deshalb und weil er seine portugiesischen Verwandten und Freunde an ihre Stelle setzen wollte, kam es zu den Bluttaten im Hafen San Julián. Gómez de Espinosa erhielt für die Vollstreckung des Urteils zwölf Dukaten.

Den Kampf auf der Insel Matan beschwor Magallanes mutwillig herauf. Infolge der feindlichen Übermacht war er nicht zu retten. Getötet wurde er von den Insulanern. Dieser Kampf ist der beste Beweis dafür, dass er sich nie um die Befehle der Krone kümmerte. Ich weiß nicht, ob er sich nicht mit der Absicht trug, nach der Entdeckung der Molukken nach Portugal zu segeln. Dies wäre ihm ein Leichtes gewesen, da er allein unseren Kurs bestimmte.«

Damit ist das Urteil über den größten Seefahrer aller Zeiten gesprochen. Niemand denkt daran, dass es sein kühner Plan war, diese Fahrt zu unternehmen, niemand erinnert sich noch daran, dass er diese Fahrt durchgesetzt, beinahe erzwungen hat. Der Kaiser atmet auf, als er den Spruch des Gerichtes vernimmt. Auch diese Last ist nun von ihm genommen. Er wird noch einen Brief an den König von Portugal schreiben, damit die zwölf auf den Kapverdischen Inseln gefangen genommenen und nach Lissabon gebrachten Matrosen freigelassen werden, und dann wird er Juan Sebastián del Cano, dem allein das Gelingen der ersten Weltumsegelung zu danken ist, wieder zu den Molukken senden. Man muss auch in Erfahrung bringen, was aus der »Trinidad«, Juan Carvajo und den 53 Seeleuten geworden ist, die auf Zadore zurückgeblieben sind. Außerdem: Spanien braucht Geld, immer wieder Geld, viel Geld, und es ist keine Zeit zu verlieren.

IV

Erst am 6. April 1522 ist die »Trinidad« wieder seetüchtig. Dennoch ist die Mannschaft außerstande, alle Gewürznelken in ihrem Laderaum zu verstauen. So bleiben 500 Bahar der kostbaren Ware auf der Insel zurück. Auch fünf Spanier treten die Heimfahrt nicht an. Vielleicht ahnen sie – denn sie haben sich freiwillig gemeldet –, dass dies das bessere Los ist, vielleicht sind sie auch schon dem Zauber dieser Märcheninseln und ihrer Frauen verfallen.

Zunächst ist der Gott der Winde ein Freund der »Trinidad«, wie er letzten Endes trotz aller Tücken auch ein Freund der anderen Schiffe gewesen ist. Schon am 11. Juni erreicht die »Trinidad« nach flotter Fahrt die Ladronen. Dann segelt sie bis zum 42. Grad nördlicher Breite weiter, den sie Ende August erreicht. Und hier bricht das Unheil über sie herein, so jäh, dass die Mannschaft glaubt, in die Hölle geraten zu sein. Ein furchtbarer Sturm knickt den Hauptmast, zertrümmert den Aufbau am Heck des Schiffes und zerfetzt die Segel. Die Wellen spülen fast alle Lebensmittel über Bord: Weinfässer, Öl, Brot, Fleisch, Ziegen, Schweine, Hühner und Kokosnüsse. Zwölf Tage dauert dieser Sturm und als die Sonne wieder scheint, ist die »Trinidad« nur noch ein Wrack, der Leichnam eines Schiffes, dessen Grab nicht in weiter Ferne liegen wird.

Die Fahrt nach Spanien fortsetzen? Der Tod ist zwar schon nahe, aber entgegeneilen will ihm Gonzalo Gómez de Espinosa, der Kapitän des Unglücksschiffes, nicht. Er beschließt – und sein Entschluss wird von allen gebilligt –, zurück zu den Ladronen zu segeln. Erreicht er eine dieser Inseln, ist zwar noch nichts gewonnen, aber es ist doch besser, auf dem Lande zu sterben als auf hoher See.

Ein wenig Reis, ein wenig Wasser – das ist alles, was der Mannschaft der »Trinidad« geblieben ist. Wohl ist der Himmel nun gnädig, aber dafür wüten der Skorbut und der Hunger umso mehr. Tag für Tag geht eine Leiche über Bord, ein Schiffsjunge verliert den Verstand, einer wird dabei ertappt, wie er ein Stück Fleisch von einem Leichnam schneidet und gierig durch die Kehle würgt. Als das Schiff nach sechs Wochen Fahrt schließlich eine unbekannte Insel erreicht, ist die Besatzung auf 27 Mann zusammengeschmolzen.

Auf der Insel, die nicht bewohnt ist, gibt es süßes Rohr, Kokosnüsse, Bananen und Trinkwasser. Eine Woche gönnt de Espinosa der Mannschaft Zeit, wieder ein wenig Kraft zu sammeln, dann sticht er neuerdings in See. Die »Trinidad« hat ihre letzte Fahrt angetreten – mit 25 Mann, denn zwei haben es vorgezogen, ihr Dasein auf einer unbekannten, unbewohnten Insel zu beschließen.

V

Wie durch ein Wunder erreicht das Schiff die Molukken. Knapp vor der Insel Zamofo wird es von einer Dschunke des Königs von Giailolo eingeholt und de Espinosa erfährt, dass vierzehn Tage nach seiner Abfahrt die Portugiesen mit sieben Schiffen und dreihundert Mann auf Ternate gelandet sind, die zurückgelassenen Gewürznelken beschlagnahmt und die fünf Spanier gefangen genommen haben. Das ist keine freudige Botschaft, aber de Espinosa ist schon so weit, dass er auch den Teufel um Hilfe bitten würde. Er schickt an António de Brito, den Oberbefehlshaber der Portugiesen, einen Brief, in dem er ihn um Lebensmittel, Trinkwasser, Medikamente und Hilfe für sein sinkendes Schiff anfleht.

Die Portugiesen sind rasch zur Stelle. Sie wundern sich, auf der »Trinidad« nur 18 Mann vorzufinden – weitere sieben sind inzwischen verhungert –, und führen das Schiff in den Hafen von Talangomi. Dort wartet António de Brito. Er erklärt de Espinosa und die anderen Spanier zu seinen Gefangenen und beschlagnahmt alles: Gewürznelken, Waffen, Schiffsbücher, Seekarten, nautische Instrumente und sogar die Fahne Kastiliens. Als Gonzalo Gómez de Espinosa von ihm dafür eine Quittung verlangt, erhält er zur Antwort, er möge froh und dafür dankbar sein, dass man ihn nicht an der einzigen unbeschädigten Rahe der »Trinidad« aufknüpfe.

Die Portugiesen sorgen dafür, dass die »Trinidad« auf den Grund des Meeres sinkt. Um ihre Gefangenen sind sie weniger besorgt. Sie geben ihnen so viel zu essen, dass sie nicht verhungern, aber nicht so viel, dass sie wieder zu Kräften kommen. Wieder sterben drei Mann. Die Übrigen schickt de Brito Ende Februar 1523 nach Malakka. Der Brief an den Vizekönig von Indien, den er Dom Garcia Manrique, ihrem Bewacher, mitgibt, zeugt nicht von christlicher Nächstenliebe:

»Ich hätte Eurer Hoheit sicher einen großen Dienst erwiesen, wenn ich den Befehl gegeben hätte, diesen spanischen Piraten die Köpfe abzuschlagen. Aber ich wusste nicht recht, ob ein solches Verfahren von Eurer Hoheit gebilligt worden wäre. Deshalb habe ich die Spanier lange genug auf den Molukken zurückgehalten. Ich hoffte nämlich, sie würden dem ungesunden Klima dieses Landes erliegen. Zu meinem Bedauern musste ich feststellen, dass sie zäher sind als erwartet.«

Acht Mann erreichen Malakka lebend. Ihrer nimmt sich der Empfänger des Briefes, Dom Vasco da Gama, Vizekönig von Indien, liebevoll an. Trotzdem überlebt er seine Gefangenen nicht. Er stirbt am 24. Dezember 1524 und am 12. Januar 1525 gelingt es Gonzalo Gómez de Espinosa, einen Brief, den er schon vor langer Zeit geschrieben hat, einem befreundeten Seemann zu übergeben, der ihm verspricht, dafür zu sorgen, dass dieses Schreiben in die Hände Karls V. gelangt. Tatsächlich erreicht dieser Brief sein Ziel, und wie durch ein Wunder ist er der Nachwelt erhalten geblieben[86]:

Eure verehrungswürdige Majestät!

Eure heilige Majestät möge wissen, was sich zugetragen hat, seitdem das Schiff »Victoria« die Molukken verließ. Wir mussten mit dem anderen Schiff, der »Trinidad«, zurückbleiben und waren vielen Gefahren ausgesetzt, bis es uns gelungen war, das Schiff instand zu setzen und mit Gewürznelken zu beladen. Vier Monate brauchten wir dazu und der König von Tidori, ein treuer Diener Eurer Majestät, tat alles, was in seiner Macht stand, unsere Abreise zu beschleunigen.

Ich verließ diese Insel am 6. April 1522. Nachdem wir 500 Leguas zurückgelegt hatten, entdeckten wir 14 Inseln, auf denen wir viele nackte Männer sahen, welche die Farbe der Inder hatten. Da aber niemand ihre Sprache verstand, konnte ich nicht erfahren, was auf diesen Inseln, die sich zwischen 12° und 20° nördlicher Breite erstrecken, wächst.

Unter großen Anstrengungen gelang es uns, nachdem wir die genannten Inseln zurückgelassen hatten, bis 42° nördlicher Breite vorzudringen. Hier überfiel uns ein furchtbarer Sturm, der zwölf Tage dauerte und mein Schiff beinahe zur Gänze zertrümmerte, und eine Kälte, die so arg war, dass wir auf dem Schiff nicht einmal kochen konnten. Da außerdem der Großteil der Mannschaft erkrankt war, sah ich keinen anderen Ausweg als die Rückkehr zu den Molukken.

86 Dieser Brief befindet sich im »Archivo de las Indias« in Sevilla.

Als wir dort eintrafen, fanden wir die meisten Inseln von 300 Portugiesen besetzt, die dabei waren, auf der Insel Ternate eine Festung zu erbauen. Es wurde uns dort, obwohl wir alle sehr krank waren, ein sehr schlechter Empfang zuteil. Man drohte mir, mich an einer der Rahen aufzuhängen. Das Schiff wurde samt allem Zubehör beschlagnahmt. Man machte uns zu Gefangenen, schlug uns, nannte uns Diebe und versicherte mir, dass wir bald merken würden, dass hier der König von Portugal und nicht der von Spanien Meister sei.

Alle Seekarten, Logbücher, Astrolabien und Quadranten, alle Instrumente der Piloten und sogar meine Kiste mit der Fahne, die uns Eure Majestät auf die Entdeckungsfahrt mitgegeben hat, wurden von den Portugiesen beschlagnahmt. Ich verlangte einen Empfangsschein über die mir entwendeten Gegenstände, allein der Befehlshaber der Portugiesen, António de Brito, antwortete mir höhnisch, man habe für mich und meine Gefährten keinen Schein, wohl aber einen Strick bereit.

Nach vielen Monaten schmählicher Gefangenschaft wurden wir nach Cochin gebracht, der Stadt, wo die Portugiesen den Pfeffer verladen. Hier wurde ich dem Vizekönig von Indien vorgeführt. Ich bat ihn, mich und die anderen nach Spanien zu befördern, aber er antwortete mir, dass auf uns nur der Galgen warte. Außerdem sorgte er dafür, dass wir geschlagen wurden.

In den 27 Monaten, die wir in den Händen der Portugiesen sind, habe ich oftmals um Lebensmittel gebeten und darauf verwiesen, dass es ein Leichtes sein müsste, uns aus den Vorräten zu verpflegen, die man uns auf den Molukken wegnahm. Aber ich bat vergebens. So sind jetzt nur noch sechs Mann am Leben. Das Essen, das wir nicht haben, verursacht uns mehr Schmerzen als die Gefangenschaft und ich darf sagen, dass wir hier schlechter behandelt werden, als wenn wir uns bei den Barbaren befänden. Ich küsse die Hände Eurer heiligen

Majestät und spreche die Bitte aus, Eure Majestät möge etwas unternehmen, dass dieser Zustand ein Ende findet und wir aus der Gefangenschaft befreit werden.

Eure heilige Majestät möge die Molukken und die Inseln Banda und Timor nicht als wertlos betrachten. Sie sind Kleinode, wie es auf der Welt nur wenige gibt, die Molukken wegen der Gewürznelken, Banda wegen der Muskatnüsse und Timor wegen des Sandelholzes. Es ist sicher, dass es auf der Welt keine reicheren Inseln gibt und es ist ebenso sicher, dass diese Reichtümer Eurer königlichen Krone gehören.

Ferner teile ich mit, dass die Portugiesen in Indien eine große Flotte ausrüsten, um die Molukken zu besetzen. Der Kapitän heißt Pedro de Castelblanco. Die Festung auf Ternate hat 14 Fuß dicke Mauern, und eine zweite Festung wollen die Portugiesen auf Banda erbauen. Es scheint mir, dass man hier die Wurzeln durchschneiden sollte, damit die Zweige nicht wachsen.

Ich schließe nun meinen Brief und übergebe ihn Taimon, einem treuen Untertan der Königin Doña Leonora, der als Kapitän diese Gegenden bereiste und Eurer Majestät alles erzählen wird, was sich hier zugetragen hat. Dieser Taimon hat mir ein wenig Geld gegeben und ich bitte Eure Majestät, es ihm aus meinem Sold zurückzuerstatten.

Cochin, 12. Januar 1525

Euer treuer Diener
Gonzalo Gómez de Espinosa, Kapitän

VI

Karl V. legt diesen Brief nicht beiseite. Er schneidet zwar nicht die Wurzeln durch – das hat Zeit, denkt er –, aber er tut alles, was in seiner Macht steht, den Gefangenen die Freiheit wiederzugeben. Der Brief, den er dem König von Portugal schreibt, hat zur Folge, dass die sechs Spanier nach Lissabon gebracht und dort ins Gefängnis geworfen werden. Sieben Monate, sieben weitere bittere Monate, vergehen, bis sich endlich die Tore für sie öffnen, die in die Freiheit führen. Karl V. hat gedroht, den Papst um Hilfe anzurufen.

Am 6. April 1522 hat die »Trinidad« mit 48 Mann Tadore verlassen. Am 4. August 1527 kehren die drei Überlebenden – Gonzalo Gómez de Espinosa, Ginés de Mafra und Guillermo Morales – nach Spanien zurück. Als sie nach der »Victoria« fragen, erfahren sie, dass das Schiff auf einer Fahrt nach San Domingo mit Mann und Maus untergegangen ist und als sie nach Juan Sebastián del Cano fragen, müssen sie hören, dass der Kapitän am 4. August 1526, vor genau einem Jahr also, im Stillen Ozean sein Grab gefunden hat: auf einer Fahrt nach den Molukken, die ein zweites Mal zu finden er außerstande war.

VII

Was Juan Sebastián del Cano nicht gelungen ist, misslingt auch allen anderen. Es ist, als hätte die Welt nur einem die Gnade gewährt, den Schlüssel zu ihrer Umsegelung zu finden. Die einen scheitern, lange bevor sie in die Nähe der Magellanstraße kommen, die Schiffe anderer zerschellen auf den Riffen am Eingang der Magellanstraße, die Dritten finden sie überhaupt nicht. Ein halbes Jahrhundert muss vergehen, bis dem Engländer Francis Drake die zweite Weltumsegelung gelingt.

Karl V. wird es bald müde, Schiff um Schiff einer unerreichbaren Inselgruppe zu opfern. So verkauft er am 22. April 1529 die Molukken den Portugiesen. 350 000 Dukaten erhält er für ein Gebiet, von dem er nicht viel weiß, 350 000 Dukaten bezahlt der König von Portugal für ein Gebiet, von dem er ebenso wenig weiß. Eine gewichtige Summe Geldes wandert von einer Kasse in die andere und als sich schon drei Jahre später herausstellt, dass die Molukken auf portugiesischem Gebiet liegen, lässt König Manuel – zu spät erkennend, dass er 350 000 Dukaten für ein Land bezahlt hat, das seit 35 Jahren kraft der päpstlichen Bulle portugiesisches Eigentum ist – das an Magellans Haus in Sabrosa angebrachte Wappen herunterreißen.

Dem König von Spanien bedeutet der Spruch des Schiedsgerichtes nichts. Er hat um die Molukken nie getrauert. Längst hat er erkannt, dass Seefahrt nicht Fahrt entlang der Küsten ist, dass es keine Meere gibt, die man nicht befahren kann. Das alte Weltbild ist zu Grabe getragen worden: Nun steht fest, dass die Erde rund ist – die einen haben es bezweifelt, die anderen haben es geglaubt, aber wer es geglaubt hat, konnte es nicht beweisen. Aber jetzt weiß man es: Die Erde kann in jeder Richtung umfahren werden. Nur ein Hindernis gibt es noch: Die Straße, die durch die von Cortez und Pizarro entdeckten Länder führt, kann nicht gefunden werden. Deshalb trauert der Kaiser aber nicht. Ein zweiter Magellan wird sich finden.

Magellan? Haben da nicht die Söhne Magellans eine Bittschrift überreicht, man möge ihnen in Anbetracht der Verdienste ihres Vaters einen größeren Geldbetrag zukommen lassen? Der Kaiser sucht eine Weile nach dem Schriftstück und als er es endlich gefunden hat, versinkt er in Gedanken. Magellan? Ist es nicht Magellans Verdienst, dass die Kugelgestalt der Erde nun feststeht? Ist es nicht Magellan zu danken, dass man nun die Breite aller Ozeane kennt? Hat nicht Magellan das eine Westmeer, das die Kosmografen vor seiner Fahrt angenommen hatten, in drei verwandelt? Ist nicht ihm das Wissen um den größten aller Ozeane, den Stillen, zu verdanken? Hat man nicht erst nach der Rückkehr der »Victoria« erkannt, dass das neu entdeckte Amerika und der von Marco Polo entdeckte Ostrand Asiens voneinander getrennt sind? Hat nicht Magellan den Mundus tripartitus in einen Mundus quadripartitus verwandelt? Und ist an dem Tag, an dem Magellans Flotte den Hafen von Sevilla verließ, nicht der Grundstein für eine Seefahrt gelegt worden, welche die ganze Erde umspannt? Vor allem aber: Hat nicht an diesem selben Tage Europa die politische und die geistige Herrschaft über die übrige Welt angetreten?

Eine neue Ära in der Geschichte der Menschheit? Ja, eine neue Ära … Der Kaiser reißt sich von seinen Gedanken los und liest die Bittschrift noch einmal durch. Dann schreibt er an den Rand:

> Die Bittsteller mögen sich an den König von Portugal wenden.

Editorische Notiz

Antonio Pigafetta hat – das geht aus seinen Aufzeichnungen hervor – zwei Ausfertigungen seines Reiseberichts niedergeschrieben. Beide sind verloren gegangen und man weiß nicht genau, in welcher Sprache sie geschrieben wurden. Glücklicherweise – denn sonst wüssten wir fast nichts von der ersten Weltumsegelung – wurden, als das Original noch vorhanden war, vier Kopien angefertigt, eine in italienischer, eine in französischer und zwei in englischer Sprache. Sie weichen oft geringfügig, oft stark voneinander ab. Welcher Kopist das Original verfälschte, ist heute nicht mehr feststellbar. Der Übersetzer hat sich nicht starr an eine dieser Kopien gehalten, sondern einer jeden immer das entnommen, was dem Original am ehesten entsprechen mag. Für die Beiträge *Der Weg nach Sanlúcar* und *Sie ist doch eine Kugel* wurden folgende Quellen benutzt:

Juan Bautista de Poncevera, Navegaçem e viagem que fez Fernão de Magalhães de Sevilla para Maluco, Bibliothèque nationale, Paris.

J. Schöner, De nuper sub Castiliae ac Portugaliae regibus serenissimis repertis insulis ac regionibus, Nationalbibliothek Wien.

Maximilianus Transilvanus, De Moluccis insulis itemque aliis pluris mirandis, quae novissima Castellanorum navigatio Sereniss. Imperatoris Caroli V. auspicio suscepta miper invenit. M. Transilvani ad rev. Card. Saltzburgensem epistola lectu perquam jucunda. Nationalbibliothek Wien. Eine Kopie dieses

Briefes, den Maximilianus Transilvanus, ein böhmischer Ritter, der als Geheimschreiber am kaiserlichen Hofe zu Valladolid tätig war, an den Erzbischof von Salzburg schickte, befindet sich ebenfalls in der Nationalbibliothek zu Wien.

Die Übersetzung darf nicht als wortgetreu gelten. Da und dort wurden Umstellungen des Textes vorgenommen, an anderen Stellen geringfügige Veränderungen oder sogar Einfügungen, die dem Brief des Maximilianus Transilvanus oder den Werken zeitgenössischer Historiker entstammen. Dies war im Interesse des Lesers notwendig, der sonst außerstande wäre, sich zurechtzufinden und ein abgerundetes Bild von der ersten Erdumsegelung zu erhalten.

Der Herausgeber hat in seinem Vorwort und Nachwort meist die deutsche Schreibweise »Magellan« gewählt. Nur dort, wo es um Magellans portugiesische Herkunft oder um seine Rolle in Spanien geht, wurde die portugiesische Schreibweise (Magalhães) bzw. die spanische (Magallanes) benutzt. Ebenso wurde in den jeweils zitierten Dokumenten die ursprüngliche Schreibweise belassen, so auch im Tagebuch Pigafettas die italienische Schreibweise »Magaglianes«.

Weiterführende Literatur

– Empfehlungen für Leser, die mehr über Fernando Magellan wissen wollen –

Stefan Zweig: Magellan – Der Mann und seine Tat, Wien 1938 (Reichner Verlag).

Der Klassiker unter den Magellan-Büchern. Heroisch, parteiisch, aber immer spannend zu lesen. Die Biografie beschreibt und kommentiert nicht das ganze Leben Magellans, sondern beschränkt sich auf seine Zeit in Indien, die Reiseplanungen und -vorbereitungen und die Weltumsegelung selbst. Informativ für Magellanliebhaber ist der Anhang des Buches mit einer kurzen Zeittafel, Auszügen aus dem Vertrag zwischen dem spanischen König Karl und Magellan über die Entdeckung der Gewürzinseln und dem Bericht über die Kosten der Flotte Magellans.

Rüdiger Siebert: Tod auf Mactan – Spurensuche im Fall Magellan gegen Lapulapu, Würzburg 1982 (Arena).

Eine kritische Auseinandersetzung mit der ersten Weltumsegelung unter Fernando Magellan. Der Autor betrachtet die Entdeckungen und Taten Magellans nicht aus europäischer Sicht, sondern versucht sich in die Situation der entdeckten Länder und Völker zu versetzen. Das Buch verzichtet bewusst auf Heldenverehrung und Legendenbildung und zeichnet die Entwicklung des Spannungsverhältnisses zwischen Europa und Südostasien nach. Ein Muss für jeden kritischen Geist, der mehr wissen will als nur die puren Fakten der ersten Weltumsegelung.

Richard Humble: Die Reise des Magellan – Abenteuerliche Fahrt um die Erde, Nürnberg 1991 (Tessloff).
Einen schönen, wenn auch kurzen und knappen Überblick über Magellan und das Zeitalter der Entdeckungen gibt das Buch von Richard Humble. Die Kunst der Navigation wird hier genauso beschrieben wie das Leben an Bord und die Reise selbst. Spannend und anschaulich illustriert ist der schmale Band als guter Einstieg in das Thema Magellan für Kids, Teens und Twens geeignet.

Magellan im Internet g-o.de Wissen Online (http://www.g-o.de) Einmal um die ganze Welt – Fernando Magellan: Entdecker und Eroberer.
Der Artikel beschreibt die dramatischen Vorgänge während der ersten Weltumsegelung Magellans, erlaubt aber auch einen Blick hinter die Kulissen der Geschichte des frühen 16. Jahrhunderts. Ein besonderer Clou ist eine Fotogalerie, die mit vielen spektakulären Satelliten- und Realbildern bestückt ist und die verschiedenen Stationen der Reise Magellans und seiner Gefährten noch einmal Revue passieren lässt.

IHS
Ioan Galle excud.

MIX
Papier | Fördert gute Waldnutzung
FSC® C083411

Bibliografische Information der Deutschen Nationalbibliothek
Die Deutsche Nationalbibliothek verzeichnet diese Publikation in der Deutschen Nationalbibliografie; detaillierte bibliografische Daten sind im Internet über http://dnb.d-nb.de abrufbar.

3. Auflage 2023

Cover & Umschlag: Anja Carrà, Weimar, Karina Bertagnolli, Wiesbaden
Bildnachweis: Rauch vom Mayon Vulkan, Philippinen © mauritius images / Novarc Images
Gesamtherstellung: CPI books GmbH, Leck – Germany

ISBN: 978-3-7374-0063-3

Mehr über Ideen, Autor:innen und Programm des Verlags finden Sie auf www.verlagshausroemerweg.de und in Ihrer Buchhandlung.